三晋百位历史文化名人传记丛书

追寻先贤的足迹　倾听历史的回声
守望伟大的传统　成就时代的梦想

朱忆湘 / 著

徐昆传

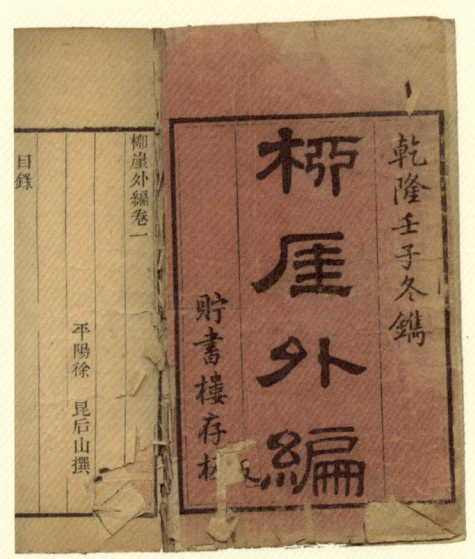

山西出版传媒集团
北岳文艺出版社
·太原

图书在版编目（CIP）数据

徐昆传 / 朱忆湘著 . — 太原：北岳文艺出版社，2019.8
ISBN 978-7-5378-5937-0

Ⅰ. ①徐… Ⅱ. ①朱… Ⅲ. ①徐昆－传记 Ⅳ. ① K825.78

中国版本图书馆 CIP 数据核字 (2019) 第 131016 号

书　　名：	徐昆传
著　　者：	朱忆湘
责任编辑：	孙　茜
装帧设计：	张永文
篆　　刻：	刘　刚
插图设计：	阎宏睿
印装监制：	巩　璠

出版发行：山西出版传媒集团·北岳文艺出版社
地　　址：山西省太原市并州南路 57 号
邮　　编：030012
电　　话：0351-5628696（发行部）
　　　　　0351-5628688（总编室）
传　　真：0351-5628680
网　　址：http://www.bywy.com
E-mail：bywycbs@163.com
经 销 商：新华书店
印刷装订：山西人民印刷有限责任公司

开　　本：710mm×1000mm　1/16
字　　数：300 千字
印　　张：22
版　　次：2019 年 8 月　第 1 版
印　　次：2019 年 8 月山西　第 1 次印刷
书　　号：ISBN 978-7-5378-5937-0
定　　价：38.00 元

本书版权为本社独家所有，未经本社同意不得转载、摘编或复制

《三晋百位历史文化名人传记丛书》组织机构

策划

杜学文　张明旺　王宇鸿　梁宝印

专家审读委员会

主　任：杨占平

副主任：续小强

成　员：周宗奇　韩石山　降大任　赵　瑜　哲　夫
　　　　李书吉　陈为人　乔忠延　魏荣汉　范兆飞

编辑出版委员会

主　任：杨占平

副主任：续小强

成　员：郭　松　孙　茜　李金山　王　姝　吕轶芳

◎作者与徐昆的后人座谈

徐昆传
Xu Kun zhuan

◎雨花台传奇

笑教世上月老
有趣

繁闲为何有趣

〔卜〕大器不为廊庙得。奇才唯有故人知。

第十六齣 虎媒 〔副扮土地上〕

土地土地浑身出力 一乡善恶察访精细
间小鬼伶俐有个奶奶十分如意无昼无夜庙门
繁闲为着福娘代寻女婿寳由佛差不循常例只
恐月老笑我土地俺乃五台山一个土地的便是
奉达摩勒旨用虎作媒冲散福娘母女聪应罗帕
的诗句只是老虎性恶不同寻妹八贪食酒席
而已若不嚇一番诬伤人命如何是好不免将
坐下虎唤来嚇咐嚇咐〔向内唤介〕虎虎虎不上介

《雨花台上》

◎碧天霞传奇

序

章部纪元皇极经世吾不知事有
笑千万变也凤麟名洲河嶽區地
吾不知人有义千万状也然得而言以
括之曰经之以义纬之以情而已情之所
发义以闲之义之所迫情以助之此古先
聖王盱以义为种而情为田也窃尝
读唐史览睢阳之陷不觉为之哀安

◎峕 乾隆贰拾陆年岁次 辛巳八月十五日巳时 宅主儒学廪膳生员徐昆
钦赐八品顶带徐尚 率男凤辉创建 永保吉祥如意福寿康宁

序：现代化进程中的山西文学

杜学文

从传统社会向现代社会的转化是人类发展进程中的重大课题。每一个国家、每一个民族都将面对，难以回避。个人，作为社会的组成细胞，也同样如此。这并不以我们自己的意志来转移。综观世界各国，在这种转化的进程中，都有了不同的选择，并表现出各异的特色。但总的来说，还是目前我们称之为"发达国家"的率先实现了现代化。其成功的转化有诸多原因，但从文化的角度来看，与其自然环境的特殊性、农耕文明的不发达，以及突出的个人奋斗精神、重利思想、实用主义等有极大的关系。而目前世界上的欠发达国家或发展中国家，则在向现代化转化的历史进程中，又表现出各自不同的特色。就中国而言，在其漫长的历史进程中，农耕文明得到了充分发展，并达到了最为繁荣的境界。现在的发达国家在转型早期的生存压力等表现得并不明显，从而一种自给自足、自得其乐的生活方式逐渐固化。向现代化转型的原生性动力并不强大。从某种意义来看，中国实际上进入了一种人类最美好的发展境界，那就是，依靠劳动来创造财富，与大自然和谐共处，有剩余的时间来体验人生的乐趣等等。中国从传统社会向现代社会的转化主要靠外部的强力推动。就是说，因为先发国家对财富、权力、欲望的强烈追求，在吸纳了东方文化，其中非常重要的是中国文化之后，骤然表现出突飞猛进的发展状态。其商业首先得到了快速的发展。特别是依靠对海外市场的分割，使过去形成的传统的世界市场在大航海时代变得更加活跃。同时，工业技术得到了快速的进步。人类的新发明成几何级数增长。新技术的出现使社会生产力得到了空前的解放，物质生产表现出前所未有的丰富。而与之相应的是社会制度的进一步变革。一种能够服务新的生产力发展的社会管理系统逐渐建立，并在血与火之中不断完善。在这样的变革转型中，东方古老的中国受到了西方先发国家的强烈冲击。传统的农耕文明与新发展的工业文明之间出现了严重了错位，并引发了控制、占有与反控制、反占有的残酷斗争。中国从农耕文明的辉煌顶峰跌落，中国人开始睁开眼睛看世界，并反思自身文明存在的问题。在外力的冲击下，中国不自觉地开始了向现代化转化的历史进程。一代又一代的中国人筚路蓝缕、奉献牺牲，前赴后继、求索奋斗，就是要重新找到国家独立、发展、进步的正确道路，实现民族的复兴。在不同的历史时期，他们承担了不同的历史使命。不同的人们从自己所从事的事业中为这样一个艰难而宏伟的目标作出了自己的贡献。而中国的文学，同样没有疏离民族的历史追求，甚至在许多关键的历史时刻，承担了开启民智、传播思想、激发斗志、重塑文明的历史重任。在这样一个艰难的充满了探索的转型进程中，中国人民表现出了自己最大的智慧与韧性。一直到新中国的建立，才基本形成了主权统一、独立自主的现代国家形态，并以超人的勇气与奋斗精神、惊人的创造力与发展速度迈向现代化。在这样一个伟大的转化进程中，中国虽然经历了失败、屈辱、挫折，但终于创造了他人所没有的成就。而我们的文学，正是这一历史的亲历者、推动者、表现者。就山西文学来说，是中国文学的重要方阵，当然也是这一历史的组成部分。其努力与贡献非常突出。

首先是推动了现代汉语的大众化，为现代汉语从知识阶层走向普通民众，并使二者有机结合作出了积极的贡献。在中国追求现代化的进程中，经历了一个从"器"到"道"的转变。所谓"器"，就是中国人在最初以为是西方发达国家的技术、器物先进，因而倡导"洋务运动"，开办现代工厂，引进西方设施，等等。这些努力从历史发展的必然来看，当然是非常重要的。但是，事实很快证明，仅仅引进西方的先进技术并不能解决问题。之后发生了制度层面的改革，包括推翻清王朝，建立立宪政权，仿效欧美三权分立及选举制度等等。但是，这种形式上的制度变革没有使中国强大起来，反而使中国成了一盘散沙，四分五裂。于是，更多的人开始反思中国的文化。一方面，对中国传统文化中的落后部分进行批判；一方面引进国外的思想如无政府主义、新村主义，包括马克思主义等等。新文化运动成为当时风生水起的社会思潮。从今天来看，其对中国传统文化的批判有许多过激之言。但是如果我们回到具体的历史场景，就会感到这些批判背后所表露的急切心情及历史合理性。在新文化运动中，一个最为突出的问题，也是最为重要的成果就是把中国人使用了数千年的文言文转化为白话文。从文化发展传承的角度来说，以文言文为代表的中国书面语言具有其重要的历史价值、文化价值、文明意义。可以说，文言文的简洁、精炼、典雅，以及其表情达意的丰富性，是世界上任何语言都难以企及的。这也正是其生命力之所在。但是，从历史发展的现实来看，文言文也具有非常严重的局限性，难以适应现代社会的发展要求。首先是缺乏精确性。由于中国传统文化中思维追求整体感、人文感、艺术感，中国的语言缺少对事物的准确表述。这种特点虽然具有非常强烈的人文色彩，以及超越了具体现象的整体感，但是与现代工业技术发展中对事物精确性表达的要求有很大的距离。语言的背后体现的是思维方式。如果语言难以体现精确性要求，人们的思维同样将不能适应时代发展的要求。其次是书面语言与口头语言的分离。虽然任何语言都会表现出书面与口头的差别，也就是说，人们不可能把口头语言照搬为书面语言。但这种差别在汉语中表现得尤为突出。这就是作为书面语言的文言文与口头语言的"白话"之间的区别。这种区别使更多的普通民众与书面书写脱离，对开启民智、提升大众的文化素养产生了障碍。而现代化的实现并不仅仅是少数"文化人"的事，而是全民族的事。因此，语言的变革，使之更能够适应现代化的需要就成为一种时代的必然。20世纪的新文化运动，除了其在价值观方面的追求如"科学""民主"等之外，对语言的解放也是一种非常强烈的期待。一些有识之士率先放弃了对古代汉语的使用，积极采用白话文来构建现代汉语。这其中，出现了许多具有代表性的人物，如鲁迅、胡适等。今天我们仍然能够感受到鲁迅的语言中存留有古代汉语的元素。这是中国语文从古代汉语向现代汉语过渡的典型表现。而胡适等人则努力使自己的书面语言更加通俗化、口语化，也显示出某种过分倾向于白话的特点。另外一些具有欧美留学背景的人则企望借鉴外来语言对中国的语言进行改造，因而出现了许多非常欧化的表达方式。就中国现代汉语的成熟完善来说，这些努力都是非常珍贵的。但是，真正使新生的现代汉语从古代汉语中出走，并吸纳了民间语言的丰富、生动的特质，使之成为一种既有古代汉语的节制、典雅，又有民间口头语言的生动、活泼，从而使现代汉语能够成为一种具有完整的语法体系、鲜活的表现力，以及体现民族语言特色的"现代汉语"形态，则是以赵树理为代表的作家们作出了重要的不可忽略的贡献。

　　就赵树理个人的创作而言，其早期也是走欧美语法特色浓重的路线。但是当他发现这条路难以被普通民众接受后，其语言表达发生了转化，开始更加注重民族语言与现代性的融合。他的语言生根于中国古代汉语与民间语言的丰厚土壤。在保持语言典雅品格的同时，至少从这样两个方面进行了努力。一是更多地吸收了民间语言的表达方式，使普通民众能够走进这样的语言，使用这样的语言。也正因此，他的语言表现出非常鲜活、生动的状态，使语言的活力大大增强，表现力得到了拓展甚至突破。二是他的语言在规范性方面进行了重大的努力。一方面剔除了民间语言、方言中粗俗的、生僻的元素，使之更加典雅、庄重，另一方面，他保持并强化了以北方方言为主的结构形式，使之在语法形态方面更加完善严谨。所以，今天我们读赵树理的作品，其语言的流畅、生动、鲜活仍然非常突出。可以说，在中国现代汉语出现、发展、完善的进程中，赵树理作出了不可跨越的贡献。当然，这种贡献不可能是他一个人完成的，而是在特定历史条件下，由包括他在内的一大批作家共同努力，并在一代又一代作家的接力中实现的。赵树理丰富了现代汉语的表现力，并使这种获得新生的语言成为广大民众自己的语言。这后一方面的贡献更为重要。因为如果一种新生的语言难以得到民众的认可，其生命力是非常值得怀疑的。可以这样说，如果没有这些作家的努力，中国的现代汉语很可能成为一种"精英"的语言。也就是说，很可能成为一种少数有"文化"的知识分子的语言。这不仅将使语言的普及受到阻碍，也将因为得不到大众的认可而导致中国现代化的迟滞。

　　山西的作家受赵树理的影响甚深。除了创作理念、题材选择等方面外，在语言的运用上也同样如此。这也就是说，从赵树理以来的几代山西作家不仅坚持了赵树理的创作方向，也共同为中国现代汉语的进一步完善、发展作出了努力。尽管今天我们可以说，这些作家个人的成就不同，在语言表达方面风格各异，但是他们有一个共同的特点，即在坚持语言的民族化方面都进行了非常积极的实践。进入新时期，随着改革开放的不断深化，各种创作观念竞相显现。山西作家虽然与全国的创作相比更多地表现出固守的姿态，但是新的创作手法、元素等也在自觉不自觉地借鉴当中。其中就语言表达的追求而言，大体表现出两种特点。一种是仍然坚持语言表达的民族风格，并随着时代的发展变化使之更加丰富生动起来。他们的语言，不仅缘于题材选择的民间性、地域性，以及人物、故事的原生性，更缘于吸纳了民间语言的鲜活元素，在叙述、描写等诸多方面更多地体现了植根于本土的语言活力。另一种虽然也注重题材的地域性选择，但在语言表达中更多地呈现出一种开放的意识，比较侧重吸纳外来语言中的合理成分。如修辞的繁复，语句的长结构，象征意象的频繁使用等等。虽然这两种追求表现出各自不同的倾向，但他们随着时代的发展而推动现代汉语不断进步的努力是一致的。

　　需要我们重视的是，山西作家在自己的创作中表现了中国文化的原生态及其变化。这种原生态不是指文化最初形成的形态，而是指数千年来一直呈现出来的未经现代化浸染、改变的文化。从某种意义来看，它已经成为生活在这样的历史环境中每一个人不自觉的潜在意识，并支配着人们的思想与行为。文学的表达虽然是语言与形象的表达。但是隐藏在语言与形象背后的却是生成这种语言与形象的文化。如果一种文学性的描写没有隐晦地展示出某种文化及其价值观，我以为就是一种表面性的甚或肤浅的描写。山西作家在自己的创作中表现出一个非常突出的特点，即对自己生活的土地、家园有一种执着的关注。而就山西这一地域来说，其文化又具有某种典型性。这就是生根于黄土高原的农耕文化。在中国现代化的进程中，一个非常艰难的任务就是要改变这种文化，使之蜕变为一种新的文化：现代化。这一过程是非常艰难的，也是非常痛苦的。数千年的农耕劳作，已经形成了一种自足的完善的文明体系。但是，就在这种文明体系达到顶峰的时刻，我们突然发现她已经不能适应现代化的要求。于是，开始不自觉地改变自己。这一过程伴随着战争、灾难、屈辱、失去国土与家园等等。在经受这种外在考验的同时,还有我们内在的情感、思想、精神等诸多方面的考验。一方面,救亡与重生成为一种时代的必然使命。另一方面,精神与文化的重建、新生也面临着更大的挑战。就前者而言,山西作家的创作并不是真正的重点。而后者却是其在描写社会变革进步中隐藏的中心。山西是中国最早开始工业化、现代化建设的地区,但是我们很少能够看到山西作家所描写的这方面的作品,而曾经作为抗日战争敌后根据地中心的山西,实际上也没有太多的文学作品来表现。反倒是有许多作品在这样的社会背景下来描写当时的人们如何生活,并参与了这一影响世界文明进程的历史。可以说,这些作家们表面上看起来对社会变革更关心。但是一到拿起笔的时候,就情不自禁地流露出他们对于特定文化及其价值观的不自觉的关注。这实际上成就了他们,也局限了他们。如果就当代文学而言,最早的表达在于农民群体的觉醒。他们感受到了时代的变化,并参与、推动了这样的变化。比如小二黑,虽然具有了杀敌英雄的身份,但作家所要说的却是旧的文化观念,以及由此形成的生活方式对人性的伤害——当然是从爱情的角度切入的。作家的贡献不仅在于表现了时代变化中人性尊严的重新确立,更重要的是,作家生动地再现了这种旧的文化制约在人们劳动、生产、生活、情感,以及社会关系诸多方面的表现。也就是说,作家不是把一个关于追求自由恋爱、自主婚姻的故事作为一种孤立的现象展示出来,而是生动地表现了这种文化观念在旧的生活方式中的普遍性,以及其荒谬性。也就是表达了必须改变这种文化观念的必然要求。这当然是非常符合时代需要的,也是中国在现代化进程中必须跨越的。在山西作家的创作中,相当多地表现了劳动者——当然主要是农民,以及农民出身的、具有农耕文化背景的其他身份的人们对劳动的热爱,对土地的执着,对家庭的重视等等。从历史的层面来看，这些内容都构成了农耕文明的重要组成部分，也是这一文明能够发展、生长的原动力。但是从时代的要求来看，这种文化又成为那些最终必然要离开土地，不再是农民的人们内心世界与精神领域的时代痛苦。比如在改革开放之后，工业化的浪潮漫卷一切。在最具现代化特点的大型露天煤矿当工人的吴福却难以适应这种快节奏的标准化的生活方式。他无限怀恋地回到了自己的家乡。但是家乡已经不再是曾经的家乡，吴福也不再是过去的吴福。他身跨两界，无所归依，内心充满了痛苦。这是一种时代转换、文明更替的痛苦，是一种具有重大典型意义的内心再现。而在现代化程度日益加深的历史时期，农村也已不再是传统意义的农村。农民也不再是仅仅从事农业生产的农民。更大的市场与财富吸引了更多的农民，城市成为新的生活中心。虽然从某种意义来看，城市化可以作为现代化程度的一种标志。但是城市化也同时带来了传统文化的消失、传统生活方式的改变，以及传统人际关系的新建。老甘，这个仍然坚守在内心世界的"过去的农村"中的农民，痛苦地怀恋着昔日活色生香的农村及农村的生活。但是，过去的一切似乎已经义无反顾地过去了。他的农村已然不再。如果说这样的农村随着市场化程度的提高有新生的希望的话，也与过去的农村大不一样。老甘的痛苦同样是一种时代的痛苦，是我们在走向现代化进程中不可回避的痛苦。当然，山西的作家也描写了这种进程中人们的希望、新生，以及由此而来的快乐、自信。宋老大进城送公粮时那种发自内心的自豪感、主人感，那种终于直起了腰板的幸福感将永远感动我们。而在首都打工并学会说普通话的小雪也动人地透露出新一代农民美好的未来。

　　山西的作家们也企图从比较宏大的层面来揭示中国文化的品格，以及由此而反映出来的中国精神。这些描写不在意于对现实生活具体人事的再现，而是企图通过某种具象化的人事具有隐喻意味地表达作家对民族性的理解。他们营造的人物生活环境不太具体,而是具有某种概括性,超越了具体的、实指的时间、空间。其中人物的行为,以及由这种行为所表现出来的文化内涵、价值选择体现出一种超越了具象的恒久性。由此可以使我们领略一种民族的生存状态与价值操守。其中的一部分作品甚至具有进行人生意义、价值意义探求的哲学性努力。这时,作家关注的不再是现实生活中具体的人事,以及其中透露出的社会文化内涵,而是超越其上的价值追寻。在临危受命的戴夫人身上,作者赋予她民族人格最为优秀的内涵。她不仅具有一般人所可能具有的大局观,以及人性的智慧,而且作为生命个体,她具有了一种古人所言的"浩然之气"。她在漫长艰难的商旅途中,没有感受到生命的渺小,而是站在太行山顶吟诵前人的诗篇。她感受到的是生命的博大、伟岸,以及大自然的神奇、浩渺,是一种天人合一、物我两忘的至高境界。这不仅是她个体生命的壮美华章,也是民族文化中价值体系的完美内化。张马丁的遭遇则从另一种角度表现了不同文化短兵相接所引发的一系列事件,以一种宏阔的视野描写了文化境遇背后各异的价值体系之间的交锋、错位、融合。还有许多作品通过对具体人物生命境遇的描写,表现了具有历史意味的在潜意识中特定价值观支配下的民族精神世界。

  读山西作家的作品,事实上也可以看到中国从农耕文明的顶峰跌落到重新崛起,实现现代化的历史进程。在当代文学中为数不多的抗日战争题材的作品中,我们可以看到以中国北方农民为主的人们如何从屈辱中觉醒、抗争,并取得了历史性意义的胜利。抗日战争的胜利,不仅仅是军事的胜利,而且是中华民族在经历了无数的失败、屈辱之后终于走向独立、自主,重新以一个文明民族的形象自立于世界民族之林的标志;也是中国在经历了种种探索,尝试了不同发展道路之后,终于表现出走向正确发展道路,迈出实质性转型步伐的标志。

尽管一直以来我们都有这方面的创作，但是具有宏观性、历史深刻性的作品还不多。新中国的建立是中华民族终于在百余年的努力之后有了自己独立政权的大事，也是中国开始以超人预料的成就向现代化迈进的起点。山西的作家以自己敏锐的笔触描写了这一关键时刻中国普通人内心世界的喜悦、自豪，以及对未来的憧憬。还是在1949年10月1日，诗人高沐鸿就创作了诗歌《这是我们人民自己的胎生》，为新中国的建立而欢歌。之后的一系列文学作品生动地表现了站起来的普通民众内心世界的巨大变化，特别是其人格世界的变化。他们实实在在地感受到了新社会的进步，以及当家做主的自豪。他们不仅在经济上得到了解放，在政治上得到了翻身，而且在精神世界上发生了积极的蜕变。一个新的时代带来了新的发展与进步。也正是这些作品成就了这个新文学史上一个最具典型意义、产生重大影响的文学流派——"山药蛋派"。他们有共同的创作追求，有共同的题材选择，有以赵树理为代表的领军人物。这个流派出现的意义，不仅仅是属于文学的，更是属于中国文化的。他们在尊重并表现中国优秀传统文化价值观的前提下，呈现在这种价值体系影响下中国民众，主要是农民如何生活、生产、思考、发展。读这些作家的作品，不仅使我们能够了解到特定历史时期中国发生的事情，而且将使我们了解中国人是怎样的一种生活方式，中国人在新的历史时期发生了怎样的变化。在20世纪70年代末、80年代初，山西的作家们非常敏锐地感受到时代将要发生的巨变。这种感受不是源于理性的分析研究，而是源于他们对现实生活的关注与热爱，是他们从具体的生活中感受、发现了时代变革的动力。其中有他们对极"左"路线的批判，以及对中国变革发自内心世界的呼唤。这首先是已经成名的一批被称为"老作家"的人们走上了历史的舞台。而另一批将在中国文学园地表现出勃勃生机的作家以自己的敏锐发现了生活的变化。至20世纪80年代中期，以《当代》发表一组山西作家的作品为标志,文学"晋军崛起"成为中国文坛的一个重要事件,引起了广泛关注。这批作家一进入文坛即表现出不俗的活力,显得生龙活虎,风生水起。他们首先成为对极"左"路线的批判者。通过一系列生动的、充满生活意蕴的人物形象来揭示中国曾经走过的弯路,以及即将出现的变革。而后,出现了一系列呼唤改革的优秀作品。一些小说被改编为影视作品,在当时传媒欠发达的条件下产生了极大的轰动效应,甚至有万人空巷之叹。其中的朱克实、李向南、李高成等成为新的历史条件下拨乱反正、推进改革的典型人物。这些作品既是文学的,更是时代的、历史的。它们表达了中国人内心深处希望变革的期待,也呼唤着一个新的历史时期的到来!

中国的改革是中国从传统的农耕文明出走,迈向现代化的重大事件。随着改革开放的不断深化,中国表现出强劲的发展态势。同时,也遇到了许多需要解决的问题。一方面是现代化程度的不断提高,另一方面是这一进程的艰难演进。一个时期,那种充满浪漫主义色彩的乐观情调被现实生活中的艰难前行所生发的复杂性代替。改革并非一帆风顺,充满了困惑、曲折,有许多困难需要智慧与勇气来克服。这一时期,山西的文学创作沿两条主线展开。一方面是直面现实,表现新的发展时期人民的智慧力量,及时代的进步,如农村改革,国企改革,全球化背景下的商业博弈,以及反腐倡廉、环境保护、民主选举、基层生活、重大事件等等。总的来说,山西文学表现出社会的艰难进步,这种进步首先是积极的、正义的、人民的力量战胜了消极的、不义的、损害人民利益的力量。同时也表现出了中国传统社会在时代的发展进步历程中逐渐变化:如传统农村的式微与新盛;农村人口向城镇的转移;土地的工业化、商业化等等;商品经济的蔓延,城镇化的发展;以及身处其间人们内心世界的彷徨、痛苦、选择;人对土地以及建立其上的生产生活方式的依恋;对改革进程中传统国有企业的情感等等。从这些作品中,我们可以观察、感受到中国正在发生的翻天覆地的变化。另一方面,许多作家企图从超越现实的具有形而上意味的层面来探求中国的民族精神。一些作品甚至具有了某种哲学性品味。他们可能借助于某一历史事件,或者设计一个与现实生活隔离的故事来表现自己理解的民族精神。这一类作品可能表面上与现实生活没有直接的关联,但是对我们认识民族文化、民族品格具有积极的意义。事实上这些作品为我们提供了一种思想文化资源,是对现实生活中剧烈变革引发人的价值观的迷茫进行的某种文化性指引。它不涉及现实问题,不为我们思考感受现实生活提供具体的形象。但是,为我们提供观照现实、解决现实问题的精神力量、价值选择和思想资源。这其中也有一个如何认识人生、如何认识民族、如何面对个人价值的问题。

总之,不论是对现实生活的直接表现,还是以隐晦的笔法对现实生活提供精神资源,都可以看到山西作家对社会生活、人生价值的一种积极的态度。他们试图以自己的描写来表达某种具有积极意义的思想内涵,为今天的人们提供精神力量,以推动中国社会的发展、进步,以及在历史蜕变中人的完善。这些努力也可以视为是在现代化进程中对民族精神的一种回顾与追寻。读山西作家的作品,可以使我们从一个侧面感受到中国走向现代化的历史进程。

山西作家在艺术创造上也进行了积极的努力。就山西文学的当代面貌来看,表现出一种从一元向多样的发展态势。当代山西文学受以赵树理为代表的"山药蛋派"影响甚重。一代一代的作家不仅受到这一流派作家关注现实生活、关注社会民生的创作理念的影响,而且在表现手法上也多承续这一流派。因此,直至改革开放前,山西文学基本呈现出一种"山药蛋派"式的一元状态。但是,进入改革开放的新时期后,这种局面开始发生变化。一些人更注重语言描写、心理表达等等。不同于"山药蛋派"风格的作品开始大量出现。首先是题材选择表现得更加多样，其次是表现手法更加多样，再次是创作观念也呈现出多样化的格局。山西文学终于形成了从一元走向多样的创作态势。那些坚持以农村为主要创作题材的作家们也积极地吸纳了其他的表现手法，使农村生活的表现领域大大拓展。另一方面，山西也出现了典型的所谓"现代派"小说。心理结构、借鉴侦探小说手法的"悬念"结构、无情节结构、意象结构、寓言式结构等等次第登场，宏大叙事与个人化叙事并存一体。这些作品有的已经产生了比较大的影响。无论如何，他们都是山西作家对文学自身进步的积极探索。

从某种角度来看，山西文学似乎为我们呈现出了中国走向现代化的百年变迁史。这不仅表现在人们广为关注的小说创作之中，同时也更加丰富地表现在文学的其他领域，如诗歌、散文、戏剧，以及逐渐从散文文体中独立出来的报告文学及传记文学之中。当我们追寻这种变迁的历史时，不能割断由山西而表现出来的中国五千年文明史。山西是华夏文明的主要发祥地，从远古以来，这一文明代代相传，承续不绝，其中涌现出众多的仁人贤士。作为个人，他们有自己所处的具体的历史环境、成长条件，对人类文明的进步作出了自己的贡献。但是，作为一种文化现象，他们似乎勾勒出中国文明发展进程的历史脉络。在他们身上体现了中华文明的历史贡献、价值选择，以及思维模式。对他们进行研究，并用传记的方式表现出来，使今天的人们了解并感受他们所具有的闪光的人文价值，不仅对今天的改革发展具有积极的意义，对我们现代化进程中的文明重建同样具有非常重要的意义。这将首先使我们看到历史发展进程中文化的影响力，进而使我们能够进一步确立文化的自信心与自觉性。在这些如星光一般闪烁的先人身上，我们将体会到中华文化的魅力、价值和绵延不绝的生命力。承续山西文学的精神品格，创作出新的能够表现时代精神的优秀作品，是我们这一代人的使命。而对五千年文明发展进程中那些曾经作出突出贡献的英杰才俊进行文学式的描述，也将是我们传承民族精神的一种努力。因此，组织编辑出版山西文学"双百工程"，有着非常积极的现实意义。

这一"工程"包含两个序列三个方面的内容。一是"百部长篇小说"，其中一部分是已经发表出版并产生了较大影响的现当代小说。通过集中编辑出版，可以使我们比较全面地回顾审视山西文学某一方面的成就与贡献。另一部分是新创作的长篇小说。其目的是推动山西长篇小说的不断繁荣。把它们列入这一工程，即是对文学发展的新推动，也可以延续已有的成果，使人们看到山西文学创作的最新成就及更加生动的面貌。二是"百部山西历史文化名人传记"。山西的报告文学近些年来表现出非常活跃的态势。不仅参与创作的作家比较多，出现的作品比较多，而且产生的影响也比较大。其中一些作家应该说是中国报告文学领域的领军人物。同时山西也是华夏文明的重要发祥地，在五千年的文明发展历程中涌现出许许多多的对中华文化发展进步作出重大贡献的英杰先贤。以传记的方式把这些先人在中华文化发展进程中的贡献表现出来，有助于我们重新认识中华文明对人类的重大贡献，有助于我们进一步追寻中华文化的精神、操守、品格，并使我们从先人的风采中找到自己前行的楷模和动力，激励我们推动中国的改革发展进步。所以，这也就成为我们的一种责任。相信通过这一努力，既将促进山西文学的进一步繁荣，也将进一步增强我们的文化责任，重塑我们的文化形象，展示中华民族在漫长发展历程中表现出来的精神力量与智慧，为实现民族复兴的中国梦作出积极的贡献。

引 言

悠悠五千年,在山西这片有着深厚历史文化底蕴的沃土上,涌现出了许许多多超凡绝尘的文化名人:荀子、蔺相如、法显、柳宗元、王维、王昌龄、司马光、关汉卿、郑光祖……他们在历史的长河里,留下了许许多多美丽动人的故事。每一阵波涛,都是一卷风云;每一朵浪花,都是一部传奇。

然而,我以为,与其为一个文化巨匠写一些锦上添花的颂词,不如对一个声名并不显赫的文化人做一些探赜索隐的研究更具有意义。于是,在众多的文化名人中,我选择了一个陌生的徐昆。

徐昆,字后山,号柳崖居士,别号啸仙。平阳府临汾县上村(今山西省临汾市尧都区大阳镇上村)人。乾隆四十六年(1781)进士。清代著名的小说家、戏剧家。他的志怪小说集《柳崖外编》在当时影响很大,被称为"《聊斋》第二",而徐昆也被誉为"山右之名士,而蒲留仙之后身"。同时,他还是一位于经、史、诗、文、戏曲、文字无所不通的才子。

徐昆的科举之路还算平坦,仕途却不甚得意,一生唯一的实职是阳城教谕,后虽在京城为官,最终也只是个从六品的闲职。晚年他回到故乡后致力于家乡的建设和教育。《临汾县志》称:"被其泽者,望之如泰山北斗。"

他在故乡上村建有"贮书楼",主要是藏书、著书、印书。他一生所著颇丰,可惜职低位卑,身后寥落。保传下来的只有一部志怪小说集《柳崖外编》、两部传奇剧本《雨花台》《碧天霞传奇》和一部《春花秋月词》。在他去世后的二百多年里，没有人为他作过传，也没有人对他做过较为全面的研究。他在史书上乏有记载，大多数人对他也很陌生。就连他的生卒年代，也都扑朔迷离、众说纷纭。

但他又是一个从来不曾被遗忘的人：二十世纪六十年代末，台湾台北广文书局重印《柳崖外编》；二十世纪九十年代北岳文艺出版社出版了由张国宁、李晋林主编的《〈柳崖外编〉点注》；他开创的蒲剧南路唱腔，至今仍影响着蒲剧表演艺术。

我选择徐昆的另一个原因是在群体的陌生中我对他的相对熟悉。多年前，我曾细细地读过他的志怪小说集《柳崖外编》，去过他的家乡，拜谒过他的墓地，见过他亲自设计建造的"贮书楼"，到过他任教谕的阳城县学，参观了至今仍保存完好的阳城县孔庙。

徐昆的故居大阳镇上村与我居住的市区不过十五公里。这样的距离常常让我忘记了二百多年的时空，感觉他仍在离我不远的一处庭院中，手执一本书，踱着方步，用我熟悉的乡音摇头晃脑地读书；读着他的文字，我能感受他书写时的激情，仿佛随时可以起身与之探讨；打开他的书籍似乎能嗅到那浓烈的油墨味，犹如他刻版印制就在前一刻！

据乡间传说，徐昆晚年居故园时，每到逢集便骑驴入市，携一壶酒与乡者们一起喝酒闲聊。或年景收成，或奇闻异趣，或人物掌故，或流年往事。聊到尽兴喝到尽兴，便系驴醉卧，浑然如婴孩。

这就是我认识的徐昆——可爱而亲切、熟悉而平凡，就像我远年的老祖父！

人生如戏。不同的是，人生这出戏是没有剧本的。戏演得好坏，只有在大幕落下后才能知道。为一个落幕了二百多年的人作传记，如同是在补写剧本。方便的是，我们能把一场一场已经完成的戏，逐年断开。吉、凶、祸、福，穷、达、通、变，那么清楚、那么明确，无须思量，如实补写……

作者　朱忆湘

2018年8月

目 录

第一章 故国家园共滋育
  帝尧之故里　文明之盛乡 ················· 001
  科场未显扬　经商成望族 ················· 004

第二章 少赋异禀越群伦
  迷离的世象　宿命的玄机 ················· 011
  天生的富贵　与生的使命 ················· 015
  幼识檀板声　笛韵启蒙童 ················· 020

第三章 自古雄才早发奋
  翩翩少年郎　从此向书斋 ················· 030
  相遇趵突泉　缘结忘年友 ················· 033
  诗情才子泪　一身二世缘 ················· 040

第 四 章　客路千里游子归
　　　　　卓荦弱冠争　相知莫逆交 …………… 048

第 五 章　檀板笛声聚曲友
　　　　　以曲会曲友　志同而道合 …………… 055
　　　　　京城见宗师　侯府做门客 …………… 063
　　　　　先遭丧父痛　后遇失知己 …………… 067
　　　　　最熟"贮书楼"　昂首据其胜 …………… 079

第 六 章　千秋彩笔属徐郎
　　　　　觅得返魂香　赋就《雨花台》 …………… 089
　　　　　缘定问三生　依稀识旧人 …………… 111

第 七 章　侠骨柔肠谱忠魂
　　　　　壮哉刘义士　肝胆两相照 …………… 125
　　　　　更补睢阳恨　翻作《碧天霞》 …………… 140

第 八 章　蒲戏昆化俗入雅
　　　　　耽情蒲州梆　开创"南路"风 …………… 165

第 九 章　十年寒窗苦登科
　　　　　憎命文难恃　拔贡暂慰情 …………… 188
　　　　　飞鸿仍铩羽　功名事未酬 …………… 197

第 十 章　投壶命觞尽名士
　　　　　京师登桂榜　学问渐精进 …………… 209
　　　　　二度瘗裙钗　香冢留传奇 …………… 218
　　　　　初登仕途路　阳城任教谕 …………… 226

第十一章　春风得意马蹄疾
　　　　　施药救灾民　荣登进士榜 …………… 248
　　　　　京城置宅院　"眉园"胜辋川 …………… 252

第十二章　腹有诗书气自华
　　乐极潜悲辛　无处不"眉园" …………… 260
　　纵情山水间　咏《春花秋月》 …………… 270
　　无意宦海事　刊布乡贤书 …………… 279

第十三章　君自闲人堪说鬼
　　搜奇闻异事　结《柳崖外编》 …………… 284
　　写虚幻之景　道世间之情 …………… 290
　　阅后山山色　赏留仙仙气 …………… 304

第十四章　一生沉浮尽归尘
　　摹八股精微　撰《眉园日课》 …………… 310
　　致仕归故里　恩泽及后人 …………… 315

主要参考文献 …………… 326
后　记 …………… 329

第一章 故国家园共滋育

帝尧之故里　文明之盛乡
科场未显扬　经商成望族

帝尧之故里　文明之盛乡

位于山西省西南部的临汾,古称平阳,它东倚巍巍太行,西临滔滔黄河,是一方抓一把土都能攥出文明汁液的土地。四千多年前,帝尧在此建都,史称"尧都"。

二十世纪七十年代对临汾市襄汾县陶寺乡"陶寺文化遗址"的考古发掘,科学验证了"陶寺文化遗址"是在距今四千五百年至三千五百年之间。于是,尧的神话变成了史实,"中华五千年文明"也终于找到了源头!

尧为什么选择平阳建都呢?从晋南出土的文物与考古学家发掘出的古文化遗址来看,山西南部出土有旧石器初期的西侯度文化、匼河文化,中期的丁村文化，末期的下川文化，新石器晚期的仰韶文化①。任何一种文明的出现都不是偶然的，正是因为有这么多远古文化的哺育，才诞生了尧文化，才有帝尧定都平阳、平章百姓、协和万邦之壮举！

生长在这片被浸润了五千年文化的沃土上，徐昆是幸运的。他还在摇篮中就从奶娘和家人口中听到了许多有关家乡的古老传说：尧王与鹿仙女的洞房花烛②、三月三接姑姑③、羊獬的传说④、舜耕历山⑤等等。其中听得最多的还是关于他家门前那条叫作涝河的神话故事：

尧的时代，是传说中"汤汤洪水方割，荡荡怀山襄陵，浩浩滔天"的洪荒时代。在平阳北的郭行（上村原属郭行乡，二十世纪八十年代才划归大阳镇）有一条发源于浮山牛首山下的河流，叫涝河。不知从何时起，这涝河上来了一个黑风女妖，她作祟作怪，刮起巨大的黑风，刮得山黑水黑，牛首山被称为黑山，涝河被叫作黑水。女妖时而兴风作浪，涝水狂涨，淹没附近的良田村庄；时而引发地震，地动山摇；时而吸干河水，滴水不留。尧王为了解除百姓疾苦，带领一班人马前去治水除妖。终于，尧在妻子鹿仙女的帮助下，赶走了女妖，排泄了洪水，周围的百姓终于过上了安宁幸福的生活。

"余家平阳东山之麓，去帝尧陵六七里。"这是徐昆在《柳崖外编·银山》一文中写到的。文章很短，字里行间却流露出作者难掩的自豪。

徐昆的家距尧王的寝陵不过六七里。还在很小的时候，徐昆就知道了离他家不远处的那座恢宏的建筑就是"千古一帝"的尧王陵寝。他还知道，因为这座陵墓，他们村及周围的几个村与别处不一样，是不交差徭税役的。但每年他家都会向尧陵捐出一笔不菲的银子，用于陵园的修葺和日常管理。每年的清明节，他父亲和家中的长辈们都会被邀请参加尧陵祭祀大典。

稍大一点，他常常会独自站在柳沟坡头西望沉思——不远处的那个山丘便是尧王冢，封土高达五十米。

有关这巨大的坟冢,还有一个非常动人的传说:

相传尧王生前在涝河的南岸选好了一块墓地,它依山傍水,是一块藏风聚气的风水宝地。自知不久于人世的尧王有一天将长子丹朱叫到身边交代后事,可话到嘴边,尧王又转念寻思:这孩子叛逆成性,从来就是我说东,他必西,我说南,他必北。这回我要是说死后葬在南面,他必然把我葬到北面。于是改口说,死后要葬到涝河的北岸。谁知,浪子终有回头日,父王死后,丹朱悔恨不已,想到自己从前的种种忤逆,决定痛改前非,便依照老父的遗嘱,将尧王葬在涝河的北岸。就这样,聪明一世的尧王因一时的糊涂被安葬在他原选中的墓地对面。

闻知尧王去世,万民悲悼。下葬那天,前来祭拜的人特别多,人们为了表达对这位圣明仁君的敬爱,每人都带了一个小口袋,临穴掬土。当棺木安卧好,人们轮流上前施礼祭拜,然后将口袋里的黄土撒在棺木上。你一抔,他一抔,遂成大丘。一座高大的陵墓就成形了!

这些神话传说对于儿时的徐昆是一种思想的启蒙。其中的浪漫主义情愫深深地根植在他的肌体里,融化在他的血脉中,为他日后志怪小说和传奇戏剧的创作打下了基础。尤其是尧王的贤明仁德,让徐昆从小就树立起了一种"为天地立心,为生民立命"的人文情怀。这种情怀也自始至终地贯穿在他的文学作品里,影响着他的为人、为文、为官。

随着年龄的增长和知识的增多,他的认识不再停留在神话传说的层面,他开始有意识地从史籍中寻找关于尧、关于平阳的信息:

晋代皇甫谧《帝王世纪》:"尧都平阳,于《诗》为唐国。"

郑樵《通志》记:"伏羲但称氏,神农始称帝,尧舜始称国。"相传尧执掌天下后,设置九州,东西南北,平阳为中。中央之国,谓之"中国"。

尧钦定历法、敬授民时、教民稼穑,使百姓耕作有序,收获有时,奠定了中国农耕文化的基石。

尧还带领民众开凿水井，结束了先民们沿河而居的生存方式。人们聚井而居，城邦由此建立。汉代学者杨雄说："古人未有市及井，若朝聚井汲水，便将货物于井边货卖，故言市井。"

平阳，有"昔者仓颉作书，而天雨粟，鬼夜哭"的"仓颉造字"[①]处。

平阳，是《击壤歌》"日出而作，日入而息，凿井而饮，耕田而食，帝力于我何有哉"的发生地。

平阳，是华夏文明的始发站——中国历史上第一个奴隶制王朝夏朝在此建都。

平阳就像是一个家族的始祖，端坐在历史的高台上。以后的秦、汉、唐、宋、明，不过是他几个还算争气的后辈子孙。

我相信，精通史书的徐昆一定为自己出生在尧都平阳而自豪。但他也一定没有料到，正是因为他的家乡历史过于悠久、文化过于厚重、古迹过于稠密，才使得他这位时名并不寂寞的小说家、戏剧家，被忽略、被淹没了二百多年——这里任何一处散落的文明，其光芒都足可以让他的光辉黯淡。

科场未显扬　经商成望族

虽然徐昆被历史遗忘了二百多年，但他家乡的人民从来没有忘记过他，他的"徐家楼院"庇佑了他的后世子孙二百多年，他的陵墓每年都会有子孙祭扫，他亲手设计的"贮书楼"一直是家乡人民的骄傲，关于他的故事一直在乡间流传着——

徐昆的家在离平阳府东三十里处的大阳镇（原属郭行乡），是典型的丘陵地形。村子在涝河的北岸，故名"涝阳"。元初时，因人口的增多，村子整体搬迁至原址的上方，所以改"涝阳"为"上村"。

村庄坐落在山丘之上的一处平垣。高旷平整，柳树成荫，桃花嫣然。

土地丰腴的上村不但物产丰富，更多了一些人文灵气。这里流传着一句谚语："过了柳沟坡，秀才比驴多。"

徐氏家族是从何处迁来上村的已不可考了，自始祖徐子英起到徐昆这一辈已经是第六代了。世代农耕，平实无奇。直到他的祖父徐隆基这一辈时，家境才渐渐殷实。

徐隆基是徐氏家族承上启下的人物，他不同于一般的村老汉只满足于眼前的衣食无虞，而是把子侄们送进学堂，希望他们读书向学，通过科举出人头地，光耀门庭。虽从现有的资料来看，徐昆父亲这一辈在举业上并无有成就之人，但徐隆基这一明智之措，的确让徐家从此改换了门庭。

徐昆的父亲徐三戒，字敬轩。关于他，没有文字资料可查，只是从家乡留下的那座宏阔气派的"徐家楼院"和乡间流传的故事中我们知道：徐敬轩读过书，中过秀才，可惜举业不顺，便转而经商，终于成为一个财力雄厚的大盐商。

徐敬轩的人生是沿着儒——商——官这条标准的晋商人生轨迹前进的。

晋商，素有"天下第一商帮"之称，于明清两代雄居商界五百年，创造了亘古未有的世纪性繁荣。而成就晋商"五百年不败"神话的重要原因，便是它独有的自然资源——山西运城的河东池盐。

所以，晋商始于盐商。

盐商做的是资源生意，需要大量的资金做保障。这就给我们提供了一个信息：当时的徐家应该是比较富裕的。这也可以从徐敬轩的原配妻子是当地名门望族逯家的小姐这一点上得到佐证。

平阳"逯氏"据说是"五胡十六国"时建都平阳的"汉赵王"刘渊的后裔。"汉赵"被外戚所灭，幸免于难的皇族后人为避祸，改刘姓为"逯"姓，表示不忘自己是帝王之后。

能娶逯家小姐为妻，可见徐家绝不是寒门小户。所以徐敬轩经商的起点就很高，再加上他读过书，头脑灵活又肯吃苦，仅十几年间就成为据资千万的大商人，徐家也一跃而成富商巨贾。

和所有成功的晋商一样，徐敬轩也做了三件事：捐官、建宅院和课子孙。

"捐官"制度虽自古就有，但往往是在国家遇到大灾难，如战争、大面积的自然灾害时才采用的一种解决财政困难的权宜之计；而且限制也很多，只允许"士"民阶层捐纳，商人是不允许的。在中国历史上，只有清朝是把"捐官"作为国家制度下的正常升官途径的。

中国是个农耕社会，历代统治者都奉行"重农抑商"的政策，商人及其子弟是不许做官的，当然，也就不能参加科举考试了。一直到明代中期，这些规定才被逐渐取消。

长期遭受政治歧视的商人们，在积攒了大量的财富之后，内心的不平衡越来越强烈，他们不再满足于物质上的锦衣玉食，急切地想提高自己的政治身份，提升家族的社会地位。在他们心中，只有峨冠博带，才是真正的光宗耀祖。

康熙十三年（1674），清政府决定大规模削藩，为了弥补军饷的不足，颁布捐纳政令。从此，捐官纳衔、攀权结贵之风便在晋商中盛行开来。

财大气粗的徐敬轩当然也不例外。他捐了一个"征仕郎"的七品官衔。按乾隆时期的明码标价，一个七品官衔需捐白银四千六百两。徐敬轩为光宗耀祖、荫福子孙的确是下足了血本。这也让他的儿子徐昆在乾隆三十五年（1770）顺天府乡试中举之后，非常自豪地在家庭情况一栏里这样填写：

"始祖子英，高祖东满。曾祖仲才，貤赠'征仕郎'。曾祖母张氏。祖隆基，勅赠'征仕郎'。祖母逯氏。父三戒，勅授'征仕郎'，候选州判，议叙加一级。"

但是，这捐来的官毕竟不是"正途"，别说当时还不能补实缺，就是到了实缺也能捐的晚清，那些正牌子进士、同进士出身的"正途"官员是不屑与纳捐的"异途"官员一起排班站立的。所以，发迹之后的晋商普遍重视科举功名，重视对下一代的教育，以图子孙仕途有为，光宗耀祖。

徐敬轩更是将希望寄托在儿子徐昆的身上，希望儿子能读书入仕，让徐家门庭"以商贾兴，以官宦显"。

徐敬轩老来得子，四十三岁才有了徐昆，但他并不溺爱，三岁就为儿子开蒙。稍长，又将儿子送到济南求学。徐老先生望子成龙的心情就是放在今天，也绝对称得上"迫切"了。徐昆呢，也真不辜负老父亲的期望："三岁识字……率一二遍可成诵"；到十五六岁时"诗文出手，老气横秋"；十七岁应童子试，便以县、府、院三试第一进学；二十八岁选为拔贡生；三十三岁中举人；四十五岁中进士；二部传奇剧唱红蒲地；一部《柳崖外编》让他拥有了万千读者，赢得了"山右之名士，留仙之后身"的赞誉，也赢得了身后二百多年的荣耀！

山西是一个被儒家文化浸润得很深的地方。几千年前汉高祖刘邦的一曲"大风起兮云飞扬，威加海内兮归故乡"，定格了中国人光宗耀祖的标准。晋商们浪迹天涯、忙碌辛劳，就是为了有一天能荣归故里，所谓"富贵不归故乡，如锦衣夜行"，而其中最显赫的标志就是在自己的祖荫之地盖起大宅院，既昭显他们的身份地位，也炫耀着他们各自的实力。

徐昆的家乡大阳镇地处丘陵，沟多坡缓，民居基本上都是沿坡而建。徐家的祖屋在村道上，面积只有一亩多地，这显然满足不了徐敬轩回乡盖高宅大院的要求。想要扩建宅院对别的乡民来说或许是件难事，但对徐敬轩来说已经不是什么问题了。捐得官衔之后，有了官府的庇护，扩建宅第的限制减少，宅院的修建就可以更阔大更气派。凭着这七品官的身份，他很顺利地将街对面的那块坡地买下了。坡地比他家的房基大约低三米，徐敬轩没有从坡底进行填土，而是充分利用了这个坡度，在下面直接砌起了一溜六孔的窑洞，大青砖起底一直到窑顶，将窑顶砌至与街面齐平，又以窑顶为地基，在上面盖起了一排门面房（上村人称为市房）。这样一来，不但省去了填平地基的人力和物力，而且还多了六孔窑洞，扩大了房屋面积。

看到徐敬轩精心设计的宅院格局，我们不得不佩服徐敬轩的精明，对于他的成功，也就不难理解了。

徐敬轩在祖屋的房基上盖起的这座宅院，被当地村民称为"徐家楼院"。

这座"徐家楼院"放在富商云集的晋南实在算不得阔大，占地不足二亩，是一个二进双通四合斗院。硬山顶阶进式门楼，西跨院为正，东跨院为偏。它的大门"一间三架，黑门铁环"，是清代标准的七品官员的规格。这大概就是"门面"一词的来历吧——主人的社会地位如何，望门便知。

进入大门，便是一个长长的过道，以过道为中轴线，东西各有一个跨院。这是晋商大院的基本格局，取"中庸"之不偏不倚之意。往西上台阶，有一个走廊，从走廊向西有一垂花门，再上台阶进门便是西院，也是正院。北房是五间二层楼房为正房。正房是家中长辈居住，比院子要高出三个台阶，取意"长幼有序"。从外院进里院再进正房须登三次台阶，暗寓"连升三级，步步高升"的吉祥之意。北房的最西边还有一个楼梯，上去又有一个玲珑精致的小眺阁，居高临下，可以瞭望四周。眺阁面积不大，但一俯一仰之间，这座大院便有了几分气势。

正院的南厦厅很宽大，是家族议事、逢年过节聚餐、操办婚丧嫁娶的地方。里面用来做支撑的是三根一人合抱的大红木柱。

西院的东、西厢房各三间，是家中晚辈们的居所。

过道的北端有一月形门，进门是一个照壁，向东进入东跨院。东院是花庭、牲口厩和佣人们居住的地方。东院是没有台阶的，因为佣人是没资格"步步高升"的。这是遵循"尊卑有别"的封建礼制。

每户门的外面都有一扇细致精巧的雕花隔扇门。每扇窗子的结构也是十分考究的，窗棂上雕刻有线槽和各种花纹，构成种类繁多的优美图案。

宅屋上，屋脊的两端装饰着鸱吻，古人认为鸱吻属水性，安放屋顶能避免火灾。鸱吻在官和民的宅院中形状是不相同的，对于商人，招财进宝多多益善，闭口脊兽有财不外露之含意；而对官员来说，开口脊兽代表了官员拥有的话语权。徐敬轩的这座宅院，上面装饰的全是开口的鸱吻，表明了他官员的身份，也张扬着他既富且贵的得意。

"徐家楼院"的整个建筑全是木质结构，用料考究，做工精细。斗拱飞檐，雕梁画栋。砖石木雕，仰俯可见。古代的建筑被称作"堆金砌玉"，的确不假。据徐昆七世孙徐兰英女士的回忆，大院的每一个门楣上都悬有匾额，大门上都有木楹，而内容因年代久远，已经记不得了。

晋商们大多是因家境贫困，无力儒业，才不得不弃儒经商的。所以，晋商的宅院里往往都有众多的匾额和楹联，既显示了他们儒雅的个人修养，又寄托了他们对子孙的希望。楹联的内容有表达儒家的"仁义礼智信"和中庸、忠孝、诚信、谦和的人文思想的；也有告诫子孙要恪守勤劳节俭的美德，懂得家业来之不易的；还有劝勉子孙们无论是经商还是读书都要树立知难而进的奋斗精神的。

虽然没有人能够记住"徐家楼院"楹联的具体内容，大约也是告诫和激励子孙勤学、守信、孝悌、节俭、昌盛家族吧！

"徐家楼院"的建筑时间大约在雍正年间或乾隆初年，徐敬轩的后代子孙们在此繁衍九代，历时三百年仍坚固如初。可惜的是，西院早在土改时被毁。东院的"贮书楼"也在一场声势浩大的新农村改造运动中被拆除。

昔日豪华气派的"徐家楼院"早已成了一片废墟。今天，我们在徐家后人的院落中，只能从被肢解成小板凳和搭在猪圈里、杂物间那厚厚的彩绘木板上感受它曾经的富贵，从他们遗弃在房顶上的屋脊兽中感受它曾经的繁华……

注释：

①赵大勇、赵随意《尧都平阳与尧舜禹》，山西古籍出版社1999年版。

②帝尧微服到姑射山访察，遇到了为民除害的鹿仙女，俩人一见钟情。于是帝尧与鹿仙女结鸾俦于仙洞之中，以洞为新房，对面的蜡烛山上光华耀眼，照得南仙洞如同白昼一般。后来人们便称这新婚之夜为"洞房花烛夜"。

③相传尧王居住在临汾洪洞的羊獬村时，将自己的两个女儿娥皇、女英同时嫁给了在历山耕地的舜。所以，羊獬村的人称娥皇、女英为姑姑，历山的人称娥皇、女英为娘娘。每年到"三月三"和"四月二十八"这两天，羊獬村和历山两地的村民都要自发地组织迎送，延续至今四千多年从不中断，逐渐形成了"接姑姑，送娘娘"这一独特的民俗风情。

④羊獬，独角羊，传说是尧王的法官皋陶的神兽，具有辨忠奸善恶的本领。

⑤舜即上古五帝之一。历山，位于山西南部的翼城、垣曲、沁水、阴城四县交界处。传说舜王在此耕田。

⑥传说仓颉是黄帝时期的史官，见鸟兽的足迹受启发，分类别异，加以搜集、整理和使用，被尊为"造字圣人"。相传他造字处就在今临汾市尧都区的西赵村。

第二章 少赋异禀越群伦

迷离的世象　宿命的玄机
天生的富贵　与生的使命
幼识檀板声　笛韵启蒙童

迷离的世象　宿命的玄机

关于徐昆的出生，一直以来都蒙着一层神秘的面纱。

乾隆四十六年（1781），徐昆的志怪小说集《柳崖外编》的一至八卷刊印。他的忘年交，时年七十二岁的李金枝先生为《柳崖外编》作序。在这个序里，李老先生为我们讲述了一个有关徐昆出生的神奇故事。

> 周生，天微雨，徐翁伫立庄门看雨。客有踉跄冒雨而行者，翁识为读书人，邀诸家。见堂设筵问故，曰："儿子周岁也。"请视，抱出见之而笑。客问庄名，曰："金家庄。"客叹曰："是矣，是矣，公之子吾之师也。"问故，曰："吾师蒲柳泉，绩

学而殁在去年此日,有句云:红尘再到是金乡。吾遍访金乡县不可得,不图今日遇之。"

这个故事述说了李金枝在山东济南与当时只有十五六岁的徐昆偶遇并相识。他在浠干听到一个传说,说的是徐昆过周岁的那日,天正下着小雨,一个书生进来避雨,看到家里正在大摆筵席,忙问缘故。徐昆的父亲说是儿子过周岁呢,这位书生要求看看小孩,这孩子一见到书生就笑,书生恍然大悟说:是啊是啊,你的儿子就是我的老师蒲松龄啊,去年的今天,我的老师去世,临终前交代说:"红尘再到是金乡。"我在金乡县找了很久也没找到,没想到今天在你这金家庄遇到了。

这个故事便让徐昆拥有了"蒲松龄转世"的奇特身份,蒲松龄的忌日也顺理成章地成了徐昆的生日——1715年正月二十二日。

2004年,著名的民俗学家,山西灵丘人邓云乡先生的《云乡丛稿》一书出版,其中一篇名为"《眉园日课》书后"的文章,摘录了徐昆所著的《眉园日课》书中的一段文字:"家慈(徐昆的生母任氏)……今年八十有九,耳目聪明,饮食健壮,灯光之下,尚可纫针……"文后落款为"嘉庆八年癸亥嘉平月腊后十日昆谨识"。由此推出徐昆的生母是1715年生人。

显然,徐昆生年为1715的说法就站不住脚了。

在国家图书馆保存的清刻本《顺天乡试同年齿录》中查阅到乾隆三十五年恩科的《顺天乡试同年齿录》,赫然发现了徐昆当时填写的家庭情况登记表:

"徐昆,字后山,号柳崖,别号啸仙。行一。丁巳年四月十二日戌时生。山西平阳府临汾县选拔贡生。候补八旗教习。民籍。习《易经》……"

这里清清楚楚写明了徐昆的出生日期为:1737年(丁巳年)四月十二日。

至此，一个由"蒲松龄转世"的杜撰故事引起的、持续了二百多年的错误终于得以勘正！

而在徐昆的家乡临汾大阳镇的上村，那些从来没有读过《聊斋志异》甚至不知蒲松龄为何人的乡民们，对徐昆的出生还有着另一个版本的传说：

传说徐昆转世三辈都没喝"孟婆汤"，所以他能记得三辈的事：第一辈，出生在山东，一生下来就会说话，家人惊以为怪，把他摔死了；第二辈，出生在山西平阳府上村的徐家，他吸取了上一辈的教训，一直到八岁才开口说话；第三辈，转世到福建侯官，这一辈更是了得，他就是禁烟英雄林则徐。

这些传说显然是后人敷衍出来的，徐昆当年肯定没听到过，因为林则徐出生时，徐昆还结结实实地在京城做官呢。

在中国，大凡帝王出生都会有"异象"，不外乎是"红光满屋""异香四溢""龙蛇入怀""电闪雷鸣""星宿下凡"等等。神化的目的是表明权力的"君权神授"。以后发展到名人们的出生也有"异象"，当然，不敢有帝王那么大的动静，大都是奇异梦征后受孕，或是祖坟、祖屋有祥瑞出现。

传说徐昆出生时，村北头的文庙忽然一片红光，大家以为是文庙着火了，当人们准备去救火时，红光又突然消失了。村里有见识的老者说，徐家这娃娃是文曲星下凡呢，所以，徐昆自幼就有"神童"之称。

其实，无论是当朝的史官，或是后世的文人，他们编撰的出生异象无非就是起一个崇拜的作用。徐昆转世三辈的传说和文曲星下凡的神话虽然荒诞，但也表达了家乡人民对徐昆的敬仰之情。

徐昆出生异象之说固然不可信，但徐昆的出生却实实在在是徐家祈盼多年的大喜事。

徐昆的父亲徐敬轩在原配夫人遆氏去世后又续娶了卢氏。可惜的是这两位正室都没给他生下儿子。中国是一个宗法社会，血缘的传承特别为人所重，所谓"不孝有三，无后为大"，没有儿子就是绝后。对于年过四十的徐敬轩来说，事业做得再大，财富积累得再多也不算成功，没有儿子就是他最大的失败！

李金枝在《柳崖外编》的序中还讲述了一个徐敬轩去小峨眉山①求仙祈子的故事："徐子太翁敬轩先生寓金家庄凡时，年四十三无子，祈梦小峨嵋山……"虽然这篇序的游戏成分很大，但"祈子"这件事还是可信的。在中国古代，人们求神赐子是一种很普遍的习俗，更何况徐敬轩"年四十三无子"呢，这求子的迫切是合情合理的。只是，这神仙也管不了人间的事，无奈，徐敬轩只得纳妾以延续香火。

徐敬轩纳的这位侧室姓任，她是徐昆的生母。关于任氏我们知道得不多，只知道是临汾人，比徐敬轩小二十二岁，应该是个贫苦人家的女儿。后来任氏以九十多岁的高龄辞世，说明她的身体很强壮，这可不是一个成天下不了绣楼，肩不挑、手不提的富家小姐所具备的身体素质。

以徐敬轩的经济实力，娶个三妻四妾是很容易的。但他一直到四十多岁时为了传宗接代的需要才纳妾。凭这一点，我们有理由相信，这位徐敬轩先生是个非常严谨自律的君子，他的家规也是很严苛的。

乾隆二年（1737）农历四月十二日戌时，在山西平阳府郭行乡的上村，大盐商徐敬轩的侧室任氏生下一个健康的男孩。已经四十四岁的徐敬轩抱着这个迟到的小生命，激动得泪水纵横。徐家上下合族欢欣，徐敬轩为这个老来子取名：昆。取长子之意，希望以后兄弟连绵。

徐昆的出生给徐家带来了期待已久的希望。他是幸运的，出生于富商之家，锦衣玉食，荣华尽显；他也是不幸的，一出生就背负着这个家族光宗耀祖的使命。这注定了他要比其他的孩子经历得更多，承担得更多。

为了让儿子早日成材，在徐昆三岁时，父亲就亲自为他开蒙，从《千字文》《百家姓》到《幼学须知》《三字经》。徐家的楼院中、书房里经常能听到小徐昆稚嫩的读书声。优渥的家庭条件、极高的个人天赋造就了徐昆的早慧。未到启蒙之龄的小徐昆就把那些普通孩子的启蒙书籍全部读完了，而且"翁授书，率一二遍可成诵"。儿子的聪慧，让徐敬轩备感欣慰。不久，徐昆又有了一个弟弟，取名尚。为了让徐昆能接受到最好的教育，徐敬轩决定把刚到启蒙年龄的小徐昆带到山东济南。

天生的富贵　与生的使命

徐敬轩到山东开盐行的时间应该是在雍正八年之后。这样的推断并非凭空臆测——

中国的食盐自秦汉起，历朝历代绝大部分时候都是政府专卖，不允许私人买卖食盐，清政府也不例外。

雍正八年（1730），长芦巡盐御史郑禅宝疏准："山东青、登、莱三府所属之安邱、蓬莱十六州县票盐，旧系招商办课，民情未便。嗣后请革除商名，听民自行领票销卖，其应纳课银摊入地粮，征收追报。"

于是，朝廷准许这十六州县由原先的"官督商销"改为"民运民销"，允许民间生产和销售食盐。山东成为首次开放食盐民间运销的"经济特区"。

清代小说家吴趼人在他的小说《二十年目睹之怪现状》第四十五回说道："（在山东）无论哪一省的人，都可以领票，也不论数目多少，只要领了票，一样的到场灶上计引授盐，却仍然要按着引地行销。"

山西商人的成功就在于善于把握机遇，善于利用政策。这么大的利好政策，精明的徐敬轩当然不愿错过。雍正八年，徐敬轩三十七岁，算起来他在河东盐引区也做了十几年的盐业生意，积累了经验、积攒了资金也积蓄了人脉，可谓是天时、地利、人和。

我们有理由相信，徐敬轩正是把握住了这个机遇，把生意从山西做到了山东，最终成就了他的财富梦想。

这一年开春不久,徐敬轩带着小徐昆及奶娘仆佣一干人等离开家乡平阳,前往山东济南。

他们走的是河东官道:平阳府—安邑(今运城盐湖区)—平陆茅津渡—河南三门峡,再由陆路东行到济南。

马车是当时最快的交通工具,以马车最快的时速计算,从平阳到安邑正好是两天的路程,他们必须要在这里停留。何况,安邑是河东盐池的所在地,徐敬轩的盐商生涯就是在这里起步的。同道友人不少,于情于理他都得在这里做几日盘桓。

自幼聪慧过人的徐昆一直是父亲的骄傲,也是父亲的希望。他不会让儿子跟着奶娘留在客栈里,一定会带在身边的。访友、听戏、谒关帝、拜池神。但去茶楼酒肆应酬时他不会带儿子去的,这时候他一定会托人带儿子去盐池看看。徐敬轩一向很注重对儿子的教育,既然到了盐池所在地,家史这一课肯定不会少,作为盐商的儿子,他应该知道盐"往何而去",更应该知道盐"从何而来"。

这一日,小徐昆由父亲的朋友带着来到盐池。盐池守卫极严,四周筑着厚厚的禁墙,开有东、西、中三个禁门,都有官兵把守,没有"盐引"②是进不去的。

进得盐池,远远望去,平坦如镜的盐田如茫茫银湖,闪烁着粼粼波光。徐昆第一次看到堆积成山的洁白的盐,第一次看到一眼望不到边的万亩盐田,非常兴奋。他从小在山村长大,看惯了满目苍翠,看惯了重山叠嶂,而这极目无边的宽阔给他带来一种从未有过的新鲜和奇特。

在盐池,他一定看到了各色各类的人:站在盐田中顶寒冒雪、脚踏盐卤一刻都不能停歇的盐工,手持皮鞭、咄嗟叱咤的监工,骄横傲慢、颐指气使的官员,面对官员满脸惶恐、唯唯诺诺的盐运商。

回到客栈,小徐昆兴奋地给大家讲述着在盐池的所见所闻。徐敬轩静静地听着,微笑不语。他很清楚,对孩子的教育不是立竿见影的短效行为，而是潜移默化的长期渗透。对一个六七岁的孩子来说，不期待他会有多么深刻的认识，只是让他知道一粥一饭来之不易，懂得长辈创业之艰难，从而恪守勤劳、节俭、戒奢侈的家风。

应该说，徐昆从小就受到了来自家庭的良好教育，这对他将来的成长非常有益。

离开安邑，紧一天慢一天半就来到了黄河边上的平陆茅津渡码头，他们要从这里渡过黄河到对面的河南境内。

一切都是轻车熟路，徐敬轩在山西做盐运商时一年最少得七八趟往返于山西和河南之间，这个渡口是必经之地。很快，他就雇到了一只渡船，船老大将船靠岸，下锚、扔缆绳、系桩，然后招呼他们的马车上船。

望着眼前波涛翻滚的黄河，小徐昆的脑海里一定会涌出那个涝河黑风女妖的故事。这个故事一直被家中长辈重复着，目的是强化他对河水的恐惧。我们可以想象出这样一个情节：

走到黄河边，小徐昆突然抱住奶娘号啕大哭，无论谁劝都不行，就是不肯上船。

徐敬轩奇怪这一向乖巧听话的儿子，为什么突然变得这么叛逆，他耐着性子，左哄右问，儿子才抽抽噎噎地说："妖怪……有妖怪，河里有女妖怪。"

徐敬轩纳闷了："哪来的女妖怪？谁说河里有女妖怪？"

奶娘明白了，马上安慰说："没有了，黑风女妖被尧王爷给打死了。"

徐敬轩这才反应过来，又可气又可笑，他嗔怪道："都是你们这些人，成天说些这乱七八糟的故事吓唬娃。"转而对儿子说："别怕，黑风女妖被尧王打死了，河里没有女妖，只有仙女了。"

儿子挂着泪花问："真的吗？在哪呢？"

父亲乐了，抱起儿子边走边说："来，我给你讲一个故事吧——从前有一个姓慕的买卖人，他有一个天资聪明的儿子叫蟾宫，很喜欢读书。"

"爸爸，是不是就像我们一样啊？"小徐昆马上收起了眼泪，仰头问。

父亲说："是啊，很像，但有一点不像，他父亲不让他再读书了，认为读书不实际，叫儿子跟着他学做买卖。"

"哦！"小徐昆若有所思。父亲继续说：这一天，他们的船来到了洞庭湖边，父亲在客栈看守货物，儿子一个人守着船。儿子每天晚上都在船上高声朗诵诗词。他发现外面好像有人在偷听，出去一看，哇，原来是一个很美的女子。女子一见他出来就赶紧离开了。过了几天，有一个老太太来找蟾宫说，她姓白，有个女儿叫白秋练，因为天天听他读诗词，就喜欢上了，想结成婚姻。蟾宫很高兴，可他父亲认为"门不当户不对"，反对这门亲事。这时，白姑娘给他出了一个主意，说，我能预知物价的涨跌，只要你按我说的做，一定会让你父亲赚很多钱的，这样，你父亲就会同意我们的婚事了。果然，凡按白秋练指点的进货就能赚钱，姓慕的商人这才相信白秋练是个会做买卖的精明人。于是，蟾宫如愿娶到了白秋练。

忽然有一天，白秋练哭着说要回娘家，蟾宫就和她一起回到了洞庭湖边。这时，他们看到一大群人围着在看什么，上前一打听，原来是一个渔民刚刚打上来一条大白鱼，样子完全像人。秋练一听，马上请求丈夫把大白鱼买下来放生。

蟾宫觉得这事很蹊跷，就追问秋练，秋练这才告诉蟾宫，她本是洞庭湖的白鱼精，刚才放生的那条大白鱼就是她的母亲。因为龙宫要选她做妃子，母亲不愿意才把她嫁到人间，龙王知道后，把她母亲流放到南湖边上，所以才遭遇刚才的一劫。后来蟾宫去求龙王，求他放过白秋练母女，龙王被他们的真情感动，答应了他的要求。

"然后呢？"小徐昆意犹未尽地问。

父亲笑着说："然后，他们一家人就非常幸福地生活在一起了呀。"

小徐昆静静地坐在船窗前，望着黄水滔滔的河面，一脸神往："我要是能遇上白鱼仙女就好了，爸爸做生意就不会这么辛苦了。"

看到儿子前后情绪的变化，徐敬轩忽然意识到这些神话传说在成人世界里只是茶余饭后的笑谈，而在孩子的脑海里却是另一个世界。神话传说中的花仙鱼精、神魔妖怪充满着夸张和幻想，正契合着孩子们的好奇心理，他们会很自觉地进入情境、进入角色。好的神话故事，不但可以像今天这样帮助孩子疏导消极情绪，而且还能树立做人做事的好榜样，培养孩子良好的道德品质。

想到这里，他吩咐家人从随身的行李中，取出一书套来。这是一部名叫《聊斋志异》的手抄本。别看印制很粗糙，却是徐敬轩费了很大的周折才买到的。

蒲松龄和他的《聊斋志异》在今天早已是家喻户晓了。而在当时蒲松龄的文名并不显赫，他的《聊斋志异》也没有刊行，只有一些手抄本在坊间传阅。因为所写都是孔子禁言的"怪、力、乱、神"，为正统学究们所不屑。书商们更愿意出版一些"科场墨卷""八股选本"，而不愿冒险刊印一位名不见经传的作者写的志怪小说。但有人又实在是喜欢它的"世固有服声被色，俨然人类……异类有情……鬼谋虽远③"而竞相传抄。当时抄本很多，但真正完整的稿本却很少。就连大学者王士禛都"激赏其书，欲市之而不得"④。可以想到徐敬轩为了得到这套书花费的可不只是银子。

刚才他给儿子讲的故事就是《聊斋志异》中的《白秋练》。看到儿子这么喜欢，他索性把书拿出来，选择性地给儿子读，一来是打发长途旅行的寂寞，二来也用书中那些蟾宫折桂、封侯拜相的故事鼓励儿子。

花神、狐仙、鬼魅有士人情志，高雅脱俗、娴静超逸；天庭、地府河清海晏，良莠分明、忠奸可辨。这些异域和异类是多么的可亲可爱，温柔善良啊！

蒲松龄的诗情和灵性，在父亲那富有磁性的朗读中如涓涓细流润泽着小徐昆幼稚的心灵。此时的徐昆不会想到，这个叫蒲松龄的作者，这本叫《聊斋志异》的书将左右着他的人生，更与他有着不可割断的渊源！

幼识檀板声　笛韵启蒙童

他们一行走走歇歇，车马、舟楫不时倒换，这一日终于来到了山东省府济南。

一进济南城，小徐昆的眼睛可就不够使了。作为山东省府所在地，其街市之繁华，人烟之阜盛又非家乡平阳府可比。字画铺、纸铺、绸缎店、各色小食店、茶楼、酒肆、戏园，应有尽有。即使到了晚上，灯笼、油烛也把大街照得如同白昼，时不时还能听到从深宅大院中飘出的丝弦笙歌声。

济南又素有"泉城"之称，且不说趵突泉、黑虎泉、五龙潭、珍珠泉四大名泉了，就这城中，大大小小的泉眼随处可见。城北的大明湖由四大泉群及二十七明泉汇成，湖上鸢飞鱼跃，画舫穿行，沿岸垂柳依依。正是姹紫嫣红的仲春时节，济南百姓都有养花的习惯，街道两边大户人家的宅院里，小户人家的大门前都栽种着各种应时的鲜花。满城树绿花红，香气氤氲。

看到儿子高兴，徐敬轩索性让下人们先行去住所，自己则带着儿子在城里的"晋商会馆"住下，他也正好要办些事情。

晋商雄居天下五百年，创造了一个又一个的商业奇迹。其中，最具历史意义的就是东起江浙，西至新疆，北自奉天，南到两广，遍及全国二十多个省的"晋商会馆"。它们对传播关公精神，推动山西戏剧的发展起到了非常重要的作用。

"晋商会馆"虽然分布在全国各地，建筑风格也因各地风土人情的不同而各有差别，但建筑格局中，有两个主体建筑却是固定的：一是供奉关公的大殿"春秋楼"；二是戏台。

关羽是山西人，以"忠信"行天下。而深受儒家文化影响的晋商们把诚信、忠义当作他们最高的人生准则，反过来，忠诚、信义又成为他们成功的最大秘诀与法宝。关公的"忠义"，是凝结异地商人最好的精神纽带；

关公的"信义",是他们经商的基本理念和原则。晋商会馆中都建有"春秋楼"来供奉"关公"。所以,有些地方的晋商会馆,被当地人直接叫作"关帝庙"。

戏楼往往是晋商会馆中最精美的部分。当代学者余秋雨先生曾在《抱愧山西》一文中有这样一段述说:

> 现在苏州有一个规模不小的"中国戏曲博物馆",我多次陪外国艺术家去参观,几乎每次都让客人们惊叹不已。尤其是那个精妙绝伦的戏台和演出场所,连贝聿铭这样的国际建筑大师都视为奇迹,但整个博物馆的原址却是"三晋会馆",即山西人到苏州来做生意时的一个聚会场所。说起来苏州也算富庶繁华的了,没想到山西人轻轻松松来盖了一个会馆就把风光占尽。

不难想象,当时的晋商会馆是何等的豪华气派。

每至喜庆节日,晋商会馆必演戏酬神。这种酬神戏是非常隆重的,往往会请两套戏班。正式酬谢神灵的戏必须是昆曲,所请戏班必为当地有名的昆曲戏班,或者是某盐商的家班。但酬神结束后就是山西梆子戏大展身手了,如果当地没有好的梆子戏班,常常会不惜重金,千里迢迢将家乡的名班或名伶邀来演出。

晋商们常年客旅异乡,难免有思乡之情,看看来自家乡的戏曲,听听久违的乡音,一来是慰思乡之苦,二来也是联络乡谊。所谓"商路即戏路",凡有晋商会馆的地方,就有山西梆子戏的演出。由此还衍生出了京梆子(即后来的河北梆子)、山东的枣梆、河北的"西调"等这些流传至今的地方剧种。

徐敬轩父子来的这个晋商会馆,规模算不上大,但建筑格局和所有分布各地的"晋商会馆"一样,进门为倒座戏台,对面主体为"春秋楼"即供奉关公的殿堂。另有东西厢房、耳房、钟鼓楼和东西配殿，建筑布局规模严谨。虽属于民间建筑，但气势宏大，富丽堂皇。

他们来的这天，会馆的戏台上正箫笛悠扬、行腔婉转，这里正在上演的不是山西梆子，而是昆曲。

晋商与昆曲，似乎有一种说不清道不明的亲缘。它们同兴盛于明初，同败落于清末。晋商强大的财力催生了昆曲的繁茂，昆曲寂寞的舞台又见证了晋商的衰微。它们如同一对孪生姐妹，一同经历着成长、惊艳、雍容和衰老。

徐敬轩也是一个昆曲迷，看到正在上演昆曲折子戏《游园》，他倒把公事搁下，坐下来全神贯注地看戏。

《游园》是昆曲传奇剧《牡丹亭》中的一出经典的折子戏，讲的是南安太守杜宝的独生女儿杜丽娘，在一个春日的午后，在丫鬟春香的怂恿下背着父母偷偷到后花园游玩。台上杜丽娘启口轻圆："原来姹紫嫣红开遍，似这般都付与断井颓垣。良辰美景奈何天，赏心乐事谁家院？"既抒发了杜丽娘的感情，又描绘了周围的景色，和她的唱腔、念白一起，把一个深居闺阁的千金小姐思春、怨春的内心世界，刻画得淋漓尽致。

这时的徐敬轩完全沉浸在这委婉清远的唱腔中，情不自禁地合着节拍一字一句地唱了起来，直唱到："生和死，孤寒命。有情人叫不出情人应。为什么不唱出你可人名姓？似俺孤魂独趁，待谁来叫唤俺一声。不分明？"才突然想起自己今天是带着儿子来的。回身一看，哪还有儿子的身影？徐敬轩立刻惊出了一身冷汗，慌忙四处寻找儿子，会馆中的几个好友也帮着在馆内馆外的寻找。

正当大伙急得六神无主的时候，一个馆丁跑来说，孩子找到了。原来，小徐昆一个人坐在最前排正聚精会神地看戏呢。大伙笑着问他："娃娃，你听的什么呢？"小徐昆仰着头很认真地答道："听戏呗，戏好听着呢，扮相也好看。"他那俨然行家似的神情把大家都逗乐了。

于是，这缕发端于江南，穿越了几百年时空的箫声笛韵，就在这个春日的下午，伴随着这春日的和风细雨，在这个小小孩童的心里悄悄地播下了种、扎下了根，日后便恣情恣性地生长着……

徐敬轩受了这一惊，全然没有了看戏的心思，办完事便带着儿子回到位于济南城郊雒口镇（今济南市历下区）的"刘氏园"。

"刘氏园"最初的刘姓主人是个怎样的风云人物？又是在何时因何耗巨资建造的？这些都已不可考，关于它的建筑格局、建筑规模，我们从徐昆留下的零星描述中，可大致勾勒出这个大宅院的模样——

这是一座坐北朝南的院落，粉墙环护。进大门，过照壁，便是大院，左右的房子为下人们居住。大院的东西两侧各有一垂花门，分别是东院和西院。院子的北面有一座石山，石山前有一个池塘，池中绿荷婷婷、游鱼可见。中间立一太湖置石，石山北面是正堂。过正堂便是后院，那里有一个戏台，满院用青砖铺砌，宽敞空阔，是为了方便亲朋好友聚集在一起观戏。

东院是主人的住所，西院为学馆。进西垂花门，迎门的是一方灵璧石。学馆以此做影壁，取其"灵"字的寓意，希望子弟读书致学灵敏迅捷。学馆的主建筑"采山楼"是一座二层楼。推开西窗，位于城西的金牛山清晰可见。倚门看石，推窗见山。很显然，题名者是因此联想到了《倦圃二十图》周之恒所咏的"采山楼"："卧餐岩壑秀,傍碉得层楼。素友怜同调,何妨十日留。"

虽然无法具体地描绘出这座"刘氏园"的布局陈设，但从徐昆笔下的"石山""池塘""蛙声""学馆""采山楼"这几个词我们也可以想见到这座大宅院的气派和华丽。

至于徐敬轩当年是租赁的还是买下的这座"刘氏园"，我们无从知晓，也无须知晓。因为几年后这座大宅院终易主他人——乾隆十五年（1750）

徐家搬离雒口镇迁居沭干。

从七岁到十三岁，徐昆在"刘氏园"度过了他最难忘的童年时代，这段岁月已经镌刻在了他的生命里。他在晚年写的《柳崖外编·大虾蟆》一文中仍记忆犹新地写道："……记余七八岁时，随先君子住在山东雒口镇刘氏园中。园有石山，山前有池，其北则月台，乃由居室赴学馆采山楼径也。"

童年的徐昆在"刘氏园"中还经历过一件很奇异的事：

园中的池塘里，有一只巨大的蛤蟆，每年的三四月到八九月间，凡月明之夜必出，卧在池中的太湖石上鼓腹而吼。它身长三尺，两眼如灯，声播十里。

古代的一尺比今天的要短，虽各朝各代都不统一，但最短的也大约二十厘米。折算出来也有半米多。无论如何，一只半米多长的蛤蟆已经是成精成怪了。然而，懵懂无知的小徐昆却不觉其异，常常独自于月下，俯身池塘边听这只大蛤蟆引吭高歌。在他单纯的意识里，这只大蛤蟆就是父亲给他讲过的《聊斋志异》里的蛙神十娘[5]，他没有半点畏惧，反倒有几分期待，期待它有朝一日幻化成一个"丽绝无俦"的绝世美人。于是，一只奇异的大蛤蟆、一个毫无心机的孩童，一个表演者、一个欣赏者，就这样天性自然地和谐共处。

徐昆十三岁那年搬离"刘氏园"。随即，那只大蛤蟆也不见了踪影。也许是这只有些灵性的蛤蟆意识到知音已去，便不再留恋此地；也许是它担心新来的主人难以容它而逃凶避祸了吧。

在"刘氏园"，有两个地方对徐昆的成长产生过非常重要的影响。其中一处就是他的学馆"采山楼"。

徐昆和文字仿佛有着与生俱来的缘分。"采山楼"里，常常能看到他手持诗卷，或朗朗而诵，或凭栏沉思，或隔帘听雨，或推窗望月。他喜欢唐诗的瑰丽，那是一种大丈夫的气象；他喜欢宋词的婉约，那是一种静静幽幽的柔美；他喜欢古乐府的灵动，那是一种对生命本真的讴歌。他感觉每一阕词都可以和他对话，与他诉说情感。在书里，他看到了江南烟雨、北国雪原；找到了蓬莱岛、桃花源；听到了金戈铁马、大漠朔风。他记住了先生的话："一书一世界，一书一乾坤。"

另一处，便是后院的戏台。在那里，他有了对昆曲的最初认识——

昆曲产生于元末明初，本是江苏昆山一带的民间清曲小唱，称之为"昆山腔"。明朝嘉靖年间，杰出的戏曲音乐家魏良辅对昆山腔的声律和唱法进行了改革创新，吸取了南曲的长处，发挥昆山腔自身流丽悠远的特点，又吸收了北曲结构严谨的优点，运用北曲的演唱方法，以笛、箫、笙、琵琶为伴奏乐器，造就了一种细腻优雅，集南北曲优点于一体的"水磨调"，通称"昆腔"。到了万历年间，逐渐流布到福建、江西、广东、湖北、湖南、四川、河南、河北各地，发展成为全国性剧种。随之，又由士大夫们带入北京与弋阳腔并为宫中大戏，当时称为"官腔"，从此昆曲开始独霸梨园。

到清朝政权入主中原时，昆曲已经辉煌了二百多年。有趣的是，江山易主，昆曲不但没有衰败，反而有了更大的发展。康乾时期是昆曲发展的巅峰期，这时兴起的折子戏，使中国传统戏曲的表演技巧达到了前所未有的高度。

康熙皇帝是标准的昆曲迷。据说他六下江南，一半是因为河工漕运，一半就是因为昆曲。

康熙皇帝的这个爱好，对皇宫中的皇子皇孙们影响很大。乾隆皇帝也是个昆曲迷，他对昆曲的痴迷甚至超过了他的祖父康熙帝。

"朝廷无小事，细末酿风波"，古代帝王的嗜好往往能引导潮流。于是，全国上下"地不分南北，人不分东西"都以听昆曲、唱昆曲为最时尚的生活方式。

《利玛窦中国札记》一书中有着这样的记载：

我相信，这个民族是太爱好戏曲表演了。这个国家有很多年轻人从事这种活动。戏班的旅程遍布全国各地，他们忙于公众或私家的演出。凡盛大宴会都要雇佣这些戏班。客人们一边吃喝一边看戏，十分惬意，以至宴会有时要长达十个小时，戏也一出接一出演下去，直到宴会结束。

利玛窦看到的这种盛况正是昆曲的演出。
　　徐昆的父亲徐敬轩也是个昆曲迷。虽然没有建家班、养女乐，但每逢寿辰、年节，宴请朋友时一定会请一个戏班来家里唱一天的堂会。有时候朋友家唱堂会，也都会带着儿子一起去。在这样的环境熏陶下徐昆渐渐地迷上了昆曲。七八岁时，他就能完完整整地唱完一折戏，而且有板有眼，字正腔圆。八九岁时，他能指出舞台上演员的唱腔哪一个字唱得走了板，哪一个音没到位。昆曲唱词雅致难懂，音乐复杂多变，一个不到十岁的孩子能精通至此，着实令人惊叹。
　　徐昆九岁那年有一件非常值得骄傲的事⑥：
　　这年初春，徐昆和学馆中的几个同学由家中仆人陪伴去济南城春游。
　　他们登临千佛山，荡舟大明湖，游览趵突泉，在泉池边的"来鹤亭"（今望鹤亭）喝茶、用餐。稍事休息后，一位爱听花部戏的老仆人带着他们来到"贺胜戏场街"看戏。
　　这条被称为"戏场"的街道，大都是搭建着简陋棚台的花部戏班，以唱梆子腔、弋阳腔和二黄调为主，有时也唱昆腔。他们边走边看，路过名为"大庆部"的花部戏班时，正鼓乐喧天，旗帜飘扬，大伙不由得驻足而立。小徐昆注意到喧闹之中那位打旗的小生有些与众不同。看他神思抑郁却风采飘然，如元杂剧《曲江池》中流落于歌肆的落难公子郑元和，虽身处酒楼歌肆，但气质形象显然与众伶人不同，心中很是纳闷。
　　这出戏唱完，接下来的是昆曲《牡丹亭·拾画》。当扮柳梦梅的小生一出场，徐昆便觉眼前一亮——演唱者正是刚才那位打旗的小生。只见小生刚轻启"惊春"二字，本来聒噪的观众席就一下子安静下来，小徐昆更是凝神贯注。只听他缓缓唱道："惊春谁似我？客途中都不问其他。"那唱腔轻柔委婉，吐字清晰，过腔轻圆，收音纯细，毫无烟火味，这可是昆曲唱功的顶级技艺。台下有观众不由得叫道："妙！"

然而，静心细听，却发现乐队板不中眼，不是快一拍就是慢一拍，笛不配调，不是跑调就是跟不上调，小生几次侧目而视。这些草台班子整体粗糙杂乱，无论是演员素质还是乐器品质都无法与雅部昆曲戏班相比，他们很难适应昆腔对器乐的高品质要求。本来，跟不上调乐队就很紧张了，小生这一侧目，他们越发惶恐，乐声也就越发凌乱，最后完全失控。小生勉强唱完一曲，便逃也似的离开了。台下观众哄堂大笑，乐队亦狼狈而去。

小徐昆愤愤不平地吩咐老仆人："打赏小生！"老仆回道："少爷，这一曲台下都喝倒彩了，你还打赏什么？"小徐昆道："你懂什么？他们笑的是场面（乐队）杂乱，不是笑唱曲的小生。"

不一会儿，老仆领着那小生前来谢赏，当看到这个打赏的少爷竟是个毛头小孩时，有些意外，他向老仆投去询问的目光。老仆笑道："没错，这就是我家少爷。"

而接下来这位小少爷的一番话，让这位小生不只是意外而是惊奇了——

> 小徐昆问："先生身怀绝技，怎么会流落到这种草台戏班来呢？所谓'一犬吠形，百犬吠声'。这些人只会盲目地附和，哪配与你同台演出呢？你是'荆山之璞'[7]'丰城之剑'[8]不为普通人赏识。我与你素不相识，然而，以你的唱功而论，字头字尾收放俱清，转喉、换气、运脉并细，不杂吴音、不袭滑调，这是难

得的绝技啊，你怎么会沦落到此呢？"

此语一出，满座皆惊。谁能相信这番对昆腔唱功精练老道的分析竟是出自一个九岁的孩子之口？这位小生更是感叹不已：自己骥伏盐车，不为人识，而真正懂他、欣赏他的倒是一位九岁的孩童，不由泪湿衣襟，道出了自己落魄的原因：

他姓吴，苏州人氏，自幼跟随剧作家唐英学戏。登台演出后，很快成为名角。雍正皇帝即位后，因下旨"禁外官蓄养优伶"，他所在的昆曲家班被解散，山东的昆曲职业戏班彩舞部请他过来为当家小生。不久，彩舞部因经营不善，生意萧条，伶人们纷纷离开。他感念班主的知遇之恩，不忍离去。为了生计，不得已暂时寄食于大庆部。

大家知道了吴伶的境遇后，同情之余，又多了一份敬重。唐英是当时著名的戏曲家。能文善画，学识渊博，他拥有一个阵容强大的昆曲家班，他的戏班不仅上演传统的名剧，更多的是上演他自己创作的传奇剧本。他对家班演员的要求非常高，不但注重演员们演技唱功的培养，还非常注重培养他们的文化水平和道德修为。当时的许多戏剧名伶都出自唐家班。小旦名伶吴福田回忆说："幼时从唐榷使英学八分书⑨，能背《通鉴》⑩，度曲应笙笛四声。"

这时，徐昆给他出了一个主意："本来，依循笙笛是为了和谐唱腔，参照鼓板是为了合拍节奏。但你这场面（乐队），不和不节，不如去掉。你现在何不穿上行头，装扮好角色，重新登台，把这折戏唱完，以释观众对你唱功的怀疑呢？"吴伶忙点头称是。于是，屏去丝竹，一个人清唱完这折戏。虽然观众席中有来的有往的，只有徐昆一直等到他唱完，再次给赏后才离开。

小徐昆没想到，他这番纯粹孩子气的恣肆无忌在济南城引发了一场不大不小的风波。你想，这唐英可是戏曲名家，徐敬轩在济南也是有头有脸的人物，一时间，盐商徐敬轩的九岁小公子，点拨唐英弟子的故事在坊间被吵得沸沸扬扬，小徐昆也被人们传成了一个"戏曲小神童"。

在孩子的记忆里是没有过去的。这件事很快就被小徐昆淡忘了。数年之后，他和吴伶再一次的相见，却是另一番景象。此话题暂且放下，随后再述。

注释

①小峨嵋山，位于重庆市梁平市区境内。

②"盐引"，是古代盐运商人运销食盐的一种凭证。

③摘自《聊斋志异·序》余蓉裳，清代，青柯亭版。

④摘自 鲁迅的《中国小说史略》。

⑤见《聊斋志异》卷十一之《青蛙神》。

⑥见《柳崖外编·吴伶》。

⑦荆山之璞：璞，未曾雕琢的玉。传说春秋时楚国卞和得璞荆山，而无识货者。此处是赞美吴伶是一名很有才华而无人赏识的演员。

⑧丰城之剑：即龙泉、太阿剑。后世诗文用"丰城剑"赞美杰出人才，或谓杰出人才有待识者发现。

⑨八分书：隶书的一种，始于秦代。因笔法呈现出像"八"字一样的两边取势，故名八分书。

⑩《通鉴》：即《资治通鉴》，由北宋司马光主编的一部多卷本编年体史书。

第三章 自古雄才早发奋

翩翩少年郎　从此向书斋
相遇趵突泉　缘结忘年友
诗情才子泪　一身二世缘

翩翩少年郎　从此向书斋

转眼徐昆就十二岁了。按照山西的习俗，要举行一个隆重的仪式，俗称"圆锁"。

"圆锁"的习俗主要在陕西、山西、内蒙古一带流行。严格地说，应该叫"开锁"。在中国古代，由于医疗水平低，孩子的存活率不高。所以，婴儿一出生家长就会到寺庙里给孩子求一个寄名锁，希望借佛的力量保佑孩子无灾无疾，健康成长。孩子年满十二岁时，被认为已经度过了灾厄期，能够独自抵御外来侵害了。便去寺里解除寄名，备厚礼答谢寺庙和僧人。孩子十二岁生日这天，亲友们都会来。祖母和外祖母要给孩子蒸一个直径约半米的环形面锁，上面镶着鱼、兔和花的面塑，俗称"囫囵"。仪式开始，在众亲友面前，由祖母和外祖母共同托起面锁，套在孩子的脖子上，然后一起将面锁从中间掰开，同时念着："九石榴，一佛手，守住亲娘再不走；金鱼鱼，活兔兔，娃娃活的没数数。"象征着孩子此时已经成人，可以摘掉庇护的"保护锁"了。后来，这种寄名锁的形式逐渐消逝了。但"圆锁"的习俗还一直保留到今天。

乾隆十三年（1748）农历四月十二。济南郊外的"刘氏园"正是"姹紫嫣红开遍"的"良辰美景"。这天，盐商徐敬轩为长子举办"圆锁"礼。

"刘氏园"门前车水马龙，大院内外张灯结彩。前院的酒席摆得满满当当，后院的昆曲戏班和梆子戏班早已就位。山西的亲戚们来了，济南城的乡绅、老乡、友人来了。前院的流水席摆了整整三天，后院的戏也唱了整整三天。那场面，也只有财力雄厚的徐敬轩才能撑得起。

徐敬轩行事向来高调，不过，今天他这么张扬是有原因的。酒过三巡，乐声暂止。他向众亲友宣布了两个重大决定：

一是请家乡的亲友们为儿子在家乡选一门亲；二是请济南的友人们帮儿子在济南府里找一个好的学堂。

他做出这两个决定不是心血来潮的冲动。本来，晋南就有结"娃娃亲"的习俗。"指腹为婚""落地结亲"都很普遍。况且，徐敬轩老来得子，如今年近花甲，他比一般人更迫切希望儿子能早日成家立业。

小徐昆天资聪颖，过目能诵，徐敬轩对他寄予了厚望。虽然他小小年纪就精戏曲、通诗词，但科考场上是以时艺取士，这些诗词曲艺只是分外之事。要想科考高中，扬名显亲，还得苦读经书、揣摩时艺，所以，找个好老师是非常重要的。

这两件事都是大事，但又都不是难事。没过多久，徐昆的亲事就订下来了，是"平阳府经历"刘国玺的女儿。排行老六，唤作"六娘"。这刘家也是书香官宦之家，家中几个儿子都已进学。闻传六娘性德温良，容貌出众。徐敬轩对这门亲事非常满意。

其实，最令徐敬轩满意的应该还是刘家的官家身份。府经历虽官职不高，只是个正八品，却是正途出身。和他这个捐来的七品相比，人家那可是实职，每天出入于府衙之内，相伴于知府左右，在平阳城也算是个不大不小的官了。

在封建社会里，商人的社会地位很低，他们的商业经营和财产安全时时会受到来自权力的威胁，所以，结交权贵，谋求保护是商人规避威胁的最好办法，而最直接、最保险的就是与官员联姻。这种亲缘关系的建立不仅能受到官府保护，而且还能谋求商业利益的更大化。明清时期，商人的社会地位有了很大的提高，官商联姻的现象也越来越普遍。

小商在于民，中商在于政，大商在于国。身为盐商巨贾的徐敬轩，可不是一个只擅长贱进贵出的小商人，他具有深远的战略眼光，他在一步一步地为家族的未来铺设道路：

首先，他为自己捐了一个七品官，为儿子的出身家世镀了一层金。

现在又为儿子定了一个官宦小姐，为儿子将来入仕铺了一条路。

接下来，就是希望儿子苦读经书，科举入仕，显亲扬名，改换门庭。

徐敬轩在为儿子选择学堂时费尽了心思。他要选的一定是济南府最好的学堂、最有学问的老师。套用今天的词，一定是"名校名师"。

徐敬轩为儿子选择的"名校"就在济南府历城县，离济南城区不过十几里，但离"刘氏园"很远。为了儿子就近读书，徐敬轩举家搬离"刘氏园"，迁居到历城县泺干。如此看来，这择校而居还真不是现代家长的原创，徐老爹望子成龙的迫切程度一点也不亚于今天的年轻父母，可谓用心良苦！

令徐老爹欣慰的是，名师不负众望，儿子学业有成。虽然我们已无法得知这位先生姓甚名谁，但有一点可以肯定的是，这一定是位极善诗文的才子。这并非猜测，李金枝在《柳崖外编》的序中写道："（徐昆）年十五矣。诗文出手，老气横秋……余与后山为忘年交，每至博陵，与余倡酬吟咏，纵谈今古。"

另外，徐昆在给好友王璋作的《季玉王公传》中记述："试各郡童子时，余年十八，季玉二十一，屡试皆得冠军。"徐昆这里说的"屡试"是指考秀才之前的"县试"和"府试"，考试的内容主要是"文、诗、赋"。一个十几岁的少年，诗文"老气横秋"，且"屡试皆得冠军"，可见高徒出自名师。

徐昆在泺干生活了三四年后回到家乡。以后他经常往返于山东和山西之间，应该在这里还有过短暂的居住。

历城后来划归济南市，但关于"泺干"这个地名，我在济南的地方史志中没有查到。也许，这只是一个名不见经传的小街巷，所以没有在史料上留下记载吧！

相遇趵突泉　缘结忘年友

徐昆虽没有留下对"泺干"这个地方的具体描述，但对这个时期的生活却有着非常深刻的记忆。

趵突泉、大明湖、千佛山一线风景带，在当年一如今日是个美妙难言的去处。徐昆常常同家人或同学来这里游玩。

在《柳崖外编·海澄令》中，徐昆记录了一个非常有趣的故事：

刚搬到泺干的这一年春天，徐昆和家人去趵突泉踏春，同行的还有一个姓韩的老邻居。这位老先生七十多了，白发长髯，精神很好，极喜昆腔。平日里与徐昆一老一少，时作唱和。这天，他们乘着轿子去趵突泉，徐昆乘的轿子是敞帘，韩老先生年纪大了，怕风，便把帘子垂下。徐昆的轿子在前，韩老先生的轿子在后。行至城北的华泉庄时，轿夫停下轿来歇息。这时，路边有十几个游春的妇女指着轿子议论说："前面是新郎，后面是新妇。"另一个质疑道："新郎这么小的年纪，哪能作亲呢？"一个又说:"新娘子肯定大一些,应该有十七八了。"这韩老先生平素就喜欢开玩笑,又擅长戏曲,他在轿子里故作娇声嗲气:"梅香,酌茶来。"这些妇女信以为真,都说听这小娘子声音这么甜美,一定是个绝色美人吧,于是争相着去揭轿帘。这老先生自把帘子一掀露出一张白髯老翁面孔来,众妇女吓坏了,有跑的,有摔倒的,还有几个胆大的,用手挡住轿门,恐怕他出来。在一旁看热闹的轿夫们哄然大笑。

在泺干的日子对于徐昆来说是他一生中最无忧无虑的,也是最值得怀念的。

趵突泉又名剑泉,为泺水之源,泉水分三股并发,水花四溅,喷射数尺,壮如白雪三堆,称"趵突腾空",蔚为奇观。

以趵突泉为中心,向东,是依水而筑的"来鹤亭"(今望鹤亭)茶社,当年康熙和乾隆二帝都曾在此临水而坐,品茗观泉。徐昆每次与家人或同学来时,一定要来这里坐一坐,喝一壶泉水沏的茶,领略一番趵突泉的万般风韵。

向北,是建于北宋年间的"泺源堂",殿内抱厦柱上有一副对联,刻的是元初书法家赵孟頫的诗句:"云雾润蒸华不注,波涛声震大明湖。"每次来到这里,徐昆的心情都很复杂——

赵孟頫,字子昂。宋太祖十一世孙。据元史记载:"孟頫幼聪敏,读书过目辄成诵,为文操笔立就。"他善诗文、工书法、精绘画、通音律,是位博学多才之士。南宋亡后,他以皇室宗亲的身份归顺了元朝。更要命的是,他还亲笔为元世祖忽必烈起草诏书。为得元世祖之欢心,他还向世祖表白:"士少而学于家,盖亦欲出而用之于国。"

而同为南宋遗臣的右丞相文天祥,面对威逼利诱、酷刑折磨,誓死不屈:"天祥不愿归附,当如其请,赐之死。"留下"人生自古谁无死,留取丹心照汗青"这首气吞寰宇、感天动地的《过零丁洋》,从容殉国,年仅四十七岁。

两相对照，身为皇室宗亲的赵孟頫，他的所言所行就不仅仅是变节事敌，而是卖祖求荣了。为此，赵孟頫颇受后世的贬损。

此时，少年的徐昆胸中涌腾出一股浩然正气，也激荡着他这个年龄的英雄情结。他脑海里不断闪现着乡贤傅山先生留下的那首著名的难中诗《甲申守岁》：

  三十八岁尽可死，栖栖不死复何言。
  徐生许下愁方寸，庚子江关黯一天。
  蒲坐小团消客夜，独深寒泪下残编。
  怕闻谁与闻鸡舞，恋着崇祯十七年。

傅山，山西太原人，明清之际著名的学者、书法家、医学家。崇祯十七年，明亡。三十八岁的傅山带着老母幼子隐居乡下，这首《甲申守岁》写于那年的除夕之夜。

这短短的诗句将傅山内心深处的痛楚抖搂无遗，"三十八岁尽可死"成了傅山心中一直挥之不去的一个结。

康熙十八年（1679），康熙皇帝为了笼络汉族士人，颁告天下，令三品以上官员推荐"学行兼优、文辞卓越之人""朕将亲试录用"。傅山被推荐，他称病推辞，拒绝参加考试。康熙恩准免试，授他"内阁中书"的职位，他仍称病不受。

徐昆非常敬佩他的品格气节："傅青主先生太原人，学究天人，道兼仙释……先生不胜赞，亦无庸后学赞。读此札即所谓'大行不加，穷居不损'也。"[①]

"士有大节，穷达而已。功成则退，达之结局也；杀身成仁，穷之变局也。"从小就浸淫在儒家文化里的徐昆深知文人气节的重量，它是中国文人的信仰追求和道德准则。然而，让徐昆内心矛盾的是，他看不起赵孟頫人品的"猥琐无骨",偏又钟爱赵孟頫书法的飘逸秀美。徐昆本来是学欧阳询的,却一直偷偷地临摹赵体,只是羞言模仿。他记得傅山先生曾毫不客气地说:"予极不喜赵子昂,薄其人遂恶其书,痛恶其书浅俗如无骨。"

徐昆不知道,其实傅山也有和他同样的矛盾心理。傅山在青年时期是认真学习过赵孟頫的。然而在明亡以后,傅山的国破之恨无法释怀,故而对赵孟頫的变节事敌的行为十分痛恨,才"薄其人遂恶其书"。所谓"巢居知风,穴居知雨",其心情固然可以理解,但单就书法成就来说,赵孟頫的书法其"秀妍飘逸"堪称前无古人,自成一体。后人评价"赵体","肉不没骨,筋不外透。虽姿媚溢发,而波澜老成"。

晚年的傅山悲愤情绪渐渐淡化,烟火味也逐渐消退,他开始认真地研究赵孟頫和他的夫人管道子的书法,并对其艺术成就给予了公正的评价。他在《秉烛》一诗中写道:

秉烛起长叹,其人想断肠。
赵厮真足异,管婢亦非常。
醉岂酒犹酒,老来狂更狂。
斫轮余一笔,何处发文章?

在这首诗中,傅山先生虽然对赵孟頫夫妇仍很不敬地称之"赵厮""管婢",但还是由衷地赞叹了赵孟頫夫妇的书法"足异"和"非常"。

在徐昆留下的《春花秋月词》的手稿中,我们发现徐昆的楷书虽是学的欧体,但明显有赵体的流丽圆润。这说明徐昆学习赵体已经很有心得了。

今天的年轻人都相信某种颜色是自己的幸运色,或某个数字是自己的幸运数。当年,少年的徐昆坚信,趵突泉是他的幸运地。在趵突泉,他的两次巧遇，结识了两位足以影响他一生的朋友——

又是一年踏春时节，徐昆带着老仆人赶着骡车来到趵突泉，赏游至杜康泉，见泉旁有一处别致的茶社。这里一反趵突泉四周雕梁画栋、楼阁彩绘的富贵之气。竹篱茅舍，桃柳争妍。院内有一井，旁有桔槔、辘轳②等物，还有几畦菜地，佳蔬菜花、村舍野趣。厅堂内矮桌长凳、纸窗木榻。"好一派清幽之气！"徐昆赞道。于是令老仆停车，将骡系在门前的柳树下。

济南"家家泉水，户户垂柳"，百姓家中并不需要桔槔、辘轳这些深井取水之物，放在这里不过是做应景点缀之用。也就是这些应景之物，勾起了徐昆的思乡之情。他索性让店家将桌椅搬到院中，品茶吟诗。老仆人知道小主人的习惯，忙备好纸墨笔砚在一旁伺候。

"悠悠羁旅伤春，似飘落青天断云，何处消魂？"徐昆斟酌一会儿落笔写了一句词。

"公子何不将'飘'字改作'零'字？"

徐昆这才发现，一位身穿青色缎直裰，年约四十岁文士模样的人一直在他身后。

回头再一念："悠悠羁旅伤春，似零落青天断云，何处消魂？"一个"零"字，使羁旅之孤寂零落的情绪力透纸背，也与前一句"伤春"相契合。他连忙起身进揖："谢前辈赐教。"

"不敢，不敢。看公子风度翩翩，且诗文典雅，很是钦慕，请问公子尊姓？何省人士？"

徐昆答道："姓徐，山西平阳府人氏，随父亲在济南求学，现住泺干。敢问前辈尊姓，仙乡何处？"

"姓李，名金枝，号山亭，博陵③人氏"。李金枝也作揖回礼。

说起来这李金枝也算是聊城名士了，他工诗善画，学识渊博。看眼前这位徐公子神采飘逸，秀色夺人，便有意要试试这位富家公子是有真才实学还是个绣花枕头。问道:"省城冠名济南,而城北只有'大清河'却无'济水';有人说可能是'趵突泉'古称'济',而趵突泉也不在城北,而在城南。'泺镇'明明是在'大清河'畔,却称为'泺口',这是为什么?"

只见这位徐公子几乎不假思索地回答:"'大清河'就是'济水'的旧址。'济水'三伏三现,至趵突出地折而向北,由响闸北流,入口处独留名'泺口';折向东流,汇入东平、平阴这几座山的山泉水便是'大清河'。"

李金枝看到这位少年智敏韬锋,谈吐不俗很是喜欢,他饶有兴致地听着。徐昆一看这位大人肯这么认真地听他一个小孩子的话,非常得意,更加滔滔不绝了:

"济南,因地处古四渎之一的"济水"(古道为黄河所据)之南而得名。春秋战国时属齐国。秦置历城县,属济北郡,称历下邑。汉初,设立济南郡,此为"济南"一名出现之始。汉文帝十六年,以济南郡置济南国,立悼惠王子辟光为济南王。汉景帝三年,济南王谋反被诛,国除为郡。隋文帝开皇三年(583),改济南郡为齐州,治所在历城。宋徽宗时,升州为府,齐州遂改为济南府。明初,置山东行省,济南始为山东首府,本朝仍沿用明制。"

李金枝没想到这位外省少年对济南的历史这么烂熟于心,更为他知识的深广而折服。

第二天,李金枝来到泺干拜访老友任子健。闲谈间他问,你们这有一个徐姓少年,年约十五六岁。谁知话没说完,任先生马上说,你问的一定是徐家的奇童吧。于是,他说起了这位"戏曲神童"九岁就指点唐英弟子的故事和徐昆传奇般的出生。接着又说,这孩子如今已是十五六岁了,戏曲精通是不必说了,作诗填词老气横秋,完全不像一个十几岁孩子的手笔。我见过他写的志怪小说,其文笔老辣颇有点蒲留仙的味道。几十年后，李金枝在给徐昆的志怪小说集《柳崖外编》作序时，把这次的相遇写进了序里。

随后，李金枝又专门拜访了徐昆，俩人一见如故，相谈甚欢，成为忘年之交。此后，徐昆常常去博陵，与李金枝唱酬吟咏，谈古论今，感受人生的无尽乐处。这段忘年之谊一直陪伴他们到人生的终点。

如果说和李金枝的相遇算是一个偶然，那么，这一次与吴伶的再见就有几分机缘了。

这天，学堂里的同学说了一件新奇事：有一官员，在趵突泉旁开了一个雅部戏馆。他精通音律，只要听说有身怀绝技者，他都会想尽办法聘请来。眼看开馆的日子到了，各角色也都到位，唯独小生一角尚未物色好。这天，有人前来应试小生，门房见他衣衫褴褛把他当成了行乞者，挡住不让进。这位应试者发怒了，只高歌一声，趵突泉水立刻加涌三尺。官员知道后立即召见他，唱完一曲，官员大喜，以为奇才。把他的地位置于众伶之上。第二天，官员便在趵突泉的蓬莱阁外搭建彩楼，免费公演。人们纷纷争传，这戏馆中有一异才串班，唱功演技十分了得。于是，前来观戏的人摩肩接毂，屯街塞巷。

这样的好事徐昆哪肯错过？于是，相约几个同学前往观看。那天上演的是明代沈采作的传奇剧《千金记》，讲的是楚汉之间的故事。他们到时，见台上一人正忙着指挥布景、道具和乐队。徐昆定睛一看，那人正是几年前在大庆部遇见的吴伶。此时的吴伶一扫往日的沮丧，变得意气风发。

大戏开始，当扮成韩信的吴伶身披绣甲锦袍，头戴金兜鍪，刚一出场，台下就一片喝彩声。台上，音律谐畅、箫鼓相节，配上吴伶的"无双唱口"，真是相得益彰，精雅绝伦。

戏刚结束，只见吴伶自彩楼而下，径直来到了徐昆的跟前，原来，他在台上看到了徐昆。

"公子来乎？"说完倒头便拜："几年前曾以《拾画》受公子的知遇之

恩，请让我为公子再演一回《拾画》吧。"

于是，台上撤换布景，堆翠为山，似荒草成寨；植彩绘为花木，如寒花绕砌；再置半架篱门，做半倾半立状。一个废园的台景便搭成了。吴伶脱掉兜甲，重新换装登台。台下观众比肩接踵，争先恐后往前涌去，都想近距离地一睹名伶的风采。

徐昆闭上眼睛，完全陶醉在这美妙的唱腔里，情不自禁地拊掌击节。直至曲终，观众喝彩声不断。演出结束，徐昆上前祝贺道："今天和那日唱的是同一曲子，但情形却是天壤之别！如今，你就是佩六国相印的苏秦啊。"

听到这话，吴伶不由感慨万千，含泪说道："是啊，来之不易，正如苏秦所说'贫贱则父母不子，富贵则亲戚畏惧，人生世上，势位富贵，盖可忽乎哉！'"两人遂成莫逆。

诗情才子泪　一身二世缘

"四面荷花三面柳，半城山色半城湖"的济南城，早已成了徐昆的第二故乡。

他笔下济南的春天有着诗书图画般的美丽：

　　香闻花气吹诗卷，静爱泉声响画图。

济南的秋天也有着别样的景致：

　　游兴经年尚未穷，秋深尤爱梵王宫。
　　薄云一片有时有，叠浪千层东复东。
　　明月鹤归清唳远，微风花落暗香通。

黄昏起向三门立，指点枫林晚更红。

不可否认，济南如画的景色赋予了徐昆灵感，晶莹的泉水浸润了徐昆的诗情。然而，古今中外的读书人，除了自然世界的春花秋月，花鸟鱼虫外，还有一个更为广博的书本世界。徐昆在济南求学的十年里，更多的还是徜徉在书本的世界里。

科举对于寒门学子是改变命运的唯一途径，残酷到了"与其不读书冻馁死，不如因为不读书箠楚死"的程度。徐昆是幸运的，出身于富贵之家，没有衣食之忧，科举的残酷没有影响到他的成长。他的父亲思想开明，他的启蒙老师都不是泥古不化的冬烘先生。徐昆骨子里的文人气质，在不受任何拘束的环境下，肆无忌惮地生长着。他的阅读范围之广、领域之杂，在同时代的读书人中是罕见的——

他精通于诸子百家，释、道，医、卜也无所不通。从《易经》到《黄帝内经》；从《老子》《庄子》到《南华经》；从古乐府、新乐府、汉赋到唐诗、宋词、元曲；从《西厢记》《牡丹亭》到《聊斋志异》《元人百种》等等，这些常人眼里的闲书，让徐昆了解了不少正统书以外的知识。久而久之，徐昆的脑袋里也装进了内容各异、见解不同的各色学问，日后也一一转化为文学创作的养分。

徐昆的学问广博而深厚。有趣的是，他每一类学问的成熟期有着明显的阶段性。

少年的徐昆正值诗一般的年纪，这段时间，他所钟情的还是诗词。那套由他的同乡、临汾人刘组曾编撰的乡贤吴雯的诗集《莲洋集》，刚刚出版就成了他爱不释手的读物。而对于古乐府诗他更是情有独钟："欲为词者非先熟读古乐府、新乐府数千首不可也。"④他所读的古乐府、新乐府诗多达数千首，可见少年时期的他对于诗词几近狂热了。

正是因为少年时期打下的牢固基础，成年后他撰有《诗韵辨声》《诗学杂记》《柳崖诗抄》《春花秋月词》等诗词专著。可惜的是，这些著作都没有流传下来。除《春花秋月词》仅存一本被保存在"中国国家图书馆善本部"外，其余的都失传了。徐昆的妙词好诗只能从《柳崖外编》中去体味了——

楼头初放影婆娑，小试慵妆病欲瘥。
揉作相思揲作结，可怜天气奈君何？

莫问腰围剩几何，肯教容易放春归。
依楼漫笑非花树，会撚长条击落晖。

花枝含笑草宜男，蜂自喧喧蝶自酣。
眠倚东风慵不起，君犹如此我何堪。

这一连三首诗描写的都是一个弱柳扶风的"病西施"。从诗文的情感上看，他和这位"病西施"关系显然不一般。她是谁？我几乎脱口而出：刘六娘！

如此，徐昆和刘六娘应该有过一面之缘。

徐昆随父亲在济南时，临汾老家还有嫡母、生母和弟弟，每年是一定要回家过年的；过年时，未来的女婿给未来的岳父母拜年是必须的；从平阳城到上村的徐家楼院，有三四十里的路程，很难当天赶回去，在岳父母家住一宿是合情合理的。

这样，我们不妨猜测一下当时的情形——

既然"蜂自喧喧蝶自酣"，那就该是仲春时日了。即将返回济南的徐昆来到城里向岳父母辞行。用过午饭后，岳父将这位未来的女婿请到书房聊天，陪同的应该还有六娘的哥哥刘学诛。这时的学诛刚刚考中秀才，刘经历这样的安排目的很明确，一来是要试探一下这位号称"神童"的未来女婿是真有才学还是徒有虚名，二来也是想让儿子和徐昆谈谈诗词。

聪敏过人的徐昆岂能不明白岳父的此番用心？他从古乐府的古朴谈到唐诗的大气、从宋词的婉丽谈到元曲的粗犷。见刘家父子听得认真，颇有点得意，说道："其实这作诗，并不能随意想写什么体式就写什么体式的，每一题到手，必先度其体格，或近体或古体。叙事宜用长篇歌行体，咏物宜用五言七言格律。"这一番对诗词的体味把刘学诛听得只有点头的份。

刘经历心想，论诗词这位徐家公子的确不俗，但如今是以时艺取士，只有八股策论才是最靠谱的学问。于是，他有意地把话题由诗词转到时艺文章。显然，刘家父子都是经历过科场的，论文章八股徐昆就显得有些力不从心了。虽说学堂里的先生也讲经、讲书，只不过教教"破题""承破""起讲""题比""中比"这些八股文成篇的规则罢了。徐昆自知自己的不足，也非常虚心地向岳父和大舅哥请教。有问有答，相谈融洽。

这时，后面绣楼传出丫鬟叫小姐的声音，徐昆不由得转向窗口望了望。他一直听家人说起这刘六娘如何品格端方、如何容貌出众，恨不能马上一见才好。只是，他知道这深闺之中的女孩儿是轻易不下绣楼的。今天他来辞行虽是礼数，但心里还是存着一丝能见一见刘六娘的愿望。此时只闻其声不见其人，徐昆的注意力有些游离了。岳父看他心不在焉，以为他对八股文章不感兴趣。便婉转地劝道："这八股文章不但是当今天子取士的标准，更是读书人的基础，八股若做得好，不论是诗还是辞赋都能随手拈来，若是这八股文欠讲究，任你做出什么东西来都是上不得正路的。"

倒是学诛看出了徐昆的心思，他请父亲回去休息，说自己和徐昆想到外面走走。刘经历毕竟年纪大了，精力比不得年轻人，觉得有些困乏，便起身回房休息了。剩下两个年轻人就放松多了，学诛带着徐昆坐在院子里的抄手游廊上，赏花聊天。从徐昆的位置，抬头可以清晰地看到绣楼的大窗户。

不一会儿，绣楼的窗口上出现了一个袅娜纤巧的身影。

"六娘！"徐昆有点兴奋，不由轻声叫了出来。

"正是小妹。"学诛笑着说。

徐昆这才明白学诛带他来这儿的目的。显然，六娘也知道楼下这位清俊的少年是谁了。她倚窗娇羞一笑：灿若春花，媚如秋月。徐昆不觉魂飞神移。

"小姐，当心！窗外风大，快回来吧。"一个丫鬟过来扶着六娘离开了窗口，六娘转身之际，徐昆看她头上插着攒珠发簪，一根长辫垂后，弱不胜衣，莲步乍移，情不自禁地跟着向前走了几步。

"小妹最近身体欠佳，受不起外面的风寒。"学诛说。徐昆自知失态，有些不好意思，忙岔开话题。

第二天一清早，徐昆的仆人就把马车套好了，催促徐昆动身返家。徐昆不断地向绣楼张望着，希望能再一次见到六娘，可惜，那娇弱的身影再没出现。他想，这时候六娘一定还在酣睡。这么想着，心里甜丝丝的。他在内心默默祈祷：祈祷六娘早日康复，也祈祷早日与六娘成双配鸾凤。

回到济南后的徐昆，又恢复了往日的生活秩序。只是，与刘六娘的匆匆一面，让他多了一份相思和牵挂。这份相思不便与他人说，只好写进了诗里："揉作相思捘作结，可怜天气奈君何？"

而在平阳，深阁中的刘六娘更是一见再不能相忘。虽然她早就听说徐公子聪敏早慧、才学过人，毕竟都是听别人说的，自己并没有亲见，终是不踏实。那日听说徐公子要来，她巴巴地在绣楼的窗口不时地张望着。徐昆进门时，她远远地在长廊的另一头瞥见：衣着华丽、风姿洒脱。心里就有了七八分的满意。整整一上晌，徐昆都和父兄在厅堂和书房，把个六娘心焦的，一趟趟地往窗前站。而那不懂人事的小丫鬟，怕她病中再受风寒，一次次把她往回拉。当她再一次走向窗口时，楼下游廊上的徐公子也正仰头张望,那一刻,四目相对:她是一朵洁白的开在早春的梨花,纤尘不染;他是一轮带着璀璨光环的月亮,俊朗高洁。只这一眼,便刻画在眼里,熔化在彼此心里……

自此以后,六娘心里平添了几分欢喜、几分相思。夜深人静之时,独自回味那个春日的午后,在心里演绎出无数个"假若……"来。夜里睡不着,白日里更是懒怠动弹,恹恹地也吃不下饭。这六娘本来就是弱症,如今思虑太过,病又加重了一层,如雪上加霜,刘六娘的病一日重似一日。

刘家原以为女儿的病开春能见好,所以一直瞒着徐家。谁知,这都到了立秋,病不但不见好转反而日见加重,刘家上下忧心忡忡。这一日,刘经历专门托人从省城请来了名医。

这大夫凝神细诊了一刻工夫,诊毕,出来开药方。刘经历迫不及待地迎上去问:"先生,小女这病……"

大夫打断说:"自古道,'医家医病不医命'。小姐这病不是一日二日了,病去如抽丝,先用药试试看吧,若见好,那是小姐的福厚。"

刘经历听到这话心中也明白了大半,悲恸不能再问。他派人去徐家传话——毕竟,女儿已经聘给了徐家就是徐家的人了。

徐昆的嫡母卢氏听到刘家传来的信,唬了一大跳。也来不及细问,连忙叫下人备车直奔临汾城。

刘六娘听闻徐母来探病,便让丫鬟为她换衣裳,要行拜见之礼。丫鬟劝道:"你身子这么弱,不行礼,徐家婆母也不会责怪的。"六娘不听,坚持要行大礼。

徐母卢氏一进门,六娘在丫鬟们的搀扶下行礼,卢氏赶紧阻止,六娘说:"容儿媳把礼行完,儿媳自有话与婆婆说。"

六娘经过这一折腾,累得喘成一团,半天才稍稍缓过来。卢氏看六娘这光景,心里清楚,这病是没好的指望了,不过是挨日子罢了。不免一阵心酸。但还是安慰说,这病无妨,年纪轻轻的肯定能扛过去,等明年开了春就能好。

六娘闭着眼睛，微微摇了摇头说道："婆婆，都是我福薄，今生恐是不能活着进徐家的门了。婆婆，下了聘、行了礼，我六娘无论生死都是徐家的人。我死后，请二老为儿收敛骸骨，来世再做您的儿媳吧！"

卢氏一听，心如刀割，眼泪不觉流了下来，但怕病人瞧见更添心酸，强忍悲伤道："好娃哩，快别这么说，我刚才问大夫了，没你想的那么可怕。年纪轻轻的，哪能一生病就要死要活的呢，你就好好的养着呗。"

卢氏出来，迟疑了半天，才把六娘的话转告给刘经历夫妇，夫妇俩闻听，伤心欲绝。刘经历停了一会，流着泪对卢氏说："亲家母回去和亲家商议吧，我们听从女儿的意思。"

回到家，卢氏把情况一一地和丈夫说了，徐敬轩叹了口气说："唉，是个明事理、识大体的好女子，可惜命薄啊！就依娃的意愿吧。"

刘六娘到底没熬到第二年的春天，在一个萧瑟的秋夜走完了她十六岁的短暂人生。依照六娘生前的愿望，徐昆的父母把她葬在了上村的莲花沟。

徐昆与刘六娘虽只有一面之缘，甚至连一句语言交流都没有，但就是这匆匆一眼，给徐昆留下了非常难忘的印象。随着时间的推移，刘六娘的真实容貌越来越模糊，也越来越美丽，最后，化成了一个美丽善良的符号。在《柳崖外编》里，徐昆笔下美丽善良的女子都被定格在十五六岁。从这些女子的身上，我们或多或少地能看到六娘的身影：

"一日见宜园之南柴栅内一女子，年十五六，散发梳洗，长竟委地，承以釜盖，鬑松圆朗……一仰面，光彩四射，觉得栅篱俱晶莹有色。"

"俄垂莲瓣一双，仅三寸许，冉冉而下，乃十五六垂髫女也。杏衫桃裾，丰姿绰约，双目炯炯，绿光射人。"

"素荆钗布裙，虽不作时世妆，橹柔腕弱，见者消魂，岁丙子年十五矣。……素推蓬扫雪，雪肤相映，光彩射目。"

男女之情可能都是这样：因为无望而美好，因为无果而难忘。假如梁山伯与祝英台结成柴米夫妻，假如贾宝玉和林黛玉白头到老，圆则圆矣，美就没有了。古今中外，那些千古传诵的爱情佳话正是因为无果而永恒。

"花好月圆""有情人终成眷属"，一直是人们的善良愿望和美好追求。徐昆也不例外，他的愿望就是将这个美丽的符号变成一个美丽的实体。六娘临终前的一句"来世必再至姑家"十年后演绎出了一段奇妙的姻缘……

注释：

①摘自《柳崖外编》。作者注：本章内没有特别标注的引文，皆出自《柳崖外编》。

②桔槔、辘轳——都是从深井中汲水的工具。

③博陵，今山东聊城茌平县博陵镇。

④摘自《春花秋月词·张锦序》。

第四章 客路千里游子归

卓荦弱冠争　相知莫逆交

卓荦弱冠争　相知莫逆交

自刘六娘死后，徐昆的父母就一直在张罗着给他另聘一门亲事，而他却再三推阻。

这时的徐昆还沉溺在昆曲传奇剧"才子配佳人"的故事中，时时在想：天下生一个才子，必定会配个佳人作对的。让父母选亲，不是拘于门楣，便是惑于媒妁，不如依着缘分，自然能遇着那个"沉鱼落雁鸟惊喧，羞花闭月花愁颤"的"如花美眷"。因此，亲事迟迟定不下来。

然而，一件发生在溇干的奇事让徐昆改变了主意：

溇干有一姓范的商人，妻子去世，留下一双年幼的儿女。临终前她再三叮嘱丈夫，一定要善待这一对儿女，不能让后娘虐待他们。

不久，姓范的商人继娶了一个后妇，这女人长得很美，但很凶悍。当着丈夫的面对孩子们很好，等丈夫出门做买卖去了，她就凌虐孩子。

这一天，商人回到了家中，看到孩子那么羸弱就询问原因，那后妇谎称孩子有病。小儿子才五六岁，正想告诉父亲实情，被姐姐用眼神制止了。姐姐十岁左右，已经懂事了，她背地里对弟弟说："父亲常不在家，今天你就是说了，父亲未必能治得了她，就算是父亲今天治住了她，那父亲出门后，你和我就会遭到这女人更严重的报复，咱俩就必死无疑了。所以，我们只能忍着。"于是，这双可怜的小儿女只能偷偷哭泣，悄悄地向亡母祷告。

这天晚上，后妇与丈夫喝酒时，忽然寒噤不住。她对丈夫说："我好害怕。"不一会就开始哭，一边哭着一边怒摔杯碟，指着丈夫骂道："我临死时拉着你的手，把这对失去母亲的可怜孩子托付于你，你怎么能任由这后妇凌虐孩子而不问不闻呢？"商人知道这是亡妻之魂，解释说："我经常在外经商，回来俩孩子也都没说，我真的不知道啊！"亡妻之魂说："孩子说了就会遭到更严厉的虐待，一对娇儿弱女他们敢说吗？"说着，把两个孩子拉在怀里抚摩着，放声痛哭："儿一失亲娘，便如此吃苦啊！"然后，怒呼后妇的乳名，手持小刀在脸上、手腕上一刀一刀地划，痛哭数声而倒地。

当时，很多邻居都亲眼看到了。后妇醒后，大病了一个多月才痊愈。从此痛改前非，再也不敢虐待这俩孩子了。

徐昆家离姓范的商人家不远，这个故事后来被他记录在《柳崖外编·范氏妇》里。

这件事对徐昆的触动很大，他意识到，娶妻以贤德为要，他把那些外表美艳、内心恶毒的妇人比作"真妖"："今世之粉白黛绿者，恃姿色，逞利口，变乱白黑，离间人父子兄弟，是为真妖耳。"[1]

乾隆十七年（1752），刚刚十六岁的徐昆结束了在济南的求学生活回到故乡——山西平阳上村。

不久,他依父母之命,在家乡娶太学生高拱汉之女为妻。高家虽不是什么达官显贵,却也是书香之家。高家小姐知书达礼,大家仪态。徐昆以后在文章中多次提到妻子的温良贤淑:"今郎虽已授室,颇贤淑,吾必令儿以姊妹行归焉。""与内子高相得无间言。"

徐家大院内植有两棵梧桐树,夏日,浓荫正好遮挡在书房的窗前,凉爽宜人。为此,徐昆为书房取斋名"双桐斋"。他在"双桐斋"闭门苦读,准备参加童试。

清朝的科举考试沿用明制,童试共有三次考试:县试、府试、院试。县试每年的二月举行,主考官由县官担任。府试每年的四月举行,主考官由知府担任。院试三年两次,主考官为一省之学政②。通过院试的童生都被称为"生员",俗称"秀才"。考中秀才就算是有了"功名",有免除差徭、见知县不跪、不能随便用刑等特权。秀才分三等,成绩最好的称"廪生",由公家按月发给粮食;其次称"增生",不供给粮食,"廪生"和"增生"是有一定名额的;三是"附生",即才入学的附学生员。

乾隆十八年(1753),徐昆初应童子试便取得县试、府试均为一等的优异成绩。他和另一名同样优秀的学生王璋得到了平阳知府的赞赏。

时任平阳知府的徐玉田是江西南昌人,乾隆二年进士。乾隆十五年赴任平阳知府。乾隆十八年的府试是他任期内的最后一次。看到这两位成绩优异又年轻俊朗的学子,徐知府非常欣喜,对他们说:"二生皆美才,吾语女学,学以熟为主。其诀莫如中庸注,'既无虚假,自无间断'③八字。"

这段话的意思是说,你们俩都是年轻才俊,才高学美。我认为你们今后在学习上一定要精益求精,其要诀莫如朱熹对《中庸》第二十六章《博学》篇中"致诚无息"的注释:"既无虚假,自无间断。"最真诚的德行是永不停息的,永不停息就能长久,长久就会通达。

这番教诲徐昆一直铭记，直到晚年仍记忆犹新，他随手摘出，记录在为王璋作的小传内。

乾隆十九年（1754），徐昆参加了童试的最后一次考试：院试。主持院试的是当时的山西学政蒋元益。

蒋元益，字希元，号时庵，长洲人（今江苏苏州）。清代著名学者。乾隆十年以会试第一名中进士，官至兵部右侍郎。好谈文，于经、史、诗词均有研究，能于博中求深，广中求精。著有《二十一史订误》《周易精义》《清雅堂诗余》《志雅斋诗钞》《学吟集》。乾隆十八至乾隆二十四年连任两届山西学政。

这次考试徐昆以优异的成绩，被录为一等"廪生"，得到了蒋元益学政的赏识。以后，徐昆一直尊蒋元益为恩师，感念终生。

这一次同时获得了"廪生"资格的还有王璋。王璋和徐昆有太多的相似之处：年龄相近、家世相似、兴趣相同、仪态相像。于是俩人"是为莫逆友"①。

王璋，字季玉，比徐昆大三岁，是灵石静升王家第十七世孙。说到静升王家，可能大多数人不知道。但要说山西灵石王家大院，那可是靡声海内外了。今天的"王家大院"被广誉为"华夏民居第一宅""山西的紫禁城""中国民间故宫"。然而，大多数人不知道的是，我们现在看到的"王家大院"其规模还只是其鼎盛时期——康、乾、嘉时期的三分之二！可以想想，当年的静升王家该是如何的富贵逼人。

王璋，按现今的说法，是个标准的"高、富、帅"。他身上有着贵族公子的洒脱和儒雅。徐昆赞美他："过目不忘。神思飘洒，玉树临风……好读古书，记人所不能记。如骚、如选、如诸子，偶举其端，輒雒诵数千言，虽老儒亦服居下风。"

王璋赋志高洁，不乐仕进，虽童试夺冠，以后再无意举业。每日在家作诗写词，饮酒弹琴。他经常来临汾，每次来都必到徐昆家小住几日，而徐昆每次去太原参加乡试，也一定会绕道去灵石王家大院作几日盘桓。

乾隆二十四年（1759），徐昆去太原参加乡试，接受王璋的邀请，绕道灵石静升。

这是徐昆第一次来到静升的王家大院。按说，这徐昆也是富家子弟，从小在济南府长大，也见过些世面了，但一走近静升，不由得被眼前这座大宅院的恢宏气势所震撼——

这哪是一个宅院呀，分明就是一座城啊！依山而建，从低到高分四层院落排列，左右对称，中间一条主干道，形成一个很规整的"王"字造型。同时隐含"龙"的造型。堡内88座院落各具特色，无一雷同。面积约有40亩，其建筑装饰，纤细繁密，结构、附件、装饰均雍容典雅。尤其是木雕、砖雕、石雕，绚丽精致，寓意深刻。至于室宇之精美，铺陈之华丽更是难以言说，徐昆算是见识了什么叫"荣华富贵"！

最让徐昆难忘的是"王家大院"随处可见的家规和古训，或刻于石础上，或刻在楹联、匾额上。虽字数寥寥，却意境悠远。它们赋予了每幢院落妙不可言的精魂神韵，也在潜移默化地熏陶着世代子孙，识礼守制，谨遵祖训。

王璋的叔祖王梦鹏获取廪生资格后，不谋官、不图财，而是在家乡广行善举，以孝义之行受八方称颂。他去世时，有当朝达官刘墉（刘罗锅）及尚书等人为其撰挽诗文。

王璋向徐昆坦言："古人说：'学而优则仕'，但我读书不为官不为财，只为修身养性。像我叔祖那样的，才是真正的贤达之人。"

王璋晓畅事理，通达道机，颇有几分仙风道骨。徐昆在《季玉王公传》⑤中记录了这样一件事：

王璋在自家的花园里养了一头小花鹿。每到月恬风朗之夜，王璋便带一把琵琶，携一壶好酒来到花园，独自饮酒弹琴。一会放开小花鹿任由它在花园里优雅地踱步，摇晃着那两个犄角作仙轶状。其时，花园里时常有妖出没，有时还会变幻出人形。而王璋淡然处之，仍喝酒弹琴，无半点惊慌之色。

那年，徐昆赴省城太原参加乡试，和以往一样住在王璋家，吃完晚饭，王璋和徐昆回到房间，俩人连床而谈，聊到尽兴才睡下。其间，王璋没做任何提醒和暗示。半夜时分，徐昆忽然被一个异样的声音惊醒。他细听这声音自北而来，初如虎啸，渐渐地循着墙到了亭栏间。只见亭间的小茶几悬在空中，如飞蓬般围着他们住的房子旋转。一边转着，一边还唱着民间小调，许久，乃大笑而去，小茶几安放如初。

这是一个月明星稀之夜，徐昆从窗口真真切切地看完，这才把季玉叫醒询问。季玉笑着说："这是我花园里给我做伴的妖。我提前没告知你，是想试试小弟你的气度如何。你一直看完才询问我，说明你很有胆识，太合我心意了。"于是，俩人欣然大笑。趁着月色，他们来到亭子间，在刚才旋转的那张小几上同斟共酌，畅聊到天明。

徐昆写这篇文章时王璋已经去世多年了。这荒诞不经的构思是徐昆想要确立王璋怎样的一种气度？应该是那种超尘脱世，能与神灵交通的道家气象吧！

第二天，徐昆辞别王璋前往省城。临行前，王璋送给徐昆一大箱的辽参，徐昆推辞说："兄长送的礼物小弟不敢不受，只是这辽参也是珍稀之物，这么一大箱，实在太多了。"

王璋执意将箱子送到车上，说："我知道你家不缺少这些东西，我不参加乡试，而弟是要参加乡试的，你吃了能强壮精神，只有精力旺盛，才能写出锦绣文章来，你吃了就等于我吃了。"

只寥寥数语，足见其率性纯真，也足见俩人相交之深。

在放浪形骸、落拓不羁的外表下，王璋的内心还深藏着"尊卑有序、君臣上下"的儒家礼教思想。

那一年，徐昆在京城为官，邀请王璋到北京游玩。徐昆带着他从东华门入宫，进了紫禁城后，原本气壮神豪的王璋立刻神思恂谨起来，徐昆不解，王璋回答说："天威在上，焉能不肃然起敬？"

令人惋惜的是，王璋英年早逝。但徐昆与静升王家的关系并未因此而止，他与王璋的几个儿子一直保持着很亲密的关系。

乾隆四十五年（1780），乾隆皇帝为旌表王氏十五世孙王梦鹏的孝行义举而下旨为其修建孝义坊。王璋的儿子专门到北京请徐昆为王梦鹏作《孝义王先生墓表》。

乾隆五十三年（1788），静升王家重修族谱时，受王璋次子王升瀛之托，徐昆又作了《王仲子叔子合传》《季玉王公传》《儒林郎宪穆王公墓表》。

晚年，徐昆回忆起王璋时心里仍怀感伤："季也有真，璞玉浑金。琪树尘埋，郁陶乎余心。"⑥

古人把"洞房花烛夜，金榜题名时，衣锦还乡日"视作人生三大幸事，刚刚回到故乡的徐昆在一年当中收获了爱情和功名的双重得意，一时壮志凌云，大有随风飞驰之势……

注释：

①见《柳崖外编·小年》。

②学政：古代学官名，提督学政，主管一省教育科举，正三品。

③既无虚假，自无间断：这是朱熹对《中庸》第二十六章 博学篇中"致诚无息"的解释。意思是既然诚信的德行是真实的，就应该坚持下去不可间断停息。

④⑤⑥均见《王氏族谱·季玉王公传》

第五章 檀板笛声聚曲友

以曲会曲友　志同而道合
京城见宗师　侯府做门客
先遭丧父痛　后遇失知己
最熟『贮书楼』昂首据其胜

以曲会曲友　志同而道合

徐昆以"廪生"的资格进入了平阳府学，他踌躇满志，自以为功名唾手可得，蟾宫折桂指日可待。

在府学，徐昆结识了几个和他差不多同时进学的，也是少年得志的同学：

李仰山，名兆斗，平阳府曲沃县人。十三四岁即应童子。"蒋时庵夫子特赏之，称其才情为平阳三十六属新生之冠。"①

张受一，名允中，世家子，平阳府浮山县人。"文有家数，长于诗赋。"②

顾昌如，名大宗，临汾人。"音律尤精，能得弦外之意，虚响之音。"③

白时塘，名澍，字霖川，临汾人。"八股学玉茗堂，诗赋纯摹馆阁，蒋时庵先生逢人辄称其为状元才。"④

他们几个年龄相近，都是"天才挺特之士"⑤，都受知于学政蒋时庵，在学府中颇有点鹤立鸡群的样子。自然是彼此欣赏，乐于接近。另外，他们还有一个最重要的共同点就是"雅好昆曲"。

他们每个人又各有其特点：李仰山长于表演，顾昌如精于乐器，张受一和白时塘擅长写词作曲。

每一个时代都有属于自己的时尚。在明清两代最时尚的莫过于昆曲了。那时的文人不会唱曲几乎等同于生在唐代而不会吟诗一样。昆曲已经完全融入了文人们的精神世界。

徐昆在《柳崖外编·曲状元》中就记录了几个非常有趣的故事——

徐昆中了举人后有段时间在家乡居住。比徐昆早一科中举的李仰山也在家候职，他经常来上村拜访徐昆，俩人煮酒闲话、酬唱度曲。

这一天，李仰山刚进上村，正好遇见村中请来的戏班子。李仰山和他们相偕而行，边走边和班主、演员们聊戏。伶人们一听这李仰山对音律很是精通，便引为同道。

那时，村中请戏班是一件非常隆重的事情。村中老少会呼朋唤友；家中有出了阁的女儿，娘家会理直气壮地打发儿子去接回来看戏；附近几个村子的人们也都会闻讯而来。村中的富户们会争着抢着请演员们去他家吃饭，请到的人家会觉得很有面子。

李仰山和戏班刚一进村，立刻就受到了村民们的夹道欢迎。一个孩子走到李仰山面前问："你是演什么角色的?"李仰山乐了，随口道："我演小生啊。"周围的人赞道："好小生！"随即，前来接戏班吃饭的那家人不由分说地把他和戏班的人一起迎到了家。

这李仰山本是率性之人，又是个戏痴。于是，将错就错，与班主一商量，决定登台唱一折《藏舟》。

《藏舟》是传奇剧《渔家乐》中小生戏份最重的一折戏。为清初朱佐朝所作。写的是东汉大将军梁冀派人追杀清河王刘蒜，刘蒜藏身舟中被船家女邬飞霞所救，后刘蒜称帝后封邬飞霞为皇后的故事。

只见李仰山登台先是一段长长的宾白：

我乃先朝章帝曾孙，清河王刘蒜，被梁冀陷害，只得乔装打扮，逃出宫来，不想那梁冀又来捉拿于我，只得躲在一所破庙之中，饥饿难忍，今夜我趁人不备，逃之便了。哎呀呀，外面是大江之上，如何征船渡过江去才好。

其表情的悲切、声调的凄冷让台下观众不由得泪水盈眶。戏班里的老伶人也自叹"逊不逮焉"。

村中演戏，举人老爷自然是被请在上座的。徐昆坐在前面，看到台上的小生心里暗自思忖：这小生的扮相酷似好友李仰山啊。一曲唱完，只见这小生穿着戏装就直接走了下来。及至跟前，徐昆乐了：这小生可不就是李仰山吗？俩人携手大笑，周围的人这才明白：原来，这位串演小生的还是位举人老爷呢。

顾昌如于乐器的运用有着出神入化之功。他有一绝技，谱曲时只需笛过一遍而成。即使身边没有乐器，他仅凭指弹口画也能立刻谱成曲子，真是天赋之才！

徐昆在家乡创作传奇剧本《雨花台》时，经常请顾昌如为他谱曲。

有一次他去顾昌如家，正好听到顾昌如在书房唱曲还有笙乐伴奏。多年的朋友了，他非常熟悉顾昌如的歌声和乐器声。让徐昆感觉奇怪的是：听声音，明明是顾昌如在唱曲；听乐声，又确确是顾昌如在吹笙。这顾兄莫非有分身之术？他好奇地缓缓推开书房门，只见顾昌如的小妾正坐在他的膝上，身体靠在他胸前用嘴在吹笙，顾昌如一边随着节律唱着，一边将两手从她背后搂过去按簧，小妾只是调匀其气吹而和之。

此时的顾昌如沉浸在这美妙的音乐之中，完全没有发现徐昆的闯入。徐昆呢，他被眼前这妙弄独裁的演奏方式惊呆了，忘了自己身处一个怎样尴尬的境地。不难想象，当他们发现对方时彼此的窘相了。

对于古代读书人来说，科举取士，扬名显亲才是社会普遍公认的人生正途。这几位少年才子在一起也读经书、也学时艺。而且，时艺文章也有进益。但他们并不死抱着八股文那一块敲门砖，而是希望在文、史、辞藻诸方面都有所发展。徐昆认为"观圣贤书如对君父，观史如观公案，观小说如观优伶，观诗如听歌曲。"⑥赋诗读书的悠闲之趣，胜过达官显贵之乐趣。

然而，事实证明，事情并不像他们想象的那样美好，第一次的太原乡试便全部铩羽而归。以后，他们三年复三年，也是屡试屡败。

乾隆二十一年（1756），这是他们第一次参加乡试。徐昆在《柳崖外编·曲状元》中对这次去太原的经历做了详尽的描述——

乡试的时间是八月初九至八月十五日，共六天三场次。从临汾到太原，按当时人们计算的"紧七慢八"，需要七八天的时间。八月初一，徐昆、顾昌如、白时塘从临汾出发，张受一从浮山、李仰山从曲沃出发，他们相约在途中一客栈汇合，然后相偕至太原。

这群意气风发的年轻人对于即将到来的考试充满着自信。因为自信所以就没有压力，没有压力就轻松，轻松就心情愉悦。这不，刚刚赶到客栈的李仰山，一见面就给大伙讲了一段艳遇：

这天，他从曲沃出发，行至襄陵师庄驿站时，弦月初上，天色渐暗，他独自骑着驴策鞭急行。这时，他看到一女子坐在路边的一块石头上，驴在路旁吃草。那女子见到他招呼说："我从亲眷家乘驴往回走，走到这里，因路滑摔了下来，想再骑上去却不能了。幸亏遇上了你这位读书人，烦请你扶我一把吧。"他说："男女授受不亲，瓜田李下的，恐怕不合适吧。"女子说:"天色这么晚了,你要是不扶我,就再也遇不到扶我的人了。小女子善歌曲,你若肯扶我,我唱支曲子当酬谢如何?"一听这话,他不由得仔细打量着这女子的装扮:内穿一件光鲜艳丽的窄襟袄,外罩毛蓝小褂,头上一块红帕笼髻,娇柔妩媚,的确像是戏班里的伶人,便说道:"如果你真会唱曲,何不先唱一首我听听?"女子便唱道:"陂陀滑,湿云绕,飞燕身轻驴竟倒。怕的是银镫高,惜的是金莲小。虎狼多,侣伴少,(情郎郎若不扶呵),这空山荒驿如何了。"

仰山听完乐了,笑着将她扶上驴后,自己才一路疾驶赶到旅舍。

李仰山素来幽默,最爱插科打诨逗乐子,听完他的这番话,大伙笑道:"兆斗兄,你这艳遇故事编得挺不错的哦。"

"是哩,可以编成戏文了。"又有人接了一句。

见大伙儿都不相信,李仰山急的发誓打赌:"绝非妄语!若有不实,明日我当驴儿让大伙儿骑。"

大伙仍是哈哈一笑说:"兆斗兄,不早了,明日一早还得赶路呢,早点休息吧。"

第二天,他们一行人走到湛泉时,果见一骑驴女子从他们身边走过,见到李仰山谢道:"昨天有劳郎君。"说完径直走了。

这时,李仰山得意地大声说:"如何?如何?我说过,绝非妄语!绝非妄语!"

顾昌如在后大呼:"山夜扶持,亦是有缘,哪有不通姓名就走了的?"于是,叫李仰山赶上那女子,他自己在后面跟着。

走了一段路,眼见到了交城地界,顾昌如望见那女子后面还跟着一个十四五岁的小女子和一老妇人,那小女子神情清妍,手执檀板像一个歌女。当她们行至与前女子并排时,顾昌如见她们之间有语言交流。然后,小女子回头对顾昌如说:"你可以叫你的朋友回来,不必再追问了。那女子姓金,小字如簧。"前面那女子好像听到了,转回来说:"痴丫头,人谁无名,难道我不知你是翟姓三丫头小青?"说完又策鞭而去。

顾昌如和小青攀谈起来,得知她们是前去太原参加曲子大会的。今年的乡试结束后,将由太原名士组织,邀请全省乡试的士子们参加一次曲子大会。徐昆他们听到这个消息非常兴奋,个个技痒,恨不能马上一展身手。

小青看到他们摩拳擦掌的样子,便扭过头来问:"你们是去赶考的秀才?"

大家说是。

"那你们去不去参加曲子大会?"

"当然去!"众人几乎不假思索地同声应道。

小青莞然一笑,丢给顾昌如一副檀板,道了一句"曲子会上见"后驶去。

乾隆二十一年(1756)八月十七日,山西各地的秀才在结束乡试后举行了近五百人参加的"曲子大会"。这一盛事,被记录在《山西通志》上。

这一天,徐昆、顾昌如、李仰山、白时塘、张受一准时出现在"曲子大会"上。这是一次不需要扮相的清唱。各地秀才纷纷登台演唱,李仰山几次要上台都被徐昆挡住了。

"为什么?"李仰山有些沉不住气了。

徐昆神情得意地说:"你没听过'好戏在后头'吗?"

原来,徐昆听了刚才几位秀才的演唱心里有了底。李仰山和顾昌如的水平比他们高出好几个档来,如果他们现在登台,后面的演唱就没法进行下去了。"曲子大会"本是件娱情娱性的雅事,他不想扫了秀才们的兴。更重要的是,徐昆也想借此机会一展平阳秀才们的风采。没有众之庸庸,怎能显出独之佼佼?

直到演唱接近尾声时,李仰山和顾昌如才上台。和众人不一样的是,别人只是唱一个角色的戏,或旦或生。而他俩唱的是全套。也就是这一折戏里生、旦、净、末、丑全唱下来。

李仰山唱的是《红梨花·窥醉》⑦全套；顾昌如唱的是《长生殿·闻铃》⑧全套。

对观众的热烈反响，徐昆没有做太多的描述，只淡淡地写了一句"众大赞服，约次夜复集"。因为，一切都在徐昆的意料之中。

第二天晚上的歌坛会是一场高规格的曲子大赛，要求参加者"必将各宫各调⑨各度一曲，能者登歌坛，不能者罚以酒。"而且，所选曲子都必须是梨园中不多见的生调生词，当下报出板眼⑩。这个难度是相当高的。当然，这些难不倒顾昌如和李仰山，他俩胸有成竹赴会。徐昆和张受一、白时塘，还有路上遇见的那二位乐户女子翟小青和金如簧也前往助阵。

顾昌如一上场便拈出【黄钟宫·三春柳·暮景】⑪。昌如随口报出："五十五板。"唱其曲曰：

> 暮景不堪描写。记上林窈窕，太液摇曳。想住人眉黛，凭伊远山新月。比来梦腰还瘦怯，比太真眉更微些。转眼新黄，回头嫩绿，端不惹雾瑣，烟迷、莺栖、鸦歇；又还愁由基持箭，魏子关弓射。怕渭城人悮唱阳春曲，断送人离别。风弄柔条，日摧细缬，有谁来折？除非是错认章台金线，西湖枫叶。灞陵桥，空悲切。凭般憔悴，这般磨灭，屈指也，春已矣，夏时节。

唱毕，台下齐声喝彩，老名士们点头称赞。接着又拈一曲【中吕·水车歌】。

李仰山拈的是【南吕调】一犯调、【仙吕中】一犯调。唱罢，"众服其腔，又惊其艳，四市云集矣"。这"四市云集"若换成现在的时髦话就是"观众爆棚"了！

于是，众人一致推顾昌如为曲状元、李仰山为曲会元。

061

几十年后，当年近花甲的徐昆回味起那夜的盛况来，仍激动不已，他在他的《曲状元》中写道："此皆二三十年前风流旧事……其高调成广陵散矣……然【三春柳】数曲至今太原、平阳间后起者尚有人能记其音节。"而回忆起这几个好友时又不禁哀叹道："顾昌如老于诸生；李仰山终于孝廉……张受一晚年隐居南河，徜徉诗酒，岁贡终身；白时塘以优贡选马平令，未之任，卒……杨山夫临没之年，姑射山颓一小峰。"

太原曲子大会后，"平阳秀才曲状元"的声名大噪，红遍了山西。这一时期，他们结识了很多喜爱昆曲又学识高博的青年学子，如：

范鹤年，字青子，洪洞县人。"官衡阳知县，多惠政，性敏颖，嗜学。工诗、古文辞。与黄太史洽，徐进士昆少共笔砚，相切磋而独善为诗。登第时阅卷，排律特为高宗（即乾隆帝）褒奖。"[12]

杨维栋，字山夫，襄陵县人。"幼颖异，读书过目成诵。弱岁游庠，即弃举子业。博涉载籍，喜吟咏，犹善书法，片纸只字，人咸宝贵之。性简淡，寡交游，屏迹城市，耽情山水，以诗酒自娱。有嵇康、向平之致。"[13]

安清翰，垣曲人。"由丙戌进士宰潜山。有政声，工古文辞。"[14]

吴克成，号衣柳，字省圃，襄陵东柴人。"由拔贡任武乡教谕。积学渊深，泽躬尔雅。"[15]

王棚鳌，"山西人，举人。嘉庆五年任丰县知县。嘉庆六年任砀山知县。"[16]

另外，还有一些是地方志和通志上没有记载的乡贤名士，如：卢清宜、崔桂林、常庚辛、冯鄄等。

徐昆和这些曲友们常常聚集在一起谱曲填词，诗酒酬唱。被时人称为"昆迷""昆狂"。这些志同道合的朋友，后来都成了徐昆终其一生的挚友。

京城见宗师　　侯府做门客

对昆曲的狂热，把徐昆科举入仕的理想渐渐冲淡了。

丙子年，初次乡试落榜；三年复三年，己卯乡试和壬午乡试又是名落孙山。按理，少年得志却科场一再受挫，应该会有一番"怀才不遇"的失意或"司衡无目，笔墨无灵"的哀怨吧，但徐昆没有。相反，我们看到的是他非常平静、非常客观的自我反省——

徐昆在《柳崖外编·圆实》中写了这样一个故事：

山西陵川县书生文价堂"读书庵之西邻闲舍，生固多才，善吟诵，执编绕阶除，或晓至暮不辍"。隔壁的尼姑庵内有一个叫圆实的小尼姑仰慕文生的才学，渐生爱慕之情。后来，文生"读书太原，己卯、壬午俱不举。"郁郁归乡后去见圆实，圆实对他说："宜速去，不第勿再相见！"文生闷闷地一言不发，"归家读益力"。于是，乙酉年，文生获拔贡生资格。第二年，文生准备进京参加顺天府的乡试。这时圆实已还俗回家，文生打听到她家时，她仍不肯见，只是托母亲送给他一张白露纸，上书"圆光"二字。转告文生说："此菩提心镜也，读书人贴面前，勤读则圆光明如鉴，少间则圆光暗如铁。"文生将信将疑，把这张纸放到了衣箱里，不久便忘了这事。他"自恃才高，东西奔驰"。等到戊子乡试又一次落榜后，文生才想起这张"圆光"来，启开衣箱一看"圆光真黑如铁矣，大惊，闭户揣摩，以圆光贴面前……。积一月光退一线，愈奇之。功加倍，半载后光退三分"，文生更加发奋苦读，寒来暑往，二年后，庚寅年恩科时文生"果得售京兆试"。

我们不妨理一理陵川文生的科举之路：丙子乡试落榜后去太原读书—己卯、壬午俱不举—乙酉获拔贡生资格—丙戌进京—戊子顺天府乡试落榜—庚寅年恩科中举人，不由恍然大悟：徐昆笔下这位陵川文生，分明就是作者的自画像——文生的科举之路竟与徐昆的科举之路分毫不差！

不难看出，徐昆对科场失败的自我检讨是："自恃才高，东西奔驰"。把时间和精力都放在了填词度曲上，没有静下心来专治举子业，时艺文章作得少，所以"人心如鉴，静则明，染欲则昏矣"。有了这样的自我认识，徐昆也的确把对戏曲的热情降了下来。静归书房，苦读经书，"自奋功不敢少辍"。

丙子年（1756），徐昆乡试落榜后离开平阳，去太原读书。在太原，他与当时的山西学政蒋时庵往来比较密切。除了他曾受知于蒋学政，有着师生情谊之外，更重要的是，他们彼此之间还有着一个共同的兴趣爱好：喜人谈鬼。

这个时候的徐昆主要精力还在戏曲和举业上。从资料上看，这个时期他也创作过一些志怪小说，但基本是随性的游戏之作。这些作品也许是没有保存下来，也许是他觉得不满意。总之，他的志怪小说集《柳崖外编》中没有收录他早期的作品。

蒋时庵虽没有写过志怪小说，但他的朋友袁枚的《子不语》和稍晚一些的《熙朝新语》中都记录过他的奇闻逸事。他与徐昆在一起也时常谈鬼怪之事，这些故事在几十年后都被徐昆收录到了他的《柳崖外编》中，足见蒋时庵对徐昆的影响之深。

有一次，蒋时庵和徐昆聊起家乡之事。说到他的父亲蒋杲（曾任廉州太守）在家乡江苏长洲（今苏州）饮马桥北的大宅院中，建有"贮书楼"，楼中藏书很多。而且他的叔父蒋重光和兄蒋楧、蒋焞俱以藏书著名。说者无心，听者有意。徐昆决定效仿老师，也要在家乡建一座"贮书楼"。更想感受一下"道家藏书几蓬莱，建业文房与蜀才"的豪迈和超然。

徐昆把自己的想法告诉了老师蒋时庵，立刻得到了老师的支持，他凭着记忆，在纸上将家中贮书楼的格局画成图，交给了徐昆。

徐昆回到家，开始着手建造"贮书楼"。工匠找好了，建筑材料也备下了，当一切准备就绪时，一个非常棘手的问题摆在了面前——工匠们看不懂这样的草图。

无奈，徐昆只得重返太原向老师求助。这个问题是蒋学政没料到的，也一时没了主意。思索了一会儿，突然吩咐差役从厨房抱来一大捆当烧柴的高粱秆。徐昆不解，正纳闷呢，只见老师对照着草图，边量边裁高粱秆，徐昆这才恍惚大悟：老师是要用高粱秆搭一个"贮书楼"的模型呢。

于是，师生俩一个量一个裁，一个比图一个搭建，忙活了好几天，终于，一座非常精致的"贮书楼"模型制作成了。

徐昆将模型带回家，工匠们一看乐了：这可就简单多了哇，只需要照猫画虎就成了！

古代建筑被人称为"精雕细作""堆金砌玉"。光是"贮书楼"那些众多的做工考究的木制窗格就是件十分费时费力的活，还有许多的崇阁斗拱、门槛匾额，这都表明"贮书楼"的建造不可能在短时间内完成。建造"贮书楼"固然重要，但对徐昆来说最重要的还是博取功名，眼看乡试的日子渐近，徐昆把工程上的事安顿好后，将监工的任务交给了母亲卢氏和妻子高氏，自己返回太原读书。

在上村，至今还流传着"老夫人少夫人监工建楼"的故事。徐昆对妻子高氏着墨不多，仅有的几处也只是称赞她的贤惠。但从徐昆能把建"贮书楼"这么大的事放心地交给她来看，高氏应该还是一个非常精明能干的女人，她出身书香门第，应该是断文识字的，否则，她也管不了这么大的工程。

乾隆二十四年（1759），乙卯科试。徐昆对这次乡试是信心满满的。三年来，他潜心苦读不敢有半点松懈。况且，还有恩师的鼎力提携，自觉成竹在胸，他向老师表示：此科定能博得一第。蒋学政对他也充满了期盼。

八月初九头场考试，考四书文一，五言八韵诗一；三天后的八月十二,第二场考试,考五经文各一;八月十五第三场考试,考以策问五道。

八月十五日出场,徐昆向他的老师蒋学政汇报了考试情况,得到了老师的肯定后,徐昆更加坚信自己是青云路近、功名在握了。

这一年的乡试结束后,蒋时庵将卸任山西学政回京。回京前他要完成任期的最后一项任务:遴选优贡。

优贡是科举制度中由地方贡入国子监生员的一种。清制,每三年由各省学政从儒学生员中考选一次,每省不过数名。蒋时庵经过慎重考虑,在众多的得意学生中,选了有"状元之才"的白时塘为优贡。在他看来,这一科徐昆和李仰山金榜题名是没有问题的。

然而,出乎他意料的是:这一科徐昆、李仰山及其几个得意门生又一次全部落榜!

如果事情到此为止,徐昆可能会效仿他的好友王璋"弃举子业,坚卧白门"。因为,他们同是衣食无忧的富贵公子,同是思想上天马行空的文人,同是爱好山水天然的雅士。而且他"性豪迈,善交游",他渴望的生活是约上三五好友,在亭台楼阁间,填词度曲,饮酒赋诗。据说他曾经在一天之内,帮助八位友人六千四百多两银子而毫无吝色。这样的秉性,怎甘为一官一禄而久困科场?

然而,苍茫人世,几多浮沉,每个人的人生方向从他一出生就有了既定的轨道,无论怎样的艰难坎坷也必须走下去,去完成那个使命般的夙愿。

得知徐昆落榜,蒋时庵遗憾之余给了他一个建议:去北京游学!

这的确是个不错的建议。清代的北京城也应该和今天一样,集中了当时中国最好的教育资源、最顶尖的师资队伍。在那里,徐昆能接触到最优秀的教师,接受最良好的教育。

但徐昆却不愿去,也不忍去。因为此时,家中老父病重,"贮书楼"正在建造,儿子凤辉尚在襁褓之中。为儿不能尽孝、为父不能尽责、为夫不能尽职，他实在不能抛开这些独自北上。但他又必须去，为人子最大的孝就是顺，重病的父亲唯一的愿望就是他能考取功名，光耀门庭。

临行前的那晚，老父亲把儿子叫到身边语重心长地说："家中的事你不必挂念，我自有安排。你只需把'功名'二字牢记在心。我虽捐了个七品，给你弟弟也捐了官，那只不过是为我死后灵幡上看着体面点罢了。不是正途，终究是不硬气。我这一生逐利商海，挣下了这份不薄的家业。然而，徐家再囊丰箧盈，也只是个入不了正统的商贾之家。你若能考个举人中个进士，咱们徐家才真正是改换门庭，荣宗耀祖了。我也能安心地去见徐家的列祖列宗了。"

徐昆含泪应允：一定要努力读书，考举人、中进士，光耀徐家门楣！

为着这份誓言，徐昆开始了漫长的科考之路……

先遭丧父痛　　后遇失知己

乾隆二十五年（1760），徐昆依依不舍地告别了父母妻儿，前往北京。

同行的还有好友白时塘，他是到北京参加汇考的。按清代的科举制，各地选出来的贡生要到京城参加汇考，择其优者再参加朝考，入选后，方可授官。这白时塘也终于不负众望，以优异的成绩通过了汇考、朝考。不久，被授予正蓝旗教习之职。当然，这是后话了，暂且不述。

徐昆到了北京后，首先去拜访了他的老师蒋时庵。这时的蒋时庵已授兵部右侍郎之职，官居二品。师生相聚，寒暄和客套就不提了，只说徐昆在蒋时庵的引荐下"客于顺勤侯邸"。

"客"在这里可不是去侯府做客，而是做侯府的"清客"。什么是"清客"？清人徐珂有解释："俗所谓清客者，门下食客也，主人之待遇次之于幕"。说白了，"清客"就相当于战国时期的"门客"。

今天的年轻人对"门客"的认识大概都来自中学课本《冯谖客孟尝

君》中那位"长铗归来乎！食无鱼""长铗归来乎！出无车"的门客冯谖。但明清时期的清客虽然也是寄食在豪门贵族门下，但本质上与战国时期的门客还是有很大的区别的。门客有很重的政治色彩，而清客娱乐性较强，主要是为主人写诗作文，清谈闲聊。清代陈森在《品花宝鉴》中说："清客不能做个显宦与国家办些大事，遂把平生之学问，奔走势利之门。清客有十样要诀：一团和气，二等才情，三斤酒量，四季衣服，五声音律，六品官衔，七言诗句，八面张罗，九流通透，十分应酬。"这一段话也说明清客是要有点本领的，要有帮闲之志和帮闲之才。

科举入仕，是中国古代读书人追求的最高目标，但真正能登科入仕的人只是极少数。大多数寒窗苦读十数载甚至数十载的落第秀才们不外乎三条路：有点名气或有官员援引的就做了封疆大吏的幕僚或一县一府的师爷；次一等的做了豪门的清客；差点的就做个私塾先生，教几个蒙童，混口饭吃。

徐昆和其他因"贫乏不能自存"而"愿寄食于门下"的清客不同，他进入侯府的目的非常明确，就是希望结交到京城里的大师学者、当朝权贵，使其学业得以长进，将来仕途上有人援引。因为是蒋侍郎所荐，也因为徐昆年轻才盛，前途难以估量。在侯府，徐昆受到了顺勤侯爷特殊的照顾。

顺勤侯马得功，辽宁北宁人。历任泉州总镇府总兵、都督同知、福建提督。康熙二年（1663），在攻打郑成功的战役中阵亡，乾隆十四年追封一等顺勤侯，因为清代的爵位是世袭制，徐昆客于门下的顺勤侯应该是马得功的孙子或曾孙辈了。这位顺勤侯三世或四世大概是想一改祖辈金戈铁马、策马扬鞭的草莽形象吧，他很热衷于交结京城的文化名流，家中养着很多的文人清客。

"清客"可能是许多平民出身的落第秀才们求之不得的职业。但毕竟是寄食于权贵和豪门，在献媚讨巧中混一口饭吃的，在社会上并不受人尊重。

《红楼梦》的作者曹雪芹就对清客的柔媚附势十分反感。他在《红楼梦》第十七回写道：贾政带着众清客去逛刚刚建造完工的大观园，当贾政问及某某景点该题何名方妙时，众清客心知贾政是有意要试试宝玉的文才，故意说些"叠翠""锦嶂""赛香炉""小终南"等俗套敷衍，以行趋奉。最令人喷饭的是他给清客起的名字都具有嘲讽之意。如：卜固修（不顾羞）、单聘仁（善骗人）、詹光（沾光）。

徐昆生性桀骜，不愿随人俯仰，更耻于趋从奉迎，实在不适合做清客。他每天面对那群"钻头觅缝打秋风"的老清客，经年不绝地重复着那些温婉而堕落的欢娱，一颗昂扬之心，被压抑得实在难受，内心非常苦闷。

这天，他在写完一通合乎礼节的应酬诗后，一任文思如涌，提笔写道：

梦回酒醒五更头，屈指频年作么游？
富贵不来人欲老，半生辛苦事王侯。

在这首诗后，徐昆特地标注了一行小字："庚辰辛巳，客于顺勤侯邸。"

"别君去兮何时还？且放白鹿青崖间，须行即骑访名山。安能摧眉折腰事权贵，使我不得开心颜！"我相信在侯府期间的徐昆肯定是一遍又一遍地吟诵着李白的这首《梦游天姥吟留别》，抒发着与诗人同样的激越和慨叹。

徐昆只身京城，心时时牵挂着家中的亲人：沉疴病榻的老父、倚闾盼儿的慈母、温柔娴静的娇妻、聪明可爱的儿子。也非常想念家乡的挚友，想起他们在一起不拘形式的闲聊、对酌、吟诗、唱曲。如今，相隔千里，不知什么时候才能再相聚。还有正在施工的"贮书楼",不知进行到什么程度了。

但他的这种思乡情绪却不能表达出来,更不能让顺勤侯爷看出来,这种寄人篱下的感觉令徐昆非常痛苦。寂寞难当时,只得将万千心中事都调在笔墨里:

卯酒盈樽任意尝,醉看新燕垒巢忙。
怜渠一样乌衣好,未敢尊前说故乡。

以前沾枕就睡的他在顺勤侯府常常夜不能眠,有时索性坐到天明:

风满湘帘一榻清,空余只影说平生。
夜深不是无乡梦,转为灯花坐到明。

不能回乡,甚至都不敢表示出思乡之情,只得乞求"乡梦",这份愁情读来真是令人落泪!

这一天仍是辗转反侧,一夜未眠,直到凌晨时分刚刚有点睡意,就听到车辚、马嘶、人喧,缭绕枕上。徐昆的住所距琉璃厂不过数步,车马声来自琉璃厂赶早市的商贩们,这种市井之声让徐昆更加烦躁不安,他用棉花将耳朵塞住,他需要安静!安静!

他力争让自己心静下来。回忆起在家乡平阳上村,每天"晨起散步时,古树撼风,时鸟声变,仙凡不啻矣"。哦,静下来了!终于静下来了!眼前是一幅静谧得令人陶醉的画面:山间松韵、溪上风声、鸟鸣春树、虫吟秋涧。这是哪里?这天籁之音为谁而设?哦,是故乡,是远在千里之外的平阳上村!听,这声音"恰有贺老[⑰]弹琵琶,李暮[⑱]撕笛,花奴[⑲]击鼓,龟年[⑳]扣板,念奴[㉑]唱新曲"。正陶醉其间,忽然"征东蓬转,飞尘满面",

原来只是一场梦，醒来，身仍在京城，仍在侯府……不由感叹道："只能自枕上辨故山之味乎。"

这时，天已大亮。耳边响起的是抑扬顿挫，前吞后吐、无字之先、摇曳作态的卖小豆腐的叫卖声：小——豆——腐。细听之下，起时中吕，收近双调；接着，是清以凄、滑而圆的卖鸡蛋的叫卖声：鸡——子。起则越调而转入小石，然后又是乞丐的乞讨声，其声慷慨激昂，悲感淋漓，苍茫之中乃带浑老。其调是近于商而不得以商调尽。这三种声音此来彼往，徐昆细细地品味着："故乡的风雷薄、鸟虫喧，大小不同，其为天籁一也；水石吞、风谷发，远近不同，其为地籁一也；而丝不如竹，竹不如肉，自然与否，其为人籁一也。"

想到家乡、想到父亲、想到"功名"，徐昆又为自己一任私欲泛滥而自责："余过矣！余过矣！"

庆幸的是，徐昆的委屈换来了收获，在顺勤侯府他结识了不少当时的著名学者义人，其中就有日后与他情谊深厚的朱筠、朱硅俩兄弟，还有钱大昕、沈初等。此时的徐昆尚未意识到，在侯府的短暂经历对于他今后的人生之路影响深远。

徐昆在侯府待的时间并不长，只有一年多的时间就因父丧而离开了侯府。

父亲的离世对徐昆来说无异于大厦倾倒。二十四年来，他的全部生活内容就是读书作文，诗酒度曲，根本不知当家立计之事。父亲去世，作为徐家的长子，他理应担起家庭的重担。但从以后的情形来看，徐昆并没有因为生意和家务而影响科考。他仍然把全部的时间和精力用在了求取功名上。这是因为徐老爹为了让儿子能安心举业，生前早已把山东的生意、家乡的田产、家务琐事都一一作了妥善的安排。在徐老爹心里"万般皆下品，唯有读书高"，万贯家资不如一峨冠博带。

父亲带着遗憾走了，徐昆的丧父之痛外又增添了几分愧疚。以后，徐昆从廪生到贡生、从贡生到举人、从举人到进士，在科举道路上艰辛跋涉了二十七年。他对科举的执着不为"功名"、不为"利禄"，只为完成老父亲的遗愿！

《清通礼·丧制》规定："凡丧三年者，百日剃发，仕者解任，士辍考。"这就意味着在服丧期的徐昆，不能参加第二年的乡试了。徐昆打算潜心苦读四年，以备战乙酉年乡试。

按照临汾当地风俗，居丧百日之内是不能出门拜客的，徐昆在家守制读书。他的那些朋友们倒是经常来来往往，陪他一起吟风咏月，研墨作字，以慰寂寞。

正是三月初三，古称上巳节。大地返青，河水开流，猫了一个冬天的几个年轻人早就憋不住了，这天，他们相约来到离徐昆家不远的尧帝陵。

未及山门，远远就能望见那高高的封土，据说是当年尧王下葬时，万民掬土而成的。山门为阁楼式戏台通道；入山门，东西建有看楼、神库神厨；正中为木构牌坊，斗拱层叠，飞檐凌空，由两柱平地托起。谒陵至此，"武官下马，文官落轿"，故亦称"下马坊"。牌坊正中匾额，南书"平章百姓"、北题"协和万邦"。仪门之北为献殿；东西为配殿，献殿往北，登石阶，入碑亭，可见亭正中竖立着明万历十二年秋，钦差兵巡河东副使栗在庭手书的"古帝尧陵"四个大字的石碑。字迹笔力雄健，庄重古朴。整个陵园建筑布局紧凑，结构巧妙。陵园祠宇相传为唐初改建，此后历朝均进行过修葺与补建。每年春秋二祭相沿不废，祭祀时节，逢会唱戏，商贾云集，百艺献技，香火繁盛。

徐昆他们来时，正赶上清明祭尧大典在即，陵园内外正忙乱着。看到徐昆一行，陵园管事的人忙迎了上来，徐昆让随行的家人将车上准备好的祭品卸下来，又按例送上了银票。他吩咐管事的，收拾好一间净室，他们要在此喝茶休息。管事的接过银票，谢不释口，忙指挥手下打扫房子，烧水沏茶。

趁着这功夫，徐昆便领着伙伴们在陵园内游览。

进得大门，徐昆指着牌坊前的几棵柏树说：这一共是七株，叫七星柏。你们看，它们的排列是不是呈北斗星的形状呢？大伙一看，果然是北斗星的布局，不由啧啧称奇。徐昆笑着说：这只是一景而已，尧陵有八景，我且带你们逛逛。他领着大伙边走边解说——

陵北的祖山是尧陵八景之首的"灵岛春荫"，巨石间遍植翠柏，即使寒冬早春，亦绿荫覆盖，生机勃然；陵前陵后，古柏耸立，数里之外可见苍翠如蓝，故曰"古柏凌霄"；

绕到陵前，只见一湾清水，水质清冽，鱼虾可数，月缺月圆之夜，山月倒映其间，被形象地称为"清涝印月"；

陵南，有一小山，名曰案山。状若卧虎，头、躯、尾、四肢形象宛然，当黄昏之际有霞光起伏其间，称作"绣岭落霞"；

陵东，悬崖状似梅花鹿，下瞰涝河清流，恰似"鹿岩瞰流"；

尧陵内，还有一处古建筑，叫玉林村。青山绿树，远眺若玉树林立，所以这一景叫"玉林叠翠"。

陵内的景介绍完了，这时，有一细心的友人说："不对哩，这才六景啊。"

徐昆解释说，园外还有二景。其一在距尧陵东五里的下马桩村，传说尧王东巡驻地于此，石上履迹犹存，得名"马迹苔斑"；其二在陵西，陵北有北涝河，陵南有南涝河，两河于陵西交合形成渡口，所以这一景叫"交口烟渡"。②

欣赏完陵内这六景，一行人来到尧陵前行祭拜礼。抬眼望去，陵丘周围云霞如旗，香雾袅袅，透着庄严肃穆和空阔神秘的气息，不禁引发了徐昆的思古情怀。他仰望这高高的陵丘感慨万千："尧王其仁如天，其智如神，功盖千秋啊。"

白时塘说："后山兄，尧王是圣是神，功在天下。我们这些凡夫俗子只有仰视的份。方今上有尧舜之君,下有姚宋之相,大丈夫志在经国,当有所建树才是。"

大伙笑说:"想不到霖川兄一介书生,倒有将军之志啊。"

"你们知道,我最佩服的人是谁吗?"时塘问。

李仰山打趣说:"孙飞虎。"

白时塘"哼"了一声道:"那是贼子!"

郝钟秀取笑道:"张生。"

白时塘不屑一顾地说:"那是庸才!只懂闺阁风情,毫无济世安邦之志。"

这时,徐昆笑道:"霖川兄,你借我的那本《淮阴侯传》该还我了吧?"

白时塘"嘿嘿"一乐:"知我者,后山也。是啊,我所敬的唯有淮阴侯韩信。"

淮阴侯韩信,西汉开国功勋,中国历史上杰出的军事家。据《淮阴侯传》载:未发迹之前,曾"寄食漂母",受"胯下之辱"。秦末参加反秦斗争投奔项羽,未得到重用。后又投奔刘邦,见刘邦也不重用自己,便逃走了。萧何听说韩信逃走,情急之下,来不及向刘邦说明情况就连夜去追。这就是有名的"萧何月下追韩信"的故事。

在萧何的力荐之下,刘邦拜韩信为大将军。在楚汉战争中,韩信发挥了卓越的军事才能。汉朝建立后刘邦解除了韩信的兵权,徙为楚王。后来,吕后与相国萧何合谋,借口韩信谋反将其骗入长乐宫中,斩于钟室,夷其三族。这就是"成也萧何,败也萧何"典故的由来。

韩信是中国军事思想"谋战"派代表人物,被后人奉为"兵仙""战神""国士无双""功高无二,略不世出"。作为统帅,韩信率军出陈仓、定三秦、擒魏、破代、灭赵、降燕、伐齐,直至垓下全歼楚军,无一败绩,天下莫敢与之相争;作为军事理论家,他与张良整兵书,并著有兵法三篇。他和张良、萧何,被誉为"汉初三杰"。

白时塘自小就有着"文安邦,武定国"的雄伟志向。这次京试后,又被授予"正蓝旗教习",虽然还在家侯缺,却无时不表现出他的报国之情、济世之志来。这半年几乎把徐昆"贮书楼"内历朝历代精忠报国的志士列传通览了一遍。

正谈笑之间,管事的遣人来说房间收拾好了,请他们过去。

还没进门,一缕清幽的茶香就飘了过来,屋子里,小炭火炉上一把精致的陶壶正"嗤嗤"地冒着热气。

徐昆说:"今天是上巳节,只因我热孝在身,不能'曲水流觞',只能'咏诗品茗'了。"说完,转向白时塘:"霖川兄,别憋着了,把你咏的淮阴侯诗集拿出来让我们欣赏欣赏吧。"

白时塘一边从怀中取出诗稿一边讪讪地:"你咋就知道我写完了?"

徐昆笑了:"我还不了解你吗?就刚才你一问你所敬佩的人是谁,我就知道你不但写完了,而且是带来了。"

白时塘有些不好意思地说:"还不能成集,只有三十首。"

当大家把这三十首绝句细细品赏完,不由得啧啧称奇:这可不是随随便便咏出的三十首啊,而是将《史记·淮阴侯传》的全部内容,从韩信"寄食漂母"到"夷灭宗族",分为三十个题目作诗。其奇妙之处就在于用韵,他将《平水韵》中的三十个平声韵,从"一东"起至"十五咸"止,一首一韵,而且是按顺序吟咏的。

李仰山脱口道:"霖川兄,佩服!佩服!难怪蒋学政称你是'状元才',难怪选你为优贡,得让清宜兄看看,看他那个奇才比你这个奇才如何?"

此话一出,大伙儿都沉默了,李仰山也自知失言。徐昆问:"我居丧不满百日,不能去探病,不知清宜兄的病咋样?"

白时塘和卢清宜是同乡,他说:"这段时间我倒是常去,这种病本来就是要静养的,他还是不肯放下书本,仍是读书作文,身体是每况愈下啊!"

众人听了,不由一阵唏嘘。

卢清宜,襄陵人,和他们都是平阳学府的同学。聪明迥绝,十四岁考中秀才、十七岁为廪生,县、府、院三试冠军。他自幼裁诗,工于乐府,其诗最大的特点就是想象奇特,造句奇隽,韵险字奇。人称"卢奇才"。徐昆很欣赏他的诗文,相处时间长了才知道卢清宜这"奇"字后面所付出的心血。徐昆形容他写诗作文:句句"缔思十稔",篇篇"呕心数升"。

卢清宜家境贫寒,他一心想通过科举"庶副凌云志,一变从前野鹤姿",从而改变自己和家庭的命运。他奋志苦读,把全部的时间和精力都放在了诗赋和时艺文章上。他是徐昆众多的好友中唯一一个不通音律的——寒门学子没有那份雅致,但这并不影响他们之间的友情。卢清宜虽不会度曲,却是修改词文的高手,每次他们都会把填好的词让清宜过目,凡经由他改动的词句,往往有着画龙点睛之妙。

徐昆最后一次见到卢清宜是在他去北京的前夕,地点就在城北高河店的徐家别院。

这是一个月圆之夜。日子是卢清宜挑选的,他说取的是"共看明月应垂泪,一夜乡心五处同"之意,专门为他和时塘饯行的。因为那夜在高河店喝饯行酒的有徐昆、白时塘、李仰山、郝钟秀、卢清宜,正好五人。

人不多,但都是知心知性的挚友,只在里屋设了一席,酒菜是从外面的酒店叫的。酒过三巡,菜过五味之后,热情正炽。已有几分醉态的白时塘拿出刚才写就的一首咏月诗,大声吟诵着,大伙也击节相随,唯有清宜微笑不语。

"卢兄,又有何指教?"时塘知道清宜有话要说。

"指教谈不上,不过,你们为什么老是跳不过古诗的束缚?一说月亮,就是玉轮、银盘、蟾蜍、素娥。我听你们唱曲时不是有'冰轮涌,玉镜磨'的唱词么……"

一语未落，大伙齐声叫好。时塘道："瞧瞧，这听曲的比咱这谱曲的还通词意呢，卢奇才，真鬼才矣。"

清宜也不客气，欣然说："我自是李贺李长吉转世呢。"

快人快语的仰山脱口道："李长吉，可不吉哦，英年早逝。"

清宜笑道："无妨，李贺死后还被追赐进士呢，我若死后能享此荣耀倒也不错。"

他的话让徐昆掠过一丝不祥，精于诗词的卢清宜，对于李贺应该是非常熟悉的。

李贺，字长吉，晚唐诗人。童年即能辞章，十五六岁时，就以精工于乐府诗与先辈李益齐名，被称为"鬼才"。父名李晋肃，"晋"与"进"同音，因避父讳而无法考进士。他的想象神奇瑰丽、旖旎绚烂。笔下有许多精警、奇峭而有独创性的语言。这都是他的苦吟之作，并非天才的妙句偶得。

关于李贺有许多传说——

据说，李贺每天早上骑着一头瘦驴，背着一个破旧的背囊就出了门，一路信马由缰，心中冥思诗句。想到什么好的句子，就立刻记下来，塞进背囊里。晚上回到家中，母亲将背囊里写满了诗句的纸张倒出来，看到儿子写下的诗句，母亲常常叹息到："我的儿啊，你非得把心呕出来才罢休吗？"

而李贺的死更是被赋予了神奇的色彩。李贺自幼体弱多病，二十七岁因病去世。传说他临死时，见天帝派绯衣使者相召到天上白玉楼作记文。又传，其母一夕梦见李贺，说他正为天帝作白瑶宫记文。昭宗时，韦庄上奏请追赐李贺进士及第，赠补阙、拾遗官职。

然而，徐昆怎么也没想到，这竟是一语成谶。

徐昆到北京后，尽管杂事缠身，与清宜的书信往来还是很密切的。在信中，清宜与他作诗和韵，交流文章心得，却从来没提到过自己的病。直到他接到白时塘的来信，才知道卢清宜得的是肺痨。要知道，肺痨在当时就是绝症啊，一时，他欲哭无泪！他知道，清宜的病是他每日"咽咽学楚吟，病骨伤幽素"所至。

而远在北京的徐昆能做的就是一次次地托人送去银子，希望清宜能得到最好的治疗。在以后的通信中，他俩心照不宣地仍谈诗论文，只字不提生病的事。

徐昆父亲去世时，清宜托人捎来一封信，称"身染小恙"，不能亲去吊唁。徐昆感觉情况不妙，以清宜的性格，凭他俩的情谊，但凡有一份奈何他都会挣扎着来的。但热孝在身，他又不能前去探病，只能默默地祈祷：盼望着清宜的身体能够康复，盼望着还能像从前那样一起把酒言诗。

然而，左盼右盼，盼来的却是卢清宜去世的噩耗！

这天，白时塘来了，他带来了清宜的死讯，还带来了卢清宜留在世间最后的声音。他告诉徐昆，清宜在弥留之际，拼尽全力叫喊着："举人、进士、状元"，然后呕血而死！

徐昆失声痛哭。他的心碎了，碎成两瓣，一瓣为亡父，一瓣为亡友。

父亲带着儿子科考失败的遗憾走了！清宜带着科考未竟的愤恨走了！

科考，如同一根巨大的魔力棒，一头系着皇权，一头系着天下士子的身家性命。它像是一道神符，能让人一步登天堂，也能让人一步下地狱；它还是一味灵丹妙药，能让生者死，让死者生！

徐昆哀叹着，迷茫着，他不知道科考到底是什么，但他深刻地体会到了科考的神奇力量。他要做的、能做的，就是考中举人、考中进士，为父亲，为挚友！

为了鞭策自己，他还把原书斋名"双桐斋"改为"梧斋"。"梧"，"悟"也。改"木"为"心"，不知此时此刻的徐昆是悟出了要"奋志成功名"的雄心，还是悟出了要"势在必得"的决心。

最熟"贮书楼" 昂首据其胜

乾隆二十六年（1761）八月十五，建造了三年多的"贮书楼"终于上梁了！

在民间，上梁是建房中最重要的一环，时间选择在月圆之日，寓意合家团圆。上梁前，要举行一种诵唱"上梁文"的仪式，以祈求根基牢固，诵祝房舍平安长久。民谚说："房顶有梁，家中有粮；房顶无梁，六畜不旺"。可见"梁"在老百姓心目中的重要性，所以每逢上梁都要举行隆重的仪式。

八月十五，正值中秋节，徐昆在家设上梁酒，宴请工匠、乡邻和前来道贺的亲友。这天，徐昆的朋友李仰山、顾昌如、范鹤年、张受一、白时塘、杨维栋、吴克成等也前来祝贺。

梁木被涂染上了红色的漆，这是一根直径近一米、长度四米且上下粗细一致的松木，是徐昆的父亲前年拖着病体亲自去霍山物色好，又托人从霍山运来的，一路颇费了些周折。原本应该将梁木朝下的部分刨平，书写造屋人名及年月吉日。徐昆不忍在这根大梁上动刀斧，另备一块松木屋脊板，上面书写：

"昔 乾隆贰拾陆年岁次 辛巳八月十五日巳时 宅主儒学廪膳生员徐昆 钦赐八品顶戴徐尚 率男凤辉创建 永保吉祥如意福寿康宁。"

二百多年后，当徐家楼院被拆毁殆尽之后，这块屋脊板成了"贮书楼"唯一存留的实物。唯有它，见证了公元1761年八月十五日发生在徐家楼院的这桩盛事——

上午十时整，祭梁开始，人们将贴上红纸的大梁抬进新屋堂前，在供桌上摆上猪头、鸡、豆腐、香烛等祭品，徐昆、徐尚兄弟在司仪的指导下，完成了一系列的祭祀仪式。

祭梁结束，十几个壮汉用绳将正梁捆绑好，待吉时一到，鞭炮齐鸣，上梁师傅高喊"上啊，大吉大利！"大梁被平平稳稳地拉上了屋顶。

这时，几个年轻的匠人站在梁上开始向下"抛梁"，他们把装有红枣、花生、米、麦、万年青等的红布袋，向下抛洒，下面看热闹的妇女和孩子一齐上前争抢着，引来阵阵欢笑声。

徐昆静静地仰望着这徐徐上升的大梁，眼睛湿润了。今天是个吉庆的日子，在这充满了喜庆和祝贺的热闹声中，没有人知道此时他内心涌动的波澜——

徐昆从出生到十八岁，他似乎处处如意——生于富贵之家，有着别人所艳羡的财富；自幼聪敏，有着一般人难得的天分；童试夺冠，轻轻松松以廪生资格入泮。然而，自丙子乡试，幸运之神便再不眷顾——两次乡试，两度落榜；京城游学，寄人篱下；先遭父丧，后失知己。这样的反差平时想想都会痛心疾首，更何况在这特殊的日子里呢？

这边的宴席刚结束，人们便纷纷散去。今天是中秋节，家家都有自己的节日安排。徐昆和他的朋友们也有自己的节目。

八月十五，这个日子对于读书人来说除了是中秋佳节外，还是每次乡试出场的日子。每到这一天学子们都会去祭拜文昌帝君或魁星爷。

今天的读者朋友可能会好奇：该在考试前去拜呀，乞求神灵护佑考出好成绩来，这都考完了还拜个什么劲呢？

关于这点，容我赘述几句：

古代的科举考试和现代不同，考试的科目基本上都是诗赋、文、策、论等，用今天的话来说，都是主观题。能否录取，评卷官和主考官的好恶起着决定性的作用。

徐昆在《柳崖外编·张生》中记录了蒋时庵临案山西蒲坂（今山西永济市）时的一个故事——

蒲坂张生，是个苦心孤诣之士。应童子试时，作文必十易其稿方成佳作。当时的知府周景柱对此深为赏识，府试时其他的考生都交完卷了，只有张生还在答卷。院试规定不能延长考试时间，而张生文思迟钝，至日落不过三四稿，文章还在通与未通之间。周知府破格无限制地延长时间，自己独坐堂上静静地等，不许任何人去惊动他。直到天明张生才完成答卷。周知府击节赏之，冠为头名。

临案学政蒋时庵也是个爱才之人，头名的卷子他每场必阅。当阅完张生的卷子后大怒，认为文章不佳，不能取。周知府也发怒了，持卷力争。最终被蒋学政摈弃，没取到头名。科试时，周知府又将张生的卷子放在最上面，以为头等，而蒋学政仍发怒不取，周知府又一次争而无果。蒋时庵留任山西学政六年，张生四试皆不取，而周知府四次府试皆取为冠军。张生虽中了秀才，却没有通过科试，终生不得一第。

其实，周知府和蒋学政都是公正廉明之士，只是周知府看重的是"仁而好学"；蒋学政看重的是"智而敏学"。

读过蒲松龄的《聊斋志异》的读者，应该对《聊斋志异》里那些嘲谑主考官昏聩，不能公正衡文的作品印象深刻。其中文字最恶谑的要数《司文郎》了。

《司文郎》的前半部是最精彩的。文优而谦逊的平阳考生和文劣而傲慢的余杭考生同寓报国寺内。寺里又来了一位登州宋秀才，这是个生前怀才不遇的鬼。宋生引导他们去见一位盲僧人，也是个生前为文章名家的鬼。盲僧人有种特异的本领，只要将文章放在他面前焚烧，就能嗅出文章的优劣来。平阳考生王平子先焚自己的文章，盲僧人"嗅而颔之"说"君初法大家，虽未逼真，亦近似矣，亦得中"。然后，让余杭考生再焚自己的文章，盲僧人"嗅其余灰，咳逆数声，曰：'勿再投矣！格格而不下，强受之以膈，再焚，则作恶矣。'"数日后科场发榜，反是余杭生中了。余杭生意气扬扬地来奚落盲僧人，盲僧人说，让他们把考试官的文章都取来焚之，就知道谁是他的老师。他们找来八九篇，先后焚之，前几篇都说不是，焚到第六篇时，盲僧人像嗅到极恶臭之气，忽向壁大呕。说："此真汝师也！初不知而骤嗅之，刺于鼻，棘于腹，膀胱所不能容，直自下部出矣！"其辛辣尖刻真真是骂倒天下考官！

每一场乡试揭榜后，考中了的举人要以"门生"之礼去拜见主考官，感谢主考官的知遇之恩。同出一个主考官门下的举人彼此以"同门"相称，这颇有点"同声相应，同气相求"意味了。

所以，每次考试结束后，学子们都会焚香祷告，乞求能遇着一个"同声同气"的主考官。

徐昆的家乡上村，村子虽不大，文风却很浓郁。当地有一句民谚："过了柳沟坡，秀才比驴多。"据说村子里只有十七头驴却有十八个秀才。在村子的北面有文庙，供奉的是儒家始祖，万世师表的孔子；在村南有魁星楼，供奉的是金鸡独立、手持毛笔的魁星爷。他们一南一北保佑着上村的学子们文运昌盛。

这边学子们焚香祭拜，通诚祷告完毕，那边徐家楼院的南厦厅也摆好了一桌丰盛的酒席。

山西不缺好酒，徐家不缺银子。这一桌肯定是上好的酒、上好的菜。但对于文人士子们来说，光有好酒好菜是不够的，还应该有好诗好词才算得是一席好宴。这不，徐昆早已吩咐下人们在厅的另一端支起了一张大书案，纸、墨、笔、砚准备齐整了。

酒酣耳热，大家早已是文思涌动了。范鹤年自告奋勇当令官："或诗或词或赋每人一首，今天是中秋佳节，句中必得有"月"字。如有不遵，罚酒三杯。"

吟诗作赋对他们来说不是难事，大伙儿都道：有理。

素有倚马之才的范鹤年最先口占一首，擅长书法的杨山夫马上执笔录下：

回忆昨宵吹灯后，
　　朦胧月色上栏杆。
　　一宵妖梦山月起，
　　渐负春风十四年。

随后，杨山夫将自己的诗也录了：

　　客来亦可喜，
　　客去亦可喜。
　　午饭枕锄头，
　　不觉山月起。

白时塘哪甘落后，用他标准的馆阁体写道：

　　风前弄笛韵，
　　月下烹香茗。
　　独坐翠微中，
　　书声落梧影。

再看李仰山的：

　　野旷月荧荧，
　　手把荷叶灯。
　　送郎高河口，
　　天边有曙星。

郝钟秀写的是：

独坐偏怜涝河水，
谁来常住姑射山。
静听泉声赏秋月，
霜风扫叶闻菊花。

一圈看下来，唯有徐昆是抄录的唐代诗人白居易的《望月有感》：

时难年荒世业空，弟兄羁旅各西东。
田园寥落干戈后，骨肉流离道路中。
吊影分为千里雁，辞根散作九秋蓬。
共看明月应垂泪，一夜乡心五处同。

不知缘由的范鹤年拍着手笑说："哈哈，后山兄醉了，你录的前人诗呢，罚酒三杯。"

徐昆二话没说，端起酒杯连饮了三杯后哽噎着说："'一夜乡心五处同'，如今却是'遍插茱萸少一人'啊！"

看到这首诗，白时塘、李仰山和郝钟秀早已泪眼婆娑。其他的人听了徐昆的悲叹也都心情沉重起来。一时，席间静寂无声。

半响，只听徐昆用沙哑的声调唱道："青春受谢，白日昭只。春气奋发，万物遽只。冥凌浃行，魂无逃只。魂魄归来！无远遥只。魂乎归来！无东无西，无南无北只……！"

他唱的是屈原的《大招》。据说是屈原放逐期间，精神烦乱，恐命将终，为自己作的招魂词。

白时塘泣声说："今夜这酒就当为卢兄招魂吧！"说完，举杯三拜，以酒酹地。大伙儿也默默地将杯中的酒洒在地上。

李仰山叹息说:"清宜才华迥绝,立志青云。一心想通过科举荣身进阶,可惜英年早逝,真是造化弄人啊。"

吴衣柳含泪道:"他至死都心有不甘啊,临终前他拼着最后一点气力绝望地喊着,我要举人、要进士、要状元。听着直叫人肝肠寸断啊。"

这时,徐昆目光游离地望着窗外说:"我敬他,爱他,我想要他高中状元,想让他福禄双全,能吗?"

徐昆神情若痴的样子把众人吓坏了,不知该如何回答。他又重复了一句:"我想要他高中状元,想让他福禄双全,能吗?"

"不能",不知谁低低地回答。

"不能?情何忍?我一定要使这不能变成能!"徐昆目光转向众人又说:"这么多年来,我读诗作文、填词度曲难道就没有用吗?我知道,人死不能复生,招魂也唤不回清宜,但我可以借优孟衣冠[23],让清宜从戏中复活,让清宜的福泽禄位在戏中得以延续,让清宜的夙愿在戏中得以实现啊!"

大伙这才长吐了一口气:"后山兄,你把人吓死了,我们还当你得了怔忡之症呢。"

徐昆说:"其实,这个想法我已经酝酿很久了。对清宜我是有愧的,他病重时我没能前去探望,死时我没能前去吊唁。我想用这种方式来弥补我的愧疚,也希望用这种方式来纪念清宜。我要在这个新落成的'贮书楼'里完成这部传奇剧本。"

不久,"贮书楼"全部竣工。徐昆也将书房从西院移到了东院的"贮书楼"。

关于这座被当时的著名学者钱大昕赞为"似辋川"的"贮书楼",当年的盛景我们是看不到了,仅有的一张"贮书楼"的照片,拍摄于二十世纪七八十年代。经历二百余年的风霜,"贮书楼"早已破败不堪。我们只能从徐昆留下诗句中体味当年的奢华：

  天地一洪炉，妄想结为境。我无贔屃㉔力，而有山水性。容膝膝易安，随意意难竟。入梦趣何奢，缘情物即应。幽踪辟梧馆，秀岩移云磴㉕。放眼集窈窕，缩地得肯綮㉖。侧度有超忽，平览亦间净。花石微点缀，风泉互掩映。最熟贮书楼，昂首据其胜。天风吹欲醒，探奇惜多胜。赖有素心㉗人，待我薜萝径。重来篱门开，更穷天外磴。旧宇益开旷，新术任分逆。千劫尘不到，两人缘已证。仙舟泛汪洋，理惬意自称。一望烟波渺，安能罄所罄㉘。

  如今的徐家楼院旧址已经成了一片郁郁葱葱的庄稼地，找不到一丝当年的盛景了。为这段繁华作证的只有那块从"贮书楼"上拆下来的上梁板、几只残缺的鸱吻和瓦当，它们各自感受着二百多年的斗转星移，感受着自己的花开花落……

  徐氏后人说，当年拆下来的梁木都是一人合抱的松树圆木，板材也都是几寸厚的松木板。光是西院五间正房拆下来的木料，就为当时的大院主人、徐昆的第七世孙，换了八孔砖窑娶了八房儿媳妇。"贮书楼"上大量的藏书也在"文革"当中被做了引火柴！

  他说得很轻松，我听着却欲哭无泪。我想说那烧的是历史、是文化、是徐昆一生的心血；我想说那宅院是永远也无法复原的辉煌，它的价值是八十孔、八百孔砖窑也赎不回来的！

  然而，我什么也不能说。毕竟，在那个特殊的年代里，生存是第一位的，一堆书燃烧后的热量能做熟一顿饭，而文化填不饱肚子；毕竟，娶妻生子、繁衍后代是人们最迫切、最现实的需求；毕竟，过去的辉煌罩不住今日的贫穷；毕竟……

是啊，在这二百多年里，在接连不断的战争、灾荒、人祸中被毁掉的又岂止是一座"贮书楼"？

注释：

① ②③④⑤⑥ 均见《柳崖外编》。（作者注：本章中的引用的诗和文字如果没有特别标注，均摘自《柳崖外编》）

⑦《红梨花·窥醉》——杂剧剧本，元张寿卿作。全名为《谢金莲诗酒红梨花》。

⑧《长生殿·闻铃》——杂剧，清初戏剧家洪升所作。"闻铃"为其中一出，是昆曲的传统折子戏。

⑨宫、调——是音乐的各种调式，宫调不同，音调就不同。十二宫、七十二调，共为八十四宫调。但俗乐多不全用。常用的有五宫（仙吕、南吕、中吕、黄钟、正宫），四调（大石、双调、商调、越调），合称九宫调。这里所说的各宫各调应该是这九宫调。

⑩板眼——传统唱曲，以鼓板按节拍，强拍击板称作"板"，次强拍、弱拍均以鼓签击鼓或以手指按拍，称作"眼"。

⑪《黄钟宫·三春柳·暮景》——黄钟宫，宫调名。三春柳，曲名。暮景，三春柳曲中的一折。

⑫范鹤年——见《人物传记资料丛书·华北卷·四十一卷》。

⑬杨维栋——见民国《襄陵县新志·卷十一·人物》。

⑭安清翰——见光绪《山西通志·一五六卷·文学录》。

⑮吴克成——见光绪《山西通志·一五三卷·儒行录》。

⑯王棚鳌——见《江苏省通志稿·职官志·卷十八》。

⑰⑱⑲⑳㉑——均为唐代唐玄宗时的宫廷乐师名。

㉒摘自高树德先生所作《巍峨的古帝尧陵》一文。

㉓优孟衣冠——指登场演戏，亦喻扮古人或仿效他人。

㉔赑屃——传说龙生九子，赑屃其一，似龟、力大、喜负重。古代石碑下的龟形即是。

㉕云磴——登上云天的石阶。

㉖肯綮——事理的要害、关键。

㉗素心——纯洁的人，心地纯洁。

㉘罄所罄——罄，通"倪"，显现。这里是指画表现出所有应表现的东西。

第六章 千秋彩笔属徐郎

觅得返魂香　赋就《雨花台》
缘定问三生　依稀识旧人

觅得返魂香　赋就《雨花台》

徐昆虽自幼耽情昆曲，且精通古文诗词，但听说他要独立完成一部传奇剧本时，仍然遭到了朋友们的极力劝阻。因为，传奇剧本的创作实在不是件容易的事。

首先提出反对意见的应该是顾昌如和李仰山这些曲友们，他们最清楚昆曲传奇剧的创作难度。

昆曲的唱词华美典雅，文学性极高。每一段唱词都是一首优美婉约的诗词，这就要求作者必须具备非常扎实的古典诗词基础。而且，文辞在格律上还要与乐曲协调，而乐曲的宫调又是不断变化的。因此，有人称昆曲是韵文写作中的"皇冠"，它的难度超越所有的文体。

如果这些还不足以让徐昆望而却步的话，他们还能举出下面这些实例证明传奇剧本的创作艰难：

汤显祖写《牡丹亭》时49岁；

李渔写第一部传奇剧《怜香伴》时41岁；

洪昇完成《长生殿》时43岁；

孔尚任历时二十年才完成了《桃花扇》。

然而，这些道理徐昆何尝不知？纵有千般理由令他放弃，但有一个理由让他坚持，那便是"情义"二字！

为情义，他仗义疏财，曾一日散金六千四百两；为情义，他不畏强权，为蒙冤获罪的友人设宴饯行、刊刻书籍；为情义，他要让卢清宜死而复生！正如《牡丹亭》的开篇句："情不知所起，一往而深。生者可以死，死可以生。"

徐昆的重情重义终于打动了朋友们，他们改反对为支持。

顾昌如响应道："好！谱曲我可以帮你。"

李仰山说："找戏班、排戏的事交给我了。"

吴克成马上接道："你写，我帮你誊写书稿。"

平日里少言寡语的杨维栋这时也不紧不慢地说："衣柳兄，你还是当你的美髯公吧，誊写戏稿的事还是交给我比较放心。"一句话说得大家哈哈大笑起来。

吴克成有点不好意思了："嘿嘿，山夫兄揭我短呢。"

这里有个缘故：这吴克成平日里大大咧咧不拘小节是出了名的。常常是连胡须也不剃，胡子拉碴的。后来，他干脆留成了长须，自称"美髯公"①。一次乡试时，他居然粗心地犯了"越幅"的错误。"越幅"就是考生书写卷子，不慎跳过了一幅，造成一幅空白。按《科场条例》，试卷题字错落、真草不全、越幅曳白、涂抹等以违式论。结果，吴克成因违式被勒令出场，本科不准继续考试。这件事在友人当中被传为笑柄。

杨维栋这么说，一来是笑吴克成的粗心，二来也是对自己书法的自信。据《山西通志·一五七卷·隐逸录·国朝》记载杨维栋："博涉载籍，喜吟咏，尤善书法，片纸只字，人咸宝贵之"。

得到朋友们的支持，徐昆应该开心了。但他却开心不起来，因为，还有一件让他更为难的事——如何面对两位母亲。

徐昆是个孝子，从来就没有违拗过父母，尤其父亲去世后，他对两位母亲更是恭顺有加。他知道，自己肩负着光耀门庭的重任，两次乡试失败都是因为他过分沉溺于戏剧的缘故，他已经让父亲失望而去，对母亲他实在是不敢再有半点悖逆了。

不能违背母意，不能抛弃情义，徐昆真的左右为难了。这时，他想到了一个能周旋于他和母亲之间的人，那就是他的妻子高氏。

高氏知书达礼，贤淑聪慧，颇得婆母的欢心，更重要的是，高氏对丈夫的理解。出身于诗书之家的她深知科考的艰辛，对眼前衣食无忧的富足生活已经很满意了，更无意让丈夫去谋取功名、去封侯觅相。

这天一早，高氏照例去北房给两位婆母请安，敬完茶后，她没有走，而是和婆婆聊起了家常："东院竣工了，后山搬到东院读书去了。"

嫡母卢氏说："那边安静，可以安心习书，以备来年的科试，这也是你公公生前所希望的。"

高氏说："婆婆说的是。只是后山如今是居丧期，下一科是不能参加的，要等四年后的乙酉科了。"

生母任氏说："哦？还有这一说啊，我只知道做官的要告丁忧②，这读书人也要告丁忧啊。"

嫡母说："你这一说我倒想起来了，是有这么个说法。"

高氏趁机说道："是啊，四年呢，就那几本书，整天读着也心烦哩，后山说，他想偷空写个戏文哩。"

嫡母道："写什么戏文啊，多温温书吧，老话说，'旧书不厌百回读，熟读深思子自知'，书还怕多读吗？"

高氏说："您说的是哩，多读书倒没什么不好。只是，您是知道您儿子生性的，老是把他圈在家里我怕他会闷出毛病来，那反倒不好了。"

任氏一听这话就急了："媳妇的话有道理哩，咱这儿子从小就是娇生惯养的，别把孩子憋出个好歹来。你看那位卢公子，我听说就是读书太过劳神伤肺才得下这病的。这半年来，我发现这娃就一直蔫蔫的呢。"

听到任氏的话，卢氏不再言语了，寻思着：这儿子毕竟不是自己亲生的，本来就有"隔层肚皮隔重山"之嫌，如果一味地强迫孩子读书，真憋出点毛病来，自己就真成了徐家的罪人了。

高氏看到嫡母沉思不语，知道她内心已经松动了，忙说："母亲放心，您儿子脑子灵，这几部书他早就烂熟于心了。您没听戏文里唱'甘罗十二为丞相[3]，梁灏八十中状元[4]'吗，这求取功名不在乎读书时间的长短。再说，这写戏文也就一年半载的，误不了考试的。"

卢氏说："我也知道，这写戏文的人都是有能耐的，我只是怕耽误了科考。你要这么说了那就依你们吧，只是说好了，就一年时间，写完了就安心习书。"说完，吩咐高氏：叫后山前来听话。

高氏兴高采烈地来到东院的"贮书楼"里，把刚才和婆婆的对话给丈夫学说了一遍。

"啥？一年半载？"徐昆瞪大了眼睛。

"啊，咋啦？"高氏有点不解地问，徐昆看着妻子兴奋的神情，只得把话头生生地咽了回去，说："行！豁出去了，大不了掉几斤肉呗。"

于是，徐昆在母亲面前立下了军令状：一年之内写完戏文！这对徐昆来说，无疑又是一次极限挑战！

近代戏曲理论家吴梅曾点评《雨花台》说："作者究非吴侬，且又才力薄弱，时有捉襟见肘之态。"[5]并指出，《雨花台》有东施效颦之嫌。

我个人以为吴梅先生的批评有些偏激。昆曲到明清时期就已经成了

"剧坛盟主"，是全国性的大剧种而不再是地方小戏，与作者是不是"吴侬"没有关系。事实上，明清时著名的昆曲戏剧作家都不是吴人，如：汤显祖是江西人、孔尚任是山东人。

至于"东施效颦之嫌"，那只是吴梅先生个人的理解。绝大多数作家，无论将来怎么自立门户，甚至开宗立派，他早年都受到过他所尊崇的作家的影响，其早期作品中或多或少地有模仿的痕迹。而且，越是喜欢某一类或者某一个人的作品，其模仿的痕迹就越明显。这似乎是每一个成功的作家都有过的经历。而这种模仿的过程，本身就是学习和提升的过程。

徐昆最崇拜的戏曲家是明代杰出的戏曲家、文学家汤显祖，最喜爱的昆曲剧目是汤显祖的代表作《牡丹亭》。

徐昆初作《雨花台》，借鉴和模仿了《牡丹亭》的表现形式和一些创作手法，我以为这恰恰是徐昆的聪明之处。正所谓"学其上，仅得其中；学其中，斯为下矣"。⑥《雨花台》能在当时获得高度赞誉，能穿越二百多年的岁月仍萦绕于今，也正是因为徐昆的"学其上"。

徐昆的友人冯邮在对《雨花台》的评价中写道："清腴不让《桃花扇》，幽艳全分玉茗堂。"友人吴克成也评价说："牡丹亭畔香仍在，玉茗前身恐是君。"这"玉茗堂"是汤显祖辞官归家以后修建的，用来写作、会客、家宴和演戏的场所。

可见，当时徐昆模仿《牡丹亭》的创作是坦坦然然、毫不掩饰的，而且也是得到了时人认可的。徐昆也曾坦言，之所以萌生出借戏剧让卢清宜复活的想法，正是来源于《牡丹亭》。

《牡丹亭》又名《还魂记》，剧中的女主角杜丽娘是南安府太守杜宝之女。一日，游园赏春时在花园中睡着了，梦中与一名年轻书生在牡丹亭中相遇、相爱，并以身相许。醒后终日寻梦不得，愁闷消瘦，一病不起，中秋夜命归西天。临终前将自己的自画像埋在太湖石下，吩咐家人将自己葬于梅树下。三年后，岭南书生柳梦梅赴京应试，借宿梅花观中，在太湖石下拾得杜丽娘画像，杜丽娘化为鬼魂与柳梦梅幽会，引导柳梦梅掘坟开棺，杜丽娘复活。随后柳梦梅赴京赶考并高中状元，杜丽娘和柳梦梅二人终成眷属。

在卢清宜去世后很长的一段时间里，徐昆一直不愿接受这个现实。他觉得清宜没有死，就在离他不远的某处。当他斟词酌句时，能听到清宜一语中的的点拨；当他花间独酌时，一抬头就能看到清宜和以往一样步履轻盈地出现在小径的那一头。他甚至怀疑，那天白时塘来报清宜死讯，只是他的一个幻觉。直到清宜"七七"那天，他真真切切地站到了清宜的坟前——坟头已是青草凄凄，荆榛满地了！

徐昆肝肠痛尽，泪如泉涌。此景此情，令他不由得想起了《牡丹亭·回生》一出中，柳梦梅来到丽娘坟前，掘坟开棺请丽娘返生时的一段唱词：

"玉人何处？玉人何处？近墓西风老绿芜。《竹枝歌》唱的女郎苏。杜鹃声过锦江无？一窖愁残，三生梦除。"

汤显祖在这里展开了他的想象——

"这三和土一谜锄。小姐呵，半尺孤坟你在这的无？"

"咳，小姐端然在此。异香袭人，幽姿如故。"

于是，杜丽娘复活了。"且在这牡丹亭内进还魂丹，秀才觅裆。待俺凑些加味还魂散。"

哦，此刻的徐昆多么希望"能得起死的仙方，把他那幽魂儿重解脱。"那样，卢清宜就可以像杜丽娘一样"似倩女返魂到来，采芙蓉回生并载"，还可以像柳梦梅一样做个"擎天柱，架海梁"，中个"钦点状元郎"。⑦

徐昆知道，那是戏！这人世间就没有起死还魂丹。要清宜死而复生，要清宜高中状元，只能在戏台上。想到这里，徐昆慢慢仰起头，将泪水一滴一滴吞咽下去——当泪水不再能替你释放什么，抒发什么的时候，它必然会承载什么，担负什么。

徐昆知道自己该做什么了——借优孟衣冠，补清宜素志！

如此情谊天高地厚，胜过伯牙为子期摔琴！

关于剧名"雨花台"的来历，从现有的资料中我没有找到确切依据。但不妨想象一下——

传奇剧的重点就在于一个"奇"字，徐昆在读了大量的前人传奇剧本后发现，所有传奇剧里，创造"奇迹"的超自然力量无非是"神仙、鬼、佛、道、侠"。于是，徐昆首先要做的事就是收集和查阅有关书籍，这对徐昆来说太简单了。

当初他建"贮书楼"的目的就是想做一个藏书家，他和太原、临汾、北京的书刻坊都有联系，新版的、绝版的、孤本的，只要是好书，书坊都会送目录来。不消说，徐昆的案头一定堆满了这方面的书籍。

这一日，徐昆随手从案头抽出一本书来，那是关于南朝梁武帝痴迷佛法的故事。

"南朝四百八十寺，多少楼台烟雨中。"从字面上来看，这是诗人杜牧描写南朝遗留下来许许多多的佛寺在细雨中若隐若现。但在这优美静穆、朦胧迷离的画面背后，诗人暗讽的是一心佞佛的昏君——梁武帝萧衍。

梁武帝痴迷佛教的程度堪称千古第一人。他在位五十年，曾四次舍身寺庙，每次都是大臣捐钱上亿把他赎回。可惜，这位梁武帝最终因沉溺佛法，朝政荒废而亡国。

公元549年，侯景叛乱，梁武帝最后被活活饿死在台城。如此看来，各司其职、各行其责也是佛祖的初心啊，对于因沉溺佛法而玩忽职守的梁武帝，佛祖也不保佑哟！

梁武帝身边有一位叫云光法师的高僧。传说他自幼出家，虔心向佛。修成正果后，云游四海，讲经说法，但听众信徒总是不多。一日，路见一个老妇人，交给他一双麻鞋，告诉他说，穿上这双鞋再去四处讲经，什么时候麻鞋破烂了，就在当地安顿下来，设坛传授佛法，定能成功，说完老妇人就不见了。法师知是菩萨指点，就照此去做，但鞋总是不烂。一天，他来到位于今天江苏南京城外的一座石岗子上时麻鞋突然烂掉，法师心领神会，就地住下来。看看四周，青山绿水，寺庙林立。云光法师就在这石岗子上设下经坛，焚香说法，果然听众云集，信徒风从。

有一天，法师正在讲法，天上竟落花如雨，异香扑鼻。这花也怪，慢慢化作五彩卵石，斑斓悦目。后人有诗赞曰："说法高僧静不哗，缤纷天上雨奇葩。至今台畔灵岩石，犹作斑斓五色花。"唐朝时，人们根据这一传说将石岗子改名为"雨花台"。

这个传说给了徐昆灵感：云光法师的精诚感动了佛祖，天降花雨以显神灵，而自己，不正是要以真情感动神灵，让清宜返魂吗？

他把自己的想法告诉了好友李仰山。李仰山一听拍手叫好："好一处雨花台！雨花对牡丹，台对亭，工整！他《牡丹亭》乞灵于鬼，你《雨花台》乞灵于佛，后山兄，妙哉！妙哉！"

乾隆二十六年（1761）秋，徐昆在新落成的"贮书楼"内，开始了他的第一部传奇剧《雨花台》的创作。

徐昆的书桌前挂着一幅字，是卢清宜亲自抄录的北宋皇帝宋真宗的《励学篇》。

富家不用买良田，书中自有千钟粟。
安居不用架高堂，书中自有黄金屋。
娶妻莫恨无良媒，书中自有颜如玉。
出门莫恨无人随，书中车马多如簇。
男儿欲遂平生志，五经勤向窗前读。

徐昆每天落笔之时，总是要对着这幅字凝视半晌。这幅字是他和白时塘起程去北京的那天清晨，清宜匆匆赶到高河桥头送给他的。只是那时他的心思全在"一别关山万里"的离愁中,并没太在意,就随手塞到了箱箧里。到了北京后心乱事杂,也就忘了。直到清宜死后他才想起来,于是,请人装裱好挂在书房里。

一句"学而优则仕"成了读书人寒窗前的灯塔,成了读书人人生长河上的航标。读书为做官,这是一句毫无掩饰的话,尤其是寒门学子,这是出人头地的唯一希望。

徐昆终于明白,"功名"二字对于出身贫寒的卢清宜来说,比生命还重要。

如今,睹物伤怀,徐昆不免思之凄然。他展纸挥毫:

> 茫茫四大谁把世情看破,祈苍天无奈何,何嘱笔尖偏允诺书齐几坐。叹良友绮岁霜凋,这痛怀如何可墨轻磨。摊蔡纸慢咏哦,却人间怨气愁魔,教才人腕下重生再活,虽是些浮语蔓词徐识多情是我。

这是《雨花台》的开篇之句。作者非常明确地表达了"叹良友绮岁霜凋"⑧"教才人⑨腕下重生再活"的写作目的。尽管作者明白这"虽是浮语蔓词"的传奇剧,但还是希望写实的成分多些,这样才更能排遣自己的"怨气愁魔",更能引起读者和观众的共鸣。

首先是真人真名。剧中的人物,作者大都用的是真名:

卢俭,字清宜;

时霖川,既白时塘,字霖川;

钟毓英,既郝钟秀,字毓英;

林莺儿,平阳一妓女。崔桂林在剧本第十二出的眉批上写道:"但闻此妓曾经是清宜赏识";

郅情,至情也。好友崔桂林评价徐昆:"徐后山,至情人也"。显然,剧中人郅情便是徐昆自己。

其次，背景真实。徐昆把这个传奇故事的背景放在刚刚发生的"乾隆皇帝第三次朝礼五台山"这个真实的历史事件中——

据《山西通志·巡幸记》第八十二卷记载：乾隆二十六年二月"上谕，从前二次巡幸五台，帐殿周庐，随常顿宿。今春巡抚鄂弼于菩萨顶侧建盖行宫，并台麓寺旁添设坐起数楹，以备安憩。虽臣子之情，而询其工料所费，乃出自伊等养廉。夫朕既不许派累百姓，而各官养廉原为办理公务及薪水之资。今以捐建行宫，则甚不可。著于从公项内拨赏银二万两，以供鸠工饬材之用"。

乾隆皇帝曾六次朝礼五台山，敕赐珍物，兴建行宫，靡事奢华，耗费了不少人力、物力和财力。徐昆在《雨花台》的第十三出《护台》和第十五出《迎銮》中着力表现了乾隆皇帝西行时的盛大场面。

第十三出《护台》描绘了为迎接皇上朝台，文殊菩萨招天上诸神前来五台保驾护航：

(净) 山神何在？
(杂扮山神舞上) 有何法旨？
(净) 圣驾西行五台，凡属五台山境，俱要你暗中扈从⑩，不得有误。
(杂) 得令！(下)
(净) 风伯何在？
(杂扮风伯舞上) 有何法旨？
(净) 圣驾西行五台，你需用清风驱尘，兀得有误。⑪
(杂) 得令！(下)
(净) 雨师何在？
(杂扮雨师舞上) 有何法旨？

（净）圣驾到来，已命风伯清尘，你可用细雨洒道，不得有误。

（杂）得令！（下）

（净）腾六何在？

（杂扮雪神舞上）唤小神到来，有何使用？

（净）俺因圣主勤民，志切桑麻，你可待驻跸[12]之后，降瑞雪三尺，以慰圣情。

而在第十四出《迎銮》中，徐昆为我们再现了当时文武百官迎候圣驾的宏大场面，和平民百姓通过各种表演来迎接皇上銮驾的热闹场景——

（小生）你看红尘滚滚，迎驾官员来也

（生丑）我们立在高处看看（生丑小生俱高立介）（内鼓吹 杂扮四官袍笏驰马绕场一匝下）

（生丑）这里迎驾官员好不热闹也

（丑）前面锣鼓喧天不知是怎生热闹哩

（生）我们向前看看

（小生）使得

（合唱）听声哗一呱，听声哗一呱，笙歌互皆欢腾中外

（生）原来是一个竹马来了，我们立在高处去看（立高介）

（杂扮四竹马骑上绕场数匝下）

（小生）原来是个太平百姓扮些故事以娱圣目（内鸣锣鼓介）

（丑）前面不知是什么故事一法赶上看看

（生、小生）使得

（合唱）比元宵更塞，比元宵更塞，高登显升平世界

（小生）原来是一个花灯，我们看了再行（立高介）

（内鸣锣鼓杂扮灯夫各持灯笼绕场舞介）（百城天下太平四字介）（再舞数匝下）

（小生）这里灯笼摆成"天下太平"四字更为切当。

第三，事件真实。徐昆在第二出《饯友》里，安排卢清宜出场时，真实再现了卢清宜为他和白时塘于高河桥头饯行的场景：

小生卢俭，表字清宜，襄陵人也。有两个契友，时霖川，郅慰夫，真是风尘知己，骨肉同胞。登高作赋，把臂吟诗，或饮花间，或歌胙。自念此乐，只是霖川兄为保举优贡上京廷试，郅兄约我在高河桥头奉饯。

第七出《卖诗》中，写白时塘卖他所做的《三十首》诗集。这也是真实的。崔桂林在眉批上注："壬午春，白君以此题移徐君，彼时闻白君《三十首》已谱成，惜乎予未见也。"

卢清宜与妓女林莺儿的关系也是真实的。第十二出《固盟》中，林莺儿的科白："窗敲白雨眠难稳，被拥红云梦欲迷。"据崔桂林眉批所注，正是卢清宜赠给林莺儿的诗句。

第四，情真。友人崔桂林在给《雨花台》作的序中写道："殆徐君哭尽哀情未尽，复借优孟衣冠，补清宜素志，按曲协调，作为是剧。"杨维栋作序时也说："才贯催人死，情每令人生……卢生才而竟夭其天年。徐子情无可诉，作《雨花台传奇》以当《大招》。"

在《哭友》一出中，徐昆借郅情之口，哭诉道：

【正宫 端正好】郅情唱："哥哥再不得重见你，夜回吟，与你把诗书课，大数未救莫何如，只见你连喷热血胸难过，把一株天树来生摧挫。

真真的字字锥心，句句泣血！直哭得江河悲咽、日月无光；直哭得天昏地暗、鬼泣神惊！

在戏剧里浸淫了十几年的徐昆更清楚，戏剧不是日事录，真实只是戏剧产生的基础，运用离奇、巧合、出乎意料的情节凝结成矛盾和冲突，激起观众强烈的情感反应才是戏剧的生命。徐昆必须从平常中发现离奇，从必然中求得偶然，从不可能处寻找可能。

《雨花台》的创作思路虽然仍沿用了才子佳人—死而复生—金榜题名—洞房花烛这一传统模式，却也道出了徐昆、卢清宜这些平民知识分子人生的最高理想。

《雨花台》全剧共三十二出。"清宜之死"是全剧的高潮，也是最悲情的部分。徐昆用虚实结合的方式，设置了这样的情节：

得知乾隆皇帝要来山西五台朝拜，卢清宜与好友郅情觉得这是一个取得功名的绝好机会，并相约去五台为皇上献赋，以期得到皇上的赏识。

"献赋"这个词今天的人们感觉都很陌生，其实这个词在古代也不是热词。"献赋"是一种荣身方式，是指作赋献给皇帝，以求取功名。但这种机会极少，只有在重要的大型国事活动时才有机会献赋。

唯有唐代，唐太宗不拘一格选拔人才，所谓"天下英雄入吾彀中矣"，将科举、门荫和献赋作为入仕的三条途径。我们非常熟悉的"诗圣"杜甫就是通过献赋进身入仕的。不过，这"献赋"比科举考试的成功概率还小，不但得有些真才实学，而且还得有几分运气才行。晚唐诗人钱起有一首《赠阙下裴舍人》，诗中就有"献赋十年犹未遇，羞将白发对华簪"一句。钱起与韩翃、李端、卢纶等号称"大历十才子"。就这样的才学都"十年犹未遇"，可见这"献赋"的成功率是极低的。

徐昆认为卢清宜才华显灼，仙才难掩，只是时运乖蹇，文章憎命，三次乡试都名落孙山，所以把这功名事业付于天工。

你看剧中的卢清宜，一想到明天将得见龙颜，激动地唱道：

献赋明时，喜得天颜违尺咫。足履鹓班次，手襭珠玑字，伫看主恩施，忽颁温旨，顷刻腾骞。庶副凌云志，一变从前野鹤姿。

可惜，造化弄人。正当卢清宜充满必胜的自信，憧憬着"指日高登，玉阶花砖罗拜"时，一阵狂风将他的册页撕成碎片，转眼间登云少路，觐君无门。所有的期望灰飞烟灭，强烈的打击使他呕血不止，真真呕血数升，染红了诗赋碎片。他绝望地大哭：

"哎呀，我那苦命啊，我想身无百年不敝之身，名有千古不没之名，功名既立，虽死犹生，功名不立，虽生犹死，这，这，这，渺漫人世徒生，也是枉然，只与赘疣同耳。"

而后泣血高喊"我要举人，我要进士，我要状元"，呕血身亡！

写到这里，我已泪水滂沱。不难想象，徐昆写到这一出戏的时候该是怎样的悲不自持，几番掷笔！

这一日，几个好友又聚在徐昆的"梧斋"。徐昆把写好的前几出戏出示给好友们看时，在座的无不潸然落泪。

张允中含泪说："后山兄，你果真令清宜兄重生再世了！知心至情，才见生死交情啊。"

杨维栋道："康熙年间，临汾有张蒿麓太史，悼其才子方杲之早死，亲演《哭西河》一剧，今有徐后山悼友人卢俭夭其天年，作《雨花台》传奇，真是才贯催人死，情每令人生啊。"

这时，崔桂林把戏稿拿起放下，放下又拿起，一副欲言又止的样子。徐昆见状忙说："燕山兄，你有何指教？"

崔桂林说："后山兄，你胸中有包纳万有之才，笔底有牢笼万物之态，故感人如此……"徐昆打断说："燕山兄，我今天请你们来，就是希望你们对剧本提出意见的，你直说无妨。"

崔桂林沉吟了一会儿说："那就恕我直言。在座的除我之外，你们和卢清宜都是很熟识的朋友，知道他'十四入泮，十七食饩，三次冠军'的杰出之秀，了解他'缔思十念，呕血数升'的写作之苦，和三试三败的失意之苦。所以，为他风碎诗赋、呕血而亡感到悲愤难抑。但要演给不了解卢清宜的观众看，光凭风撕诗赋这件事就愤而至死，很难引起观众的共鸣。"

大伙一听，都频频点头称是。徐昆说："所谓'当事者迷，旁观者清'啊。燕山兄的一番话点醒了我，在写作过程中，我的确只顾及自己的情感，没有考虑到观众的感受，只是，崔兄，还得请教你，如何改呢？"

崔桂林说："希望越大，失望就越大。只有加大卢清宜献赋的成功希望，后面的剧情就好衔接了。"

徐昆道："言之有理。"

于是，徐昆安排了一场"卢生与道士邂逅"的戏——

献赋途中，卢俭在酒肆里遇到一个没钱喝酒的疯道士，这道士从酒保手中夺缸豪饮，卢俭见道士如此豪放，定非俗人，便请来同饮。道士为答谢卢生，主动为他看相："单以相论，则面已列百部之灵居，通五脏之神路。……我看你颜如冠玉，声似洪钟，只这额齐发黄，定主聪明后良；……你双手修长，定主领袖文章；……常道耳长过面，名标虎榜；睛黑似漆，身到风池，我料你将来可以大魁天下。"

若只是这道士的相面术语，完全可以当成疯话来听，不足以信。于是，徐昆又加了点猛料，让这疯道士干了两件疯事：醉后将呕吐物全都吐到水井里，又在酒肆的白墙上胡乱画了几枝梅。不想，奇迹出现了：

哎呀，这井水怎么扑鼻的清香，与酒一般。

正是，竟比酿成的酒还胜。

再看这画壁上，梅映月色兀兀生动，分明是神仙下凡，我们快取香烛祝告便了，正是逢仙始识乾坤，大观面堪羞眼界。

卢俭这时恍然大悟：原来这疯道是神仙下凡，专为点化我而来！

好了，一切都顺理成章了：皇帝五台朝佛，卢俭循例献赋，既有难掩仙才又得神仙点化，卢俭料定此番定能大魁天下。然而，恶风偏恣，空负高志命蹭蹬。"献赋不成，万事皆休。兀得不气气气煞人也。"卢俭自知性命不保，向郐情和钟毓英两位同行的好友交代后事："自幼读书实望建名立业，不负此生，谁知命运乖蹇，三战棘围荐而不售，今日又遭遇此风祟，心血呕尽，料难复生，舍下有兄弟数人，定能慰我严亲。待我死后，烦二兄权厝此山雨花台下，以酬山水之愿便了。"

写到这里，徐昆不由得把自己也融入了角色：

"恨那日呵，不能把旋天无定的妖风却，保全你掷地有声的妙赋，空赢得鲜红唾，把一个少年英俊生，扭作老病沉疴。"

唱词情真恳切，一哭三叹。唱者声泪俱下，闻者哀情难抑。

徐昆作《雨花台》的初心虽在痛悼亡友，但我们从他的戏文里仍感到了一种深刻的文人情怀，那就是教化社会——

这时的徐昆虽然只有二十五六岁，进入科场的时间也不长，但他已经对读书人的苦志功名有着批判性的认识：

在《迎銮》这出戏里，徐昆用夸张的笔法描写了卢俭对于功名几近癫狂的状态："圣驾即到台山，我们迅速迎接前去""我们也潜行去""我们再前行便了"，表现了他急切面圣的心情；而"合仙才鬼才，合仙才鬼才，欣圣驾新来，真一日千载""矧皇恩似海，矧皇恩似海，正收罗俊才儒林生快""步天阶玉街，步天阶玉街，越教我展心怀，瀛洲眼前在""信珊瑚网大，信珊瑚网大，指日高登，玉阶花砖罗拜"这一连串的重词叠句，漫画似的表现了卢俭在臆想中享受着博取功名后的无限风光。

卢俭死后三日，在文殊菩萨指示下，达摩用他的神丹妙药使其复生。并明确告诉他，此番劫难，是文殊菩萨因他名利心太重，所以入土三天以示惩戒！

这说明，此时的徐昆已经开始意识到功名的诱惑让整个社会在科举制度下丧失了公平与公正。

在《捷报》一出戏中，钟毓英中了九十九名举人。以前不被士人尊重的钟毓英突然之间成了"名噪一时"的红人：

  钟毓英（白）：偶然走了几步，都说是风流无敌，有人将我文章偷去，并将佳话品题，遇着文字潜出，都认做灵空轻利，遇着文章晦处，都看做拗折奇异，也有那浮滥墨调，便道是揣摩独得，也有那潦草数言，又说是前辈仙笔。

他借钟毓英之口，讽刺了"身份贵贱，教人眼判高低"的世态炎凉，又借风魔之口唱出了名利场上的血腥："正是狞恶难迷龙象法，腥吻还龀利名场。"

这时的徐昆只是一个初试科场的年轻秀才，尚未取得功名。显然，这不是作者的亲身经历，而是来自他对社会现象的体察和认识。难能可贵的是，他对科举制度的反思就是穿越二百多年后的今天，也是具有进步意义的。

接下来，徐昆要为卢俭实现"金榜题名"和"红袖添香"的两个梦想。

《雨花台》在情节的设计上借鉴了《牡丹亭》中的经典设计。《牡丹亭》中的杜丽娘为情而死，亦为情而生，功名是对爱情的奖赏；《雨花台》中的卢俭为功名而死，亦为功名而生，爱情是对功名的奖赏。

第二十一出《回生》，卢俭被达摩所救，起死回生。卢俭得知他仍有参加乡试的机会，非常兴奋。他回到林莺儿所在妓院，竟闻知林莺儿为他殉情的噩耗。

经历了大悲大喜，体验过出生入死的卢俭，这时心如止水，别无旁骛，一心只想科举高中。他决定上京城寻找好友郅情，参加顺天府乡试。天助神授，他终于以乡试第三名的成绩高中举人。第二年春天，卢俭与好友郅情、钟毓英三人又一同进京参加了会试，都榜上有名。最后殿试中，卢俭中了状元，郅情中了榜眼，钟毓英中了探花，三个同乡同学中了三鼎甲，共赴琼林宴。

功名是贯穿全剧的主线，由此而衍生出的爱情副线这时也和卢俭的功名一样峰回路转：林莺儿欲投雨花台殉情，被达摩暗中救下，又巧遇华胥国大将军的夫人乌氏，被乌夫人认作义女。卢俭死而复生，莺儿殉情未果，最后两人在将军府相逢，得续前缘。

最终卢俭功成名就，抱得美人归，遂完成了"金榜题名""洞房花烛"的两个梦想。

徐昆剧本的初稿终于完成了。这天，他又请来众好友，求征意见。

他将剧本递给大伙说："戏文写完了，虽说也是'白日消磨断肠句'，但因时间太仓促，总觉得不如意，大伙儿都是行家，今天请你们来把把脉。"

大家集聚在一起，细细地品评着。这个唏嘘哀叹，那个沉默静思，然后又会心一笑。众人都说，好！真人真事真感情，能拿得住观众，能稳得住场。

徐昆说："我总觉得太单薄，戏嘛，要的就是一波三折，总感觉情节上有些简单，才子佳人的戏上演了几百年，观众也想换换口味了。"

郝钟秀戏谑道："后山兄啊，这卢兄与林莺儿是双双'红绡帐里卧鸳鸯'了，你让我独自"抱膝空咨嗟"也就算了，你郅情咋也'孤衾冷枕长夜寒'呢？"

徐昆笑着对大伙说："你们瞧瞧这毓英兄，就没个正形。"

吴衣柳附和说："毓英兄的建议不错啊，就让郅情与清宜双双金榜题名，双双洞房花烛，岂不更热闹吗？"

李仰山提出了不同意见："建议倒是不错，只是后山兄的戏都写完了，如果加一个角色，连同她的背景、身份和与之相关的人和事，就会破坏原有的完整性，难度有些大。时间也不允许，后山与两位老夫人是有君子协定的。"

徐昆点点头："是啊，兆斗兄所言也正是我所顾虑的"。

这时，一直没说话的杨山夫开口了："这乌夫人收林莺儿为义女，或者并非是没有女儿，而是夫人一心向佛的善行呢？"

李仰山反应极快，杨山夫的话音刚落，他便一拍桌子站起来高声叫好："好！维栋兄！就让乌夫人带着女儿五台进香，救下欲投台自尽的林莺儿，又巧遇前往五台献赋的郅情，入情入理，好！"

众人这时也明白过来了，纷纷点赞。说："太好了，这位小姐的身份背景和周围的人事物理就无须再费笔墨了。"

吴衣柳拍手大笑："后山兄，艳福不浅啊，将军府大小姐配你这位富家公子，也不算辱没你呢。"

杨山夫不紧不慢地分析说："这位小姐一出现，林莺儿得救、郅情红袖添香、卢俭与林莺儿的重逢又多了几分戏剧性。"

徐昆不得不佩服杨山夫的严谨："维栋兄，真难为你想得这么周到。这是莺儿之福，郅情之福，卢生之福，更是我徐后山之福啊。"稍做思考，又说："干脆，这位小姐就叫福娘如何？"

大伙一听都说：嗯，贴切，是位福娘。

前提确定了，线索也明朗了。但在郅情与福娘如何巧遇的情节上徐昆颇费了些心思。

一个是官府千金小姐，一个是平民白衣卿相，这俩人之间在平常的生活中是不可能有交集的。彼此相遇，只能靠一个"巧"字，着一个"奇"字了。

你看《西厢记》，书生张珙游于蒲州，寄宿普救寺，适逢已故崔相国之女崔莺莺与母亲扶相国灵柩回家乡安葬，途经普救寺，也在此停留。这日，张生与崔莺莺在佛殿相遇，两人一见钟情。这着了一个"巧"字。

再看《牡丹亭》，南安太守之女杜丽娘与柳梦梅梦中在后花园的牡丹亭相见、幽会。醒后，丽娘寻梦不见，思春成疾，最终命丧黄泉。三年后岭南才子柳梦梅路过牡丹亭，拾得丽娘画像，爱慕不已，每夜与丽娘的魂魄幽会。这逢了一个"奇"字。

而这郅情与福娘的相遇，也一定得有"奇巧"之缘。于是，徐昆便设置了这样的情节：华胥国大将军之女福娘春日游园，于太湖石旁小憩，睡梦中神人赐言八句："於菟⑬为媒，台山之径，清心识名，至邑见姓，水离文合，鸳盟自订，奉天而来，于飞终庆⑭。"醒后，将其题于帕上。

看到这儿，不得不称"奇"：常听"花为媒""月老为媒"的，哪有以猛兽为媒的？其实，这个奇特的设想，也不算空穴来风。在五台山有一个关于康熙皇帝射虎的典故：

相传康熙第一次朝台，进入五台山地界，但见林木苍茫，水波泛光，红墙黄瓦，殿宇辉煌，康熙帝不由得被眼前的美景所陶醉，下轿观景。忽然，远处一个山凹窜出一只猛虎，惊窜山林，康熙缓弓射之，老虎立毙，从此，此地就名"射虎川"。

当乾隆皇帝第一次朝台时，专门来到射虎川，联想到皇祖父当年的英武，兴奋地写了一首诗：

> 丛莽荒榛霁霭凝，川经射虎仰威棱。
> 孙权却笑为车怯，李广徒闻没石能。
> 讵是雄矜一夫勇，由来圣有百灵凭。
> 何人政致於菟避，到处农桑信可征。

徐昆大胆而幽默地运用了这个典故，"以虎为媒"，让郅情和福娘在荒野中相遇——

福娘自幼多病，曾在佛前许愿，要来五台山为文殊菩萨挂幡。这一日，福娘与母亲远道而来五台山还愿，不料途中被猛虎冲散。福娘孤身一人在荒山野径，不知向何处去。正愁苦之际，遇上了上山葬友而归的秀才郅情。于是，俩人互道姓名，讲述了彼此的不幸遭遇：

福娘道："奴家乌姓，小字福娘，华胥乌大将军之女。奴家同母亲进香，忽被猛虎冲散，渺漫山域，去住难寻，幸遇君子。"

郅情忙答："小生乃平阳书生，姓郅名情。特为献赋而来，只因友人亡故，事遂中止。今日安顿故友骨骸已毕，自山而下，不料遇着小姐。"

然而，在"父母之命""媒妁之言"的婚姻制度下，青年男女婚姻是不能自主的。怎么办？于是，徐昆又安排了一场"奉天而来，于飞终庆"的"天意"——

> 小旦（背介）：这就奇了，前日梦神人所嘱八句，分明是今日之事了，那诗句分明说的是"於菟为媒，台山之径"。於菟是虎，今日因猛虎冲散得与这生相见，莫非就与做媒一般么？又说什么"清心识名，至邑见姓，水离文合，鸳盟自订"。这清字加了竖心，离了水旁，分明言是个情字，至字与偏旁邑字合在一处，分明是个郅字。

"父母之命"大不过"奉天而来","媒妁之言"强不过"神人之嘱"。只这巧妙的一笔,使得郅情与福娘的婚配就变得合礼合制了。

光"合礼合制"还不够,还得"合情合理"。将门千金岂能配布衣书生?状元郎哪能迎娶青楼女子?接下来,徐昆又为他们完成了身份的转换:

林莺儿本是一烟花女子,却"志存贞白,希和桃叶之歌。独弄诗篇,于焉排闷,久温女史,借以养心。"⑮一心想着"何日可离苦海"⑯。

因机缘巧合,她与前去五台献赋的书生卢俭桃园相遇,两人互生爱意。本以为从此就有了依靠,不想造化弄人,卢俭呕血身亡,美梦落空。绝望的她欲跳雨花台自尽,被前来五台上香的华胥国大将军的夫人所救。乌夫人同情她的遭遇,更敬佩她的贞白,将她收为义女。从此,林莺儿脱离苦海,完成了从一个烟花女子到将府小姐的华丽转身。

郅情帮助福娘寻到了母亲。福娘到底年轻不谙世事,以为母亲爱惜自己,平时言无不从,便自作主张,让郅情行门婿之礼,岂不知这一己亲情如何撼得动千年礼教?老夫人见郅情莽撞行礼,勃然大怒:"秀才家,才高心忒辣。狂语枉欺咱,分明是打拐赚人亲姻也。"命店小二将他赶了出去。

姻缘不成反遭辱,郅情意识到乌夫人的棒打鸳鸯是因为"门不当户不对",这更增强了他要考取功名,改变命运的决心。

既是"奉天而来",郅情的科举之路自然顺达。高中榜眼后,他以天朝使臣的身份出使华胥国,拜访大将军府。从《认帕》到《成婚》,他和福娘历经波折最终喜结连理。

令郅情意想不到的是,在大将军府,他居然见到了原以为殉情而死的林莺儿,而更让林莺儿没想到的是,她的爱人卢俭不但死而复生,而且高中状元!

真是巧妙迭出,惊喜连连。

剧末，两对恩爱夫妻相约来到雨花台畔酬谢神灵，完成了"有情人终成眷属"的大团圆！

徐昆做到了！他让卢清宜因《雨花台》而复活，因《雨花台》而永生！

一出《雨花台》字字肺腑真言，句句情深意切。这前世今生的誓约啊，生生世世吟唱了几百年！

缘定问三生　依稀识旧人

乾隆二十七年（1762），徐昆拈毫苦吟一年多的《雨花台》传奇剧本终于创作完成。

《雨花台》剧本一脱稿，李仰山第一时间就赶到了徐昆的"梧斋"，他迫不及待地要把这部戏搬上舞台。

这可真是"皇帝不急太监急"呢，刚刚结束了壬午科乡试的李仰山，没有像其他士子一样留在太原等候发榜，而是风尘仆仆地从省城赶了回来，莫非这部戏的吸引力比他的功名还要大？从某种程度上来说还真是的。

李仰山自从包揽了找戏班、排演出的任务后就开始为《雨花台》做起了广告。他生性豁达，极善交游，又兼演技唱功精臻，平阳的梨园中人没有不知道他李仰山的。这《雨花台》经他一宣传，还没脱稿，就有许多文人墨客纷纷传阅，大小戏班的班主们争相索求剧本，要求排演《雨花台》。

徐昆的友人王棚鳌在为《碧天霞》作序时曾回忆这一盛景："《雨花台传奇》未伏剞劂时已争相传诵。优人求之，几如唐教坊之购李白、昌龄诗。"

不过，这番热闹徐昆没参与。他正闭门谢客，躲进他的贮书楼，两耳不闻窗外事，一心只作《雨花台》。外面的事全由李仰山替他打理着。这不，一听说《雨花台》脱稿了，李仰山可不比徐昆还着急吗？后面一大帮的文人士子、优伶戏子们都在排着队等哩。

看到这里，也许读者们会问，一个名不见经传的年轻书生所写的剧本怎么就能引起文人墨客和优伶们这么大的兴趣呢？这还得从平阳人的戏曲情结说起：

古都平阳，受自古延续的图腾崇拜遗风影响，民间有着深厚的娱神习俗，娱神托福，必以戏酬之，形成了村村有庙，庙庙有戏台、有戏班的壮观场景。著名学者王国维先生在《宋元戏曲史》中写道："（元曲作家）北人之中，大都之外，以平阳为最多……此为文化最盛之地，宜杂剧家之多也。"这里涌现了关汉卿、郑光祖、石君宝、狄君厚、孔文卿、赵公辅等杰出的元杂剧大家。有学者撰文"平阳是中国戏曲的摇篮[⑰]"。其根据是平阳一地至今留存着十三处宋、金、元的戏台，是中国现存古戏台最早、最多、最集中的地区。这种说法是否是一种权威性的定义，或只是一家之言我不敢妄断，但平阳在历史上是一个戏曲活动的繁盛之地却是不争的事实。

平阳人爱看戏爱演戏，对戏曲有着一种根性的依赖，而在乾隆中期，很多戏班都面临着无戏可演的尴尬。

昆曲自明代万历年间，由士大夫从它的发源地江浙带入北京后，很快就成为"剧坛盟主"，被称为"官腔""雅部"。各地酬神谢戏就只能演昆曲，而地方小戏被称为"花部""乱弹"是禁止酬神的。

昆曲的文辞典雅华美，这就要求它的剧作者必须是高水平的文人。而乾隆中期文字狱大兴，让许多才识高远的文人远离了现实文学，逃向经学和考据学，使得昆曲剧作家队伍后继乏人。当汤显祖、李渔、孔尚令这些大师们消逝后，平庸的继任者们只知道按照日益僵化死板的规范进行创作，推出一部又一部面目雷同、毫无新意的作品。昆曲便无奈地陷入了前所未有的沉寂之中。

没有新的剧本，老的剧本又吸引不了观众。昆曲戏班为了生存，只得上演一些花部的地方小戏，在平阳主要是"西曲"即"梆子戏"。小戏不能酬神，昆曲又不能满足观众。这让戏班的班主们左右为难，日子很不好过。得知徐昆写作昆曲传奇，写的又是家乡的真人真事，这"几如唐教坊之购李白、昌龄诗"的盛况也就不难理解了。

　　当剧本划上最后一个句号，徐昆也结束了一年多的创作艰辛，他胸有成竹、信心满满地等待着鸣锣开戏，期待着满场的喝彩声。

　　几天后，李仰山来了，带来的并不是徐昆希望的叫好声，而是班主们提出暂不排演，需要修改文辞的建议。

　　徐昆蒙了！他没想到这么精美的文辞竟然被粗通文墨的班主给否定了。

　　"为什么？"他问。

　　"文辞太雅。"李仰山答。

　　"为什么？"徐昆更加疑惑不解了。文辞典雅精致是昆曲的一大特征，若粗俗俚鄙岂不沦落成杂部乱弹了吗？要知道，徐昆为了这"雅致"二字，可谓是殚智毕精，字字雕琢，唯恐不雅啊。

　　应该理解徐昆的疑惑。他出生于富裕之家，自小就在最好的环境中接受最好的教育。他的生活圈子里不是达官巨富就是文人雅士，很难体会到下层百姓的需求。

　　那么谁能替徐昆解疑释惑呢？我想，他周围的朋友中只有一人可以当担此任，这个人就是杨维栋。

　　在徐昆的众多好友中，杨维栋是唯一一个读书而不仕进，靠舌耕谋生的娴雅之士。他以山野村夫自诩，故以"山夫"为字。

　　杨山夫家境微寒，却聪敏过人，十岁入泮，人称小秀才。他一心希望通过科举入仕改变贫寒下士的命运，不想却屡试不第，非常苦闷。有一次，他向曲沃名士崔望绛先生请教："古人常说'文为造物忌，能文者其身必穷'。昔日孔子作六经，游说列国，却无人赏识以至绝粮无食；孟子述《孟子》七篇，游于齐梁之间，均遭坎坷。至于一般的士人更是如此了。如：元次山以《浯溪碣》穷；陈子昂以《感遇诗》诗穷；王勃以《宜尼庙碑》穷；卢仝以《月蚀诗》穷。其他的像杜子美、李太白这些一流人物也都相望于穷。天地果有此意吗？"

崔望绛先生说："不是这样的。虎豹之文（纹），蔚而腾光，气也；日月之文（纹），丽而成章，精也。所以，文乃精气所萃，而变化生焉。古圣贤及诸才士们的穷，是因为有文才知其穷；不能文而穷者更多，又有谁知道而怜惜？"

崔先生的这番话令杨山夫大彻大悟。从此他放弃了科举，专心吟诗作文，肆力于古。他在家乡设帐授徒，与山野村夫们交好。晚年时更是一作闲云野鹤姿。他不拘规矩，身着红衫红鞋，头戴蒲草帽子，手持鸠杖，望之如仙人。徜徉于山水之间，徘徊于秋林之下，沾濡露华之气。友人曾写诗赠他："水木为庐舍，诗文作子孙。"⑱

只有长期生活在乡村的杨山夫，才最了解下层民众的需求，最熟悉普通百姓的语言。他对徐昆说："你只知道咱平阳府村村有戏台，你可知道这戏台上演的最多的是什么戏？"

徐昆不假思索地说："那当然是昆曲呗。"

山夫摇摇头说："不对，是乱弹梆子戏。"他没理会徐昆的诧异继续说："除了四时节气，春秋两祭外，民间的红白事、满月寿辰等唱的都是梆子戏。"

徐昆说："我知道，那是因为梆子腔唱词粗鄙，娱神不敬。"

杨山夫一乐，说："你真是个不识人间烟火的书呆子！你不知道吧，每次酬神正戏演完，你们这些缙绅老爷和女宾们走了后，社中伶人们又复演梆子戏以悦观众，这一天的戏才算结束，乡民们才能安神了事。"

徐昆更是一脸茫然："那神不怪罪吗？"

杨山夫哈哈一笑说:"酬神演戏,酬的是神,乐的是百姓。神是护佑百姓的,老百姓乐了,神当然也乐了。神如果怪罪,那老百姓还敬他做什么?"

徐昆点点头说:"嗯,有道理。"

这时,李仰山也插话道:"我记得前朝戏剧作家李渔说过,'传奇不比文章,文章做与读书人看,故不怪其深;戏文做与读书人与不读书人同看,又与不读书之妇人小儿同看,故贵浅不贵深',想来是有道理的。"

杨山夫说:"看来前人早有定论,戏剧宜俗不宜雅呀,百姓看戏图的就是个乐呵,看不明白听不懂,谁还会愿意看呢,你说是不是?"

经杨山夫和李仰山这么一开导,徐昆不再觉得委屈,明白了症结之所在,他立刻着手改稿。

知道了病根在哪儿,对症下药,自然药到病除。很快,徐昆将修改后的剧本亲自送到了班主们手里,班主看后,连连叫好,立刻安排排演。

排演过程中,徐昆一直和伶人们在一起,随时听取他们对剧本的意见,随时修改。今天,当我们再次打开这部传奇剧本时,可以看到科白中有许多晋南的乡村俚语:"前面不知是什么故事一法赶上看看"?"我那母亲啊,受了惊躲避在哪达?儿这里连声呼,咋只影孤身如何是法?""咱今日也等是萍踪缘法""空传的珠儿泪儿一会家悾悾惶惶的落"。

这里的"一法"是"一起"的意思,"哪达"就是"哪里","咋"是"怎么","缘法"是"缘分"的意思,"一会家"是"一会儿"的意思,"悾悾惶惶"是"可可怜怜"的意思。剧本经这么一改,人物对白通俗了许多,也更加贴近了当地观众。

乾隆二十七年,《雨花台》终于上演了!徐昆把首场演出安排在卢俭的家乡——襄陵东柴村。

我们不妨穿过岁月的风尘,回到二百多年前,与襄陵的观众一同感受这部传奇剧在当时引起的轰动吧:

卢清宜死而复生！卢清宜中了举人！卢清宜高中了状元！这样的广告词就是放在娱乐生活极其繁荣的今天也是具有相当诱惑力的。更何况演的是身边人，唱的是身边事。所以《雨花台》的那场首演，用"万人空巷"来形容一定不过分。

当舞台上的卢俭一亮相："自幼裁诗同李贺，欲掩仙才尽日望，蓬莱果是仙皆，何缘拂袖绝尘埃，丹卷欲吞人也，笑我多才，小生卢俭，表字清宜，襄陵人也。"立刻引起了一阵骚动，人们不由得往前涌，有人抑制不住地呼唤：清宜！清宜！

听到"窗敲白雨眠难稳，被拥红云梦欲迷"，卢清宜的红颜知己已是泪眼婆娑，那正是清宜亲笔所赠。

看到卢俭"觉血涌胸次，恰像针芒胡乱刺"，向同行的好友交代"舍下有兄弟数人，定能慰我严亲。待我死后，即烦二兄，权厝此山雨花台下，以酬山水之愿便了"后事时，观众席中顿时一片悲声。

看到卢俭皇榜高中，顶插金花，十字披红，打马奎星堂时，台下观众泪眼欢颜。

看到死而复生的卢公子行至门外，老鸨子急紧闭大门，吓得战战兢兢："我明早多买些纸钱，与你烧在十字路口，再不要到我家来了，正是树倒钱无主，连衰鬼撩人，哎哟哟，好怕人哪。"台下观众开怀大笑。

亦庄亦谐的人物对白，生动夸张的舞台表演，让观众们在哭声中感悟人生悲欢离合，在笑声中启迪人生智慧。这应该就是戏剧的感染力吧！

让徐昆没想到的是，一部《雨花台》传奇，不但为亡友卢清宜完成了"钦点状元""红袖添香"的两大梦想，自己还意外地收获了一段奇缘。

《雨花台》传奇从完稿、排演到上演的这几个月来，往日平静的徐家大院人来人往，好不热闹。"看徐公子写的戏"成了徐家的亲戚朋友和上村乡邻们最有底气的一句话，最骄傲的一件事。

徐昆的两位母亲无限骄傲也无限惋惜。虽不知道儿子的戏文好在哪里，但听了几十年的戏，写戏文的难她们是知道的。儿子写的戏文能搬上戏台，能酬神娱众，是出息，是能耐；惋惜的是徐老先生没能等到这一天，刘家小姐也没能看到这一天。

刘六娘是徐昆明媒正聘的妻子，虽没能完婚，但徐刘两家仍然是亲家关系。这是小民百姓家也知道的规矩，更何况徐家这样的大户人家呢？作为一家之主的卢氏，一定会对儿子有所交代的。

这天，嫡母卢氏把徐昆叫到跟前说："儿啊，你写的戏要上演了，这是整个平阳府都知道的事。我想，你该亲自去请刘家丈人一家来看戏，刘家小姐命薄，没能与你成亲，但毕竟是我们徐家明媒正聘的媳妇儿，咱不能让人家挑理说咱不懂礼数。"

徐昆忙答应下来："孩儿知道了，明天一早我就去城里请刘家丈人一家。"

徐昆没敢怠慢，第二天一早便备马进城。

走进刘家大院，徐昆心里有些酸楚，这里的房舍景物，甚至家里的陈设都和十年前一样，几乎没有什么改变。若不是学诛的几个满院跑的孩子提醒着徐昆，他都怀疑时间是不是停滞了。这静止的物象，留得住回忆，却留不住逝去的岁月、逝去的生命——那俏生生的背影、那娇羞声音再也不会出现了！

几年不见，刘家岳丈岳母明显苍老了许多，岁月催人老，更催人老的是女儿早逝给他们的沉重打击。尤其是六娘的母亲，面容憔悴，显出了与她年龄不相符的老态。

唉！女儿走了，带走的是父母的一部分生命啊！

此时，徐昆深感愧疚：这十年里，他有了妻子、有了孩子，他忙于学业、忙于诗酒应酬、忙于唱词谱曲，早已淡忘了这位痴情的六娘，也淡忘了六娘那句"来世必再至姑家"的痴情誓言。

天下之事，唯有天意最深，天机最巧。接下来发生的一件事，让徐昆用一种独特的方式，弥补了这份愧疚。

徐昆在他的志怪小说集《柳崖外编·花落余芳》中记录了这样一个故事：

《雨花台》在卢清宜的家乡首演成功后，又被邀请到襄陵县各乡轮流上演，而且场场爆满。

这一日，戏班在襄陵县的张缵村演出，观众席上有一位特殊的观众，她就是刘六娘的母亲。

这出戏刘母已经看过不知多少遍了，对剧情早已烂熟于心。与其说是她在看戏，倒不如说她是在替死去的女儿看戏，替女儿享受这份成功。然而，演出越成功，她就越替女儿惋惜，心就越痛，就越想来看这部戏，她觉得，接近这部戏，就接近了曾经的准女婿徐昆，也就接近了女儿六娘。这位可怜的母亲用这种"饮鸩止渴"的方式追念着死去的女儿。

演出中，刘母的目光更多的是停留在观众中，她最在意观众的反应。忽然，她发现不远处的观众席中有一位十四五岁的少女，其相貌、神情与她的女儿六娘非常相似，不由得将目光锁定在了这女孩子身上，望着这女孩的一举一动、一颦一笑——

戏台上正演到林莺儿与卢俭桃林相遇，一见钟情。莺儿吩咐丫鬟春花折一枝桃花送与卢俭，聊以分享春色。

那女孩静静地看着，她微侧着头，清丽而妩媚。

台上的卢俭意气风发，踌躇满志，他与林莺儿柔情蜜意，共赏海棠。

那女孩凝神贯注，俊俏的脸上写满了憧憬，一副心驰神往的样子。

舞台上一阵风将海棠花吹得七零八落，林莺儿由飘零的海棠花想到红颜薄命，悲凉的唱词唱出了那个时代女性命运不能自主，任人摆布的无奈。

坐中少女更是自伤落泪，忧郁伤神。

刘母呆呆地望着那女孩儿：那忧伤的神情、那妩媚的神态，分明就是我的女儿六娘啊!

当她发现那女孩也在频频地望着自己时,越发坚信:没错,是她,她就是我的六娘,一定是我的六娘转世!

散戏后,刘母跟在这女孩的身后,一直跟至她家。她拉住女孩的手说:"你是不是我的女儿啊?为什么神情相貌这么像我的女儿六娘啊?"说完痛哭失声。

女孩也悲不自制,她告诉刘母说,她今生叫李窈,她记得前生事,但不敢言。常独自在心里说:"六儿,六儿,今生怎生耶?"

哭声惊动了女孩的母亲。刘母告诉李窈的母亲说:你女儿的前世就是我的女儿刘六娘,并将六娘的情况一一告诉了李窈的家人。

以后,李刘两家就像亲戚一样互相往来着。

有一天,刘母悄悄地对李窈说:"儿可知《雨花台》的戏本出自谁的手笔吗?他就是聘定你前身的徐郎徐后山啊。现在徐郎虽已经有了家室,但听说他的妻子高氏非常贤淑,我一定会想办法让你嫁入徐家,与徐郎再续夫妻情缘的,我相信你和高氏一定会像姐妹一样和睦相处。"

当刘母向李母提出这桩婚事时,李窈的母亲面露难色,女儿小小年纪就做二房,母亲当然是不大愿意的。于是,刘母托徐昆的好友郝毓英做媒人,千方百计地做通了李母的工作。

第二年,即乾隆二十八年(1763),十五岁的李窈嫁入徐家。

这是徐昆的自述。

其实,稍微对"转世"之说有点了解的读者都会发现这个故事中一处明显的硬伤:"转世轮回"之说源自佛教,是指一个人死亡后,其灵魂托生在一个婴孩的身体之中,每转一次为一个轮回。十年前,刘六娘去世时,李窈已经四岁了,这转世之说根本就说不通。精通于儒、道、释的徐昆不会不知道这个常识性的错误。那么,他为什么还会写出这样一个"旁观者迷,当事者清"的故事呢?作者没有给我们留下答案,我们不妨揣测一下这个故事背后的故事——

《雨花台》在卢俭的家乡东柴村首演成功，并没有让徐昆有太多的喜悦。他很清楚，这里的人们是带着对卢清宜的悼念之情来看他的戏，那叫好声、喝彩声更多的是冲着台上死而复生的卢俭去的。这并不能代表就是他剧本的成功。他跟着戏班走，是想看看这部戏在其他地方的演出是不是同样的受欢迎。

这天，戏班在张缵村演出，徐昆照例到场。刘母为什么也来张缵村看戏，就不得而知了。大约是这里有亲戚，或者这里就是她的娘家，这些都不重要了，重要的是她看到了那个酷似自己女儿的李窈，而且认定她就是女儿六娘的今世，并满怀惊喜地告诉了徐昆。

对于六娘的容貌，徐昆早已没有了印象，十年前的匆匆一瞥，留下的只有一个模糊的剪影，刘六娘成了他心中一个美丽的符号。听到刘母的话，他比刘母更情急。于是，他从后台悄悄地窥视这个女孩：无粉而玉色，不脂而桃颜，虽布衣粗服却艳于锦绣，不禁呆立。戏终人散时，他远远地跟在那女孩身后：身材娇俏，背影婀娜，比他印象中的六娘多了几分光润和活力。

这一瞬间，刘六娘在徐昆眼里复活了！哦，这是命中割舍不断的缘分，还是冥冥中幽幽主宰的命运？

徐昆曾不惜笔墨，对李窈极尽赞美之词："尔其庄而不俚，艳而不妖，秀气在骨，雅韵偏饶。"凭这一点，我相信他对李窈的爱是真诚的。

但徐昆要将李窈娶回家并不是一件容易的事。

晋商家族秉承的是传统的家族文化，家家都有严格的"家规家训"。为了让后辈子孙牢记先祖的创业艰难，家规中都有"戒奢靡"一类的禁令。在保存得比较完整的乔家大院的家规中有"六不准"，第一条就是"不准纳妾"。

虽然我们没有找到徐家大院的"家规家训"，但从徐敬轩年过四十，因无后才纳妾的事实来看，徐家也是不能随便纳妾的。更何况徐昆年纪轻轻，有妻有子，纳妾必定触犯家规。

但如果李窈是刘六娘的后身，那情形就不一样了。六娘是徐昆的原聘，论名分是正室。相对高氏来说，是聘于先而娶于后的，虽不能授以正室名分了，但无论如何也不能算是妾。所以，对刘母认为李窈是刘六娘转世的说法，徐昆就来了个顺水推舟，将错就错。这样一来，既抚慰了刘母的丧女之痛，又如愿抱得美人归。

而徐昆的嫡母，应该是最愿意相信李窈就是刘六娘为还前世的情债而来的。当年，刘六娘那句"来世必再至姑家"的遗愿，一直是卢氏心里的一个结。她时时都在惴惴不安地猜想着，这刘六娘会以何种方式再至徐家？李窈的出现让卢氏有种如卸重负般的释然："哦，原来如此！"

于是，在徐昆、徐母、刘母的一致认同下，李窈以刘六娘后身的身份成为徐昆的侧室。

这"转世轮回"之说，今天的人们多数是不相信的，但在中国古代，人们却是笃信不疑的。所以，有许多亲闻亲见，甚至是亲历的转世故事流传下来。例如：

北宋著名的大文豪苏轼一直相信自己的前世是杭州一僧人，他在诗词中也曾多次提道："我本修行人，三世积精炼。中间一念失，受此百年谴。"（《南华寺》）"前生我已到杭州，到处长如到旧游。"（《和张子野见寄三绝句·过旧游》）

有一次，苏东坡在杭州与朋友参寥一起到西湖边上的寿星寺游历，苏东坡环视后对参寥说："我生平从没有到这里来过，但眼前所见好像都曾经亲身经历过似的，从这里到忏堂，应有九十二级阶梯。"叫人数后，果真如他所说。接着他又对同行的人描述寺院后面的建筑、庭院、树木、山石，结果证明他所言不误。这时，苏东坡对参寥说道："我前世是山中的僧人，曾经就在这所寺院中。"此后，苏东坡便经常到这所佛寺中盘桓小憩。

徐昆在《柳崖外编·李宫李》中，还写了一个关于他的忘年之交李金枝死后转世的故事：

乾隆五十七年（1792）十月，这时距李金枝去世已是整整十年了。有一天，徐昆在京城遇到聊城友人、户部的任醴岩，俩人在一起闲聊，当他们聊起老友李金枝时，任户部问："你难道还没听说李宫李的奇事吗？"

徐昆忙问："什么奇事？"

任户部说："李宫李转世到江南的事，你真的不知道吗？"

徐昆更加吃惊："不知道，真有其事吗？"

任户部说："李宫李今年春天从江南寄书信回家了，说他转世到了江南，还让他的儿子前去，想问前世家中之事。他的夫人哭着对儿子说：'即便是真有其事，如今已成隔世，断不可前去。'他的儿子哭着答应了。据说，他转世再生时曾大声说：'我是山东李宫李。'父母惊问之，他便细述前生之事。他的父亲不想养他，母亲不忍弃，强留下来。从此再不言及前世之事。如今已经十岁了，今年寄书到家，家人细看其手迹，宛然李宫李。"

徐昆听后感慨不已，想起李金枝七十岁生日时，他曾戏言："你必长寿不死，即死亦必再生。那时，你一定要告诉我，我一定会去看你的。"

是夜，他挑灯记以诗曰：

是我三生友，今闻出世间。哭君曾酹墓，换壳未谋颜。
庄叟醒前梦，维摩炼大还。江南非隔世，望眼更潸潸。

这种"前世今生"的故事我们无须去细究。生命是神圣的，生命的来路和生命的去路同样是深奥神秘的。圣贤如孔子都很无奈地说："不知生，焉知死。"

有一副古戏台上的对联说得好:"古今来,色色形形,无非是戏;天地间,奇奇怪怪,何必认真。"

注释:

①美髯公——吴克成的绰号,见《山西通志·一五三卷·儒行录》。

②丁忧——封建社会,朝廷官员在职期间,如若父母去世,则无论此人任何官何职,从得知丧事的那一天起,必须辞官回到祖籍,为父母守制二十七个月,这叫丁忧。

③甘罗——战国末期秦国人。据说他十二岁那年,办了两件大事:一是成功劝说张唐出任燕国宰相,二是出使赵国,使计让秦国得到十几座城池,秦王十分高兴,封他做了上卿(相当于后来的宰相)。

④梁灏——宋朝人,年轻时,多次上京应考,每次都榜上无名,但他不灰心,不气馁,发愤读书,持之以恒。功夫不负有心人,终于八十二岁高龄中了状元。(后人考据:梁灏中状元时23岁,去世时42岁,82岁中状元为讹传)

⑤此评语录自吴梅藏书《雨花台》下卷封面题记。该书现存于北京图书馆。

⑥学其上,仅得其中;学其中,斯为下矣。——摘自南宋诗论家严羽的《沧浪诗话》。

⑦以上均为《牡丹亭》中的台词。

⑧绮岁霜凋——绮岁,青春,少年。霜凋,如被霜打凋谢。这里是叹惜清宜年轻早逝。

⑨才人——才子。

⑩扈从——随从。

⑪兀得——不得。

⑫驻跸——专指皇帝、后妃外出时,途中暂停小住。

⑬於菟——老虎的别称。

⑭奉天而来，于飞终庆——出自《诗经·大雅·卷阿》："凤凰于飞，翙翙其羽"。原意为凤与凰在空中交尾，一般用来祝福婚姻新人的生活幸福美满。

⑮⑯——均见《雨花台》第三出《劝妆》。

⑰——摘自《中华戏曲》山西师范大学学术期刊 1987 年第四期 作者刘念慈。

⑱—— 以上故事均摘自《柳崖外编·杨山夫》。

第七章 侠骨柔肠谱忠魂

壮哉刘义士　肝胆两相照
更补睢阳恨　翻作《碧天霞》

壮哉刘义士　肝胆两相照

乾隆二十八年（1763）的仲春，李窈以刘六娘后世的身份嫁给了徐昆，这一年，李窈十五岁，徐昆二十六岁。

这时的徐家大院，草碧莺飞、姹紫嫣红。牡丹、芍药、月季正开得绚烂。比花儿更鲜艳的是李窈那彩蝶般的身影：她时而逐花嬉戏，笑语盈盈；时而手折花枝，笑靥微含。十五岁的李窈身上散发出的那种青春的气息，在春日的背景中一点也不遮拦地绽放着，给这个深幽沉闷的大院带来了前所未有的蓬勃生机。

李窈聪敏伶俐，"先意承志"，深得两位婆母和正室高氏的喜爱。在丈夫面前，又不失天真之态，撒娇、示爱，充满着柔情蜜意。正如徐昆所说:"伸笺绣户之前、侍墨芸窗之侧、烹茶度曲之晨、酌酒裁诗之夕,莫不婉娩轻柔。"这种情调是出身书香之第、家规严谨的高氏所不曾有过的。

就在徐昆尽情享受着甜蜜幸福的家庭生活时,弟弟徐尚的一封来信打破了他在乡间平静的生活。

这天,徐昆接到弟弟从济南寄来的信,打开一看,他不由得皱紧了眉头。弟弟在信中说,徐家在济南的生意因为遭到当地流氓无赖的捣乱,买卖做不下去了。

原来,徐昆的父亲徐敬轩在济南开了一家盐业专卖商行。要开这样的专卖行可不是件容易的事。首先要向官府交纳巨额银两获得官府授予的垄断经营权,而且,暗地里还要向盐政官员打点才能取得"盐引"购到官盐。父亲曾向他说起,在所有需要与官府打交道的事情里,没有比盐商办盐更艰难繁重的了。好在父亲凭着在商场摸爬滚打多年的精明,把白道、黑道都打点顺了,所以济南商行的买卖还不错。徐尚接手后,因为有老父亲留下的一班老伙计帮衬着,开始时经营得还算顺当。

但徐尚到底年轻,年轻就难免气盛,对那些时不时来找麻烦的街匪市霸渐渐地失去了耐性。心想,这打点官府的银子那是没有办法的事,咱在人家屋檐下,不得不低这个头。我是交粮纳税的官商,凭什么要受你们这些在街面上刨食的小混混的要挟?这些街头无赖们在徐尚这儿碰了几次钉子后便怀恨在心,他们勾结私盐贩子,居然在徐家盐行门口卖起了私盐。贩私盐是违法的,但因为私盐的价格比官盐便宜许多,徐家的盐店渐渐萧条冷清。无奈,徐尚只得报官。

官府对这些日益猖獗的私盐贩子从来都是敷衍了事,并不敢认真查处。他们知道,这些私盐贩子都是有背景的,有的是有帮派撑腰,有的是有朝中官员撑腰,还有的官员甚至直接参与贩私盐。结果,这帮流氓无赖变本加厉,他们把徐家的店门堵了,生意没法做了。

弟弟最后在信中说,他想把盐行关了,然后带上那张八品官衔的执照去北京，到吏部"投供"，等待抽签候官补缺。

徐昆看到最后这句话，大惊失色。他知道弟弟做事一向稳当，不到万不得已，是不会取此下策的。

为什么说补缺做官倒是下策了？清朝中晚期，捐官纳银成了朝廷财政的重要来源，所以，捐官越来越多，以至候补官泛滥成灾。十年八年能补到缺还是幸运的，至死都没补到缺的大有人在，所以有"部复朝来已到司，十年得缺岂嫌迟"之嘲。

当年父亲病重，决定把生意交给小儿子徐尚打理时，就替徐尚捐了一个八品官，就是为了做生意时在官场上行走方便。有了这个八品的虚衔，便可以和地方官称兄道弟，平起平坐。否则就不算是缙绅老爷，有事就得上公堂，见官就得跪着回话。父亲的如意算盘是小儿子承父业经商做买卖，大儿子科举入仕做官。成为"经商则致千金，做官则至卿相"的布衣之极，真正的光宗耀祖。

关门歇业，就意味着毁家败业，就是最大的忤逆。这个道理徐尚岂能不知？可以想见，此刻徐尚在济南的境况已经非常糟糕了。来不及多想，徐昆立刻写了一封情辞真切的家信安抚弟弟：

  浩浩洪钧，得为兄弟；体同一体，气则同气；同鞠母怀，同传父系；如左右手，如花萼蒂；莫远具迩，以养以翼；兄庄而友，弟恭而揖；家庭融融，党间蔚蔚；外侮莫来，家祥频集……①

信中他极尽同胞情谊，表明兄弟团结，家庭和谐是抵御外侮的重要前提，希望兄弟俩同心协力一起渡过难关。同时，他着手安排家里的一些琐事，准备启程去济南。无论结果如何，作为兄长，他必须和弟弟一起面对、一起承担。

而事实上，徐昆自己也不知道该如何面对，如何承担。

就在他一筹莫展之时，家里的老管家给他出了一个主意，让他去找村里一个叫刘成义的人。

刘成义从小尚武习艺，十几岁时就能抱起一百多斤重的牛犊，又常到外面拜师学武，二十多岁就精通棍、棒、刀、枪，而且法术魔力了得，还能飞檐走壁。

令人敬佩的是刘成义虽武艺高强，却从不仗势欺人。他抑强扶弱，除暴安良。在上村至今还流传着有关他的神话般的传说[2]——

有一年的春天，尧陵前的广场上来了一个江南法术大师，在庙前表演节目。一般跑江湖的人每到一地表演时，总要先说些谦虚恭敬的开场白，以防当地高人破法作对。而这个南方大师却自恃法术高深，口出狂言，自称"法术高超，天下无敌"。他表演的第一个节目是"大卸活人"，一个既惊险又残忍的魔术：他将带来的小孩子四肢和头割下来，装到一个袋子里，然后口念咒语，绕着袋子转三圈，用手拍拍袋子，那个孩子就从袋子里毫发无损地钻了出来。每次表演到这个节目时，那孩子都非常害怕，几次逃走都被法师捉了回来，刘成义看到这个南方法师如此残忍，决定要教训一下他。

当这个法师再一次表演"大卸活人"时，刘成义把头上的毛巾摘下来往空中一抛，变成一只老鹰，飞下来叼走了小孩的头颅。

这时法师知道这是遇上懂行的了，但他并不服气，立刻表演第二个节目——切西瓜。他取出一粒西瓜籽埋在土里，然后用扇子使劲扇，只见那西瓜发芽、生根、出苗、拉蔓、开花、结果、长大、成熟，他把西瓜摘下来，取刀就要切瓜。刘成义一看不好：这一刀切下来，自己的脑袋就完了。心知这名法师的确是有点道行的。他忙钻到庙里的一口大钟下。法师拿刀切西瓜，可刀都弯了西瓜都切不下来，他明白今天他是遇到了比自己道行更深的高人了，赶紧跪下求饶。

这时刘成义从钟下出来，将这个南方法师狠狠地教训了一顿后，让法师发誓再也不表演这种伤天害理的节目了。看到法师认输知悔，刘成义让人抬来一口大缸，将孩子放入大缸中，然后，朝空中一招手，念道："神鹰来兮，还他首级。"老鹰将小孩的头衔入缸中，身首俱合如初。法师将行李放进缸里，自己也钻了进去。刘成义知道这南方法师已经认输，也就网开一面，放他一马。

不明情况的观众还围在大缸周围，等法师和孩子出来呢，等了许久也不见动静。这时，有个从外面回来的人见众人围了一圈，便问："你们看什么呢？"众人说："看耍把戏的。"这个人说："唉，还看什么呢，人家早已下柳沟坡走了。"

众人忙凑近一看：缸里果然空空如也！

既然是传说，就唯恐不神不奇。上村人还传说，这位刘成义的夫人更了不得，是个狐仙。刘成义在山东济南时，她执手行空，往返山东、山西之间，饭顷即至，犹如串门一般。

这些传说自然不可信，但刘成义帮徐昆于危难之中的故事，却一直在上村口耳相传，辈辈传诵。

这刘成义和徐昆也算是上村的两个名人了，一个文韬，一个武略，可这两人硬是没有见过面。

徐昆自小生活在山东济南，回到家乡的这十年里也是一直在外求学，真正在上村待的时间并不长。而刘成义呢，大多时间也都在外投师学艺，只有年节时才回家。再加上文、武二道，没有交集的地方，俩人虽彼此仰慕，却一直没有见面的机会。

也是徐昆的运气好，这几天刘成义恰好在家。徐昆一刻也不敢耽误，马上备好见面礼，亲自登门拜访。

徐昆是新进的拔贡生，是缙绅老爷，而刘成义呢，只是一小民百姓，徐昆能屈尊降贵上门拜访，刘成义自然是热情接待。

事情紧急，徐昆也没作太多的虚礼俗套，开门见山地讲明了来意。刘成义听后沉吟半晌说道："你乍一看是几个街头小流氓在滋事，实际上他们身后都有帮会支持的。山东自古民风剽悍，既出绿林豪杰，也出强人匪盗。据我所知，光是济南城的帮会就有十几个。别看他们为争地盘经常相互火拼，但在对付官府、对付良善时却是团结一致的。所以，连官府对他们也是无可奈何。"

这一番话，如冷水浇背，把徐昆刚刚升起的一点希望瞬间给浇灭了。他仰天长叹道："唉，这世道，官不尽其职，民不安其生，连盗也不守其义了。"

刘成义望着这位只知诗文曲赋、不知世事凶险的富家公子，淡然一笑说："你容我几天时间，我想想办法吧。"

"好的，刘兄，那我就在家静候佳音了。"徐昆礼貌性地回答。

从刘家出来后，徐昆的心情更沉重了。济南的问题比他想象的要严重得多。刘成义的承诺，他并没有放在心上。从山西临汾到山东济南，相隔千里，刘成义就算是真心想帮忙只怕也是鞭长莫及啊。于是，他打定主意，自己先去济南看看，到了后再相机行事，至于结果，就只能"尽人事听天命"了。

没想到，几天后，就在他准备动身之际，刘成义来了。

一进门，徐昆就从刘成义那笑吟吟的脸上读出了几分希望，果然，刘成义进门便说："我请到了一柄'尚方宝剑'，济南之事或许能有办法。"

"什么样的'尚方宝剑'？"徐昆急切地问。

刘成义神秘一笑："天机不可泄露。"又说："江湖事自有江湖了。"徐昆还想问什么，又担心交浅言深，反而坏事，也就不再言语了。

"只是"，徐昆停了一会说："只是，刘兄，小弟还有个不情之请，想请您随我一起去趟济南，这事如果刘兄不出面，只怕……"

刘成义朗声一笑："这个自然，我不去，这尚方宝剑你咋拿得动呢？"

徐昆大喜。事不宜迟，他立刻和刘成义一道启程前往济南。

故事叙说到这里，请允许我将济南之事暂时放一放。因为，从山西临汾到山东济南的途中，有一个他们非去不可的地方。

徐昆虽是一介书生，骨子里却有一股侠气。他仗义疏财、捐资办学、修庙铺路，凡义事而勇为。对侠肝义胆、除暴安良的刘成义有一种发乎自然的亲近。刘成义呢，虽是习武之人，却不是只知逞勇斗狠之辈，他读书识字，颇有抱负。他最崇拜像关公、岳飞、文天祥那样正气凛然的英雄。

于是，徐昆和刘成义，这两个家境、身份、经历、兴趣爱好完全不同的人，终于找到了一个交集点——侠义。这一路上，他们日则把盏小酌，夜则联床长谈，竟十分投契。

他们晓行夜宿，快马加鞭，眼看就要到山东地界了。这天的黄昏时刻，他们照例寻客栈住下。进得城门，当徐昆一抬头，看到城门上的"睢阳"二字时，立刻肃然止步，一场惊天地泣鬼神的战役，一串义薄云天的名字蓦地闯入了他的记忆：睢阳之战，张巡、许远、雷万春……

"睢阳之战"也叫"睢阳保卫战"，这场被称为"中国历史上最惨烈的战役"，就发生在唐天宝年间"安史之乱"中。

唐天宝十四年（755）十一月，身兼范阳、河东、平卢三镇节度使的安禄山伙同史思明，以奉密旨讨杨国忠为名，拥兵十五万在范阳（今河北保定北部）悍然起兵反叛，承平日久的唐王朝在军事上毫无准备，派临时招募来的士兵仓促应战，一触即溃。而叛军则来势凶猛，迅速席卷了河北大地。河北二十四郡立即望风而降，东都洛阳被攻破。第二年（756）正月，安禄山在洛阳称帝，建立大燕政权。不久，叛军又攻陷长安，迫使唐玄宗仓皇出逃四川，途中发生"马嵬坡兵变"。战乱中，太子李亨继位，即唐肃宗，改元至德。与此同时，叛军兵锋又直逼江淮，企图切断唐朝廷的经济命脉。叛军十几万人对通往江淮的要道睢阳、南阳一带发起猛烈的进攻，却遭到真源县令张巡、睢阳太守许远的奋力抵抗。

张巡，唐蒲州河东（今山西永济）人，从小博览群书，晓通战阵兵法，年轻时就志向远大，不拘小节，结交的都是理想远大者，而讨厌和庸俗之辈交往。开元末年（741），张巡高中进士，之后出任清河（今河北清河）县令。由于在其任内治绩优良，任满后被召回长安。当时正值杨国忠当权，有人劝他投靠杨国忠，定会被重用，被他断然拒绝："是方为国怪祥，朝宦不可为也。"因而升迁受阻，被派往真源县（今河南鹿邑）再当县令。

天宝十五年（756），谯郡（治所在今安徽亳州市）太守杨万石投降叛军，而真源县正是在谯郡的辖区内。杨万石降敌后，又逼张巡为长史，并令其向西接应叛军。张巡得知后很气愤，率吏民大哭于真源玄元皇帝祠，然后起兵反抗，响应者有数千人。不久收复了被叛军占领的雍丘（今河南杞县）。

这年十二月，张巡从雍丘撤兵至睢阳，与睢阳太守许远兵合一处，死守睢阳十个月。以不足二千兵力对抗十几万叛军，前后进行了大小战役四百余次，杀敌十二万。因为叛军围城，城中粮草已绝，食尽能食之物，最后食人。张巡杀爱妾、许远烹童仆而食。

到了最后，全城四万多人只剩下四百多人，叛军用云梯攻城，城头上的守军饿得连拉弓的力气都没有了。睢阳城终于被攻陷，张巡、许远、雷万春、南霁云等三十六名将士被俘。

叛军头领尹子奇问张巡："听说你督战时，大声呼喊，甚至嚼碎口中之牙，真是这样吗？"张巡怒叱道："我欲气吞逆贼，只可惜没有力气了！"尹子奇大怒，命人用刀豁开张巡的嘴，果然见口中只剩了三四颗牙。尹子奇也不得不打心眼里佩服张巡是个好汉，想招降张巡。张巡不受，答曰："男儿死尔，不可为不义屈。"慷慨赴死，年仅四十九岁。

三日后，河南节度使张镐的援军到。

七日后，睢阳城收复。

张巡、许远苦守睢阳，虽最终城破身死，却死死扼住了叛军南进的步伐，保住了江南半壁富庶之地，为郭子仪大军收复两京，最终消灭叛军立下了卓越功勋。其功绩彪炳千古，其威名不朽于竹帛。引得历代的政治家、文学家、诗人纷纷凭吊、吟诵。

王安石这样赞颂张巡、许远："两公天下骏，天地于同骧，就死得处所，至今犹耿光。"

文天祥赞颂道："骂贼张巡，爱君许远，留去声名万古香。"

听着徐昆的讲述，刘成义已是热泪盈眶，他感叹自己"生不逢时"，生在这太平盛世，空有一身武艺却不能驰骋疆场，平定河山。他急切地要去拜祭张巡这位名垂千古的同乡先贤。徐昆对张巡也是敬仰已久，既然来到了睢阳，岂有不涉履凭吊之理？

他们找来店小二打听张巡墓园的地址。然而，店小二的一番话令他们非常的失望：当年，张镐他们收复睢阳城时，满城都是残缺不全的尸骸，惨不忍睹，张巡的尸体因无法分辨，所以没有墓冢。

从接下来店小二的介绍中他们得知：睢阳收复的第二年（757），肃宗皇帝下旨，为张巡、许远建"双庙"，南霁云配享。后又增祀雷万春、贾贲，改称"五王庙"。到北宋时，又增祭姚訚，追封张巡为忠烈侯、许远为忠义侯、南霁云为忠壮侯、雷万春为忠勇侯、贾贲为忠济侯，姚訚赐爵为上公，改"五王庙"为"协忠祠"。以后历代都有修缮。现在的"协忠祠"是康熙四十二年（1703）在署府卫辉、通判叶于乔主持下重修的。③

第二天一早，徐昆和刘成义整肃衣冠，备好祭品，弃车马，徒步前往"协忠祠"祭拜。

"协忠祠"在一条弯曲的小巷尽头。两旁都是高墙深院，阳光不能通照，斜射下来的光束经过树木的过滤，只剩得几片游离的光斑，整个巷子阴森森的。据说，当年张巡就是在这个巷子里被杀害的。此巷因此被当地百姓称作"断头巷"。行走在千年前的战场，徐昆感到这空气里似乎仍弥漫着一种血腥的气味。难怪亲历了"安史之乱"的杜甫能发出"积尸草木腥,血流川原丹"的悲吟。

已是初冬季节,"协忠祠"内花草凋谢,树木枯黄,十分冷清。没有祭祀的人,也没有游人,连守祠的人也不见了踪影。或许正是这四周的无语,更加深了"协忠祠"的庄严与肃穆。

曾经在史书上遥望的城池就在脚下,曾经遥远的凝思变成了近距离的对视,历史与现实、咫尺与天涯!徐昆伫立在张巡的塑像前,凝望着这位叱咤风云、名垂青史的英雄,心中涌起无比的敬仰、无尽的哀思,更有无限的遗憾:三天!就三天!让一代忠烈饮恨含悲,让后世子孙无可凭吊!

悲壮的十个月坚守,何以三天之差而功败垂成?千年前的战鼓擂鸣,最后以静寂作为尾声,徐昆仿佛听到了时间破碎的绝响!

离开睢阳时,徐昆望着渐渐远去的古城,听着马车辗压在石板路上发出"咯吱咯吱"的声响,心情格外沉重:这条千年古道,承载的是一路悲歌,留下的是一路哀伤啊!

过了睢阳地界就是山东的曹县。又三天的车程,他们终于到达了目的地——济南。

现在,我可以继续给大家讲述这个被徐昆的后人们津津乐道了二百年的传奇故事了——

刘成义到了济南徐家的盐业专卖店一看:果然,店门紧闭,一彪形大汉推着一大车食盐挡在大门口。

他走过去对这位大汉说道:"伙计,你把车推开,我们要开门做买卖了。"

这大汉看到突然来了这么一位,有点意外。抬头打量了一下,只见这位头戴一顶黑色瓜皮帽,身穿玉色缎直裰,里边衬着狐狸皮袄,脚底皂靴,方面长髯,肤色白净,虽是面泛微笑,却自有一种威言气度。这大汉轻蔑地看了看他,又望了望这车足有八百斤重的盐,说道:"你要赶我走？可以啊，那就请你帮我把这车盐推到路上去，你若是推不动这车盐，那你还是回店里喝茶抽烟去吧，等老子卖完这车盐，你再开门营业吧！"

刘成义仍是慢条斯理地说："这恐怕不合适吧，徐家盐店是上了国税的，受官府保护，你在这'添盐加醋'的，我们还怎么做买卖呢？"

大汉很不耐烦地说："我说了，如果你推不动这车盐，那就让老子把盐卖完你再做买卖。"

刘成义这时放下烟袋，双手连车带盐举起来，稳稳当当地把它放在对面的马路上，说道："请走吧！"

那大汉吃惊地张大了嘴巴，半天才回过神来："敢，敢问英雄，尊姓大名？"

刘成义答："姓刘，名成义，山西平阳府人士，是盐店徐老板的同乡。"

大汉道了一声"后会有期"推着车灰溜溜地走了。

这人汉在徐家店前吃了亏，岂肯善罢甘休？几天后，他就纠结了一帮人再次来到徐家盐店门前要开了把式：有用拳头断石的，有用头顶破砖的，有在肚皮上用刀断竹子的，还有用腰撑断铁丝的……引来了一大群人围观看热闹，有叫好的、有鼓掌的，俨然把这当成了庙会戏场子。

刘成义这时大开店门，端坐在柜上，平静地抽着烟，一边看一边摇头，只见先前寻衅的那大汉走上前说："刘先生，要不您也来亮几招？"刘成义手里拿着大烟杆，气定神闲地走到这群人中间。围观的人马上安静了，都屏声静气地看着，只见他双手不动，只用脚在他们中间左右前后一扫，噼里啪啦的，这些小混混们纷纷倒下。然后，刘成义将这几个小流氓一个压一个像串糖葫芦一样压在地上。笑着说道："小子们，底盘不稳呢，回去练练再来吧。"

以后一连几日，这店门前安安静静地再不见那群无赖混混了。徐昆和徐尚非常高兴，刘成义却说："事情还没完，热闹还在后头呢。"一听这话，徐家兄弟有点急了，徐昆忙问："刘兄，您不是有尚方宝剑吗？"

刘成义说："是啊，我在等他们来请，不请，我这尚方宝剑给谁亮呢？"这话听着有些摸不着头脑，但徐昆没再追问，他知道刘成义做事向来稳妥，他这样做自有他这样做的道理。

果不其然，约莫过了半个来月，有一天，有人给刘成义送来了请帖，请他去"黑风寨"赴宴。

一听"黑风寨"的名字，徐尚脸色都变了，这可是济南老百姓谈之变色的地方。这"黑风寨"在距济南七十里的黑风崖上，地势峻峭，林木茂密，狼蹲虎踞的黑色巨石漫布峭壁之间，中间只有一条羊肠小道，至山的东北岔开，一条蜿蜒通向石门山，一条通向济南，是莱芜、泰安、济南的交界地，号称"三不管地界"。据说，这里最早是康熙年间山东巨寇刘大疤过冬的暖巢，官府曾经派兵多次围剿都没成功，直到康熙二十三年朝廷招安。以后黑风崖倒是太平了几十年，直到泰山爷占了这里。后来泰山爷又在山上修了不少营寨，人称"黑风寨"。这泰山爷很精明，他自知"民不与官斗"的道理，所以，皇粮不抢，官银不劫。劫货不杀人，劫富不济贫，小打小闹，官府也就睁一只眼闭一只眼了。官府不管，老百姓可就遭了殃，尤其是商户们，常常受到骚扰，只得"破财消灾"。时间久了，这笔漏财算算也不是小数，谁家都肉痛，但也无可奈何，就像一贴狗皮膏药，要不了你的命，也让你活不痛快。

看到徐尚吃惊的样子，刘成义微笑着拍了拍他的肩膀说："没事，别忘了，我带着尚方宝剑呢。"转而对徐昆说："泰山爷有请，我岂能空手而去？请备一桌上好的酒菜，送至黑风寨。"说完，便随来人走了。

刘成义跟着泰山爷的手下来到了被人们传得神乎其神的"黑风寨"。这是在山顶上修建的一处院落，一条极窄的小道直通山顶那一扇黑漆大门。这时，泰山爷的一些手下，正站在山顶，他们要看刘成义如何登这山门的，刘成义明白，如果一步一步地沿着小道爬上去，爬不到半山腰就会被山上的乱石砸死。他望了望山顶那扇大门，运了运气，便腾空而上，还没等山上的土匪反应过来，他已经站定在大门外了。

只听到一声"请"，大门打开，一个土匪请刘成义进去。刘成义进得院一看：院子里满是水。刘成义素以轻功见长，他一笑，像滑冰一样从水上滑了过去，然后跃身进了大厅。大厅里已经摆上了酒菜，泰山爷正坐在上座。这位泰山爷六十岁左右，干瘦精练，一双如鹰般的眼睛让人不敢逼视。看到刘成义的轻功了得，称赞道："好身手！"然后一挥手："给刘壮士上菜。"只见站在泰山爷身旁的一壮汉手里拿着一把刀，刀尖上扎着一条鱼，说时迟那时快，"嗖"地一下就向刘成义扔过来，刘成义张开嘴一下咬住了刀把。他明白了：这是泰山爷在试自己的功夫呢，否则，刀尖朝外，他就是功夫再深也难免受伤。他笑了笑从从容容地把鱼吃了，又将刀柄咬在嘴里"噗"的一声，那刀，就准准地扎在旁边的木柱子上。

泰山爷看到刘成义的飞檐走壁、滑水、咬刀吞肉、吐镖入木这一系列功夫，不由得击掌叫好。他知道这位刘成义不是等闲之辈，忙招呼手下："给刘爷看座，给刘爷换餐具。"

刘成义这时才发现，宴席上原来准备的餐具全是刀。刀具撤下，换上了筷子勺子。刘成义看已经把这位泰山爷的气焰压下去了，于是，递上自己的名帖说道："晚生久闻泰山爷威名，可惜无缘相见，正巧一乡党在贵地开店，邀我来济南一游。更难得泰山爷看得起，晚生今日打扰了！"

说完，从怀里拿出一把女人的湘妃折扇来，抖展开，轻轻地摇着，众匪看那白绢扇面上只画一枝红梅，淡染清雅，正要发笑时，忽见泰山爷神色突变，脚下像是踩了一个弹簧似的一下子从座位上跳起来，朝刘成义躬身下拜："小的有眼无珠，得罪得罪，请爷上座，爷请上座！"

刘成义把扇子一收，笑了笑，并不做任何解释，只说："不知者无过。再说，老兄做的是刀尖喋血的生意，我能理解。倒是我今天来叨扰老兄了。不知泰山爷有什么喜爱，特备酒菜一桌，已让人挑至山下，还烦老兄派个手下护送上来。"

刘成义久经江湖，知道和这些人打交道是不能来硬的，一旦动了武就结下了梁子，后患无穷。只能是"先兵后礼"，"先兵"是亮出自己的本事让他们口服，"后礼"是让他们心服，这样才能永绝后患。

这泰山爷刚才一见刘成义的武功，已经有了几分欣赏，看到他手里的那把折扇，更确定他的来历不一般，这会又看到他说话做事这么入门入槛，就有些巴结的意思了。他端起酒杯敬刘成义，又对周围的手下大声说道："这位刘爷就是我兄弟，从今以后，你们都得尊他一声爷叔。"

刘成义听到泰山爷和自己称兄道弟，心里十分高兴。他知道今天的这着棋走对路了。

当刘成义从"黑风寨"回来时情形就不一样了：几个往日在街头横行霸道的小混混毕恭毕敬地在前面开路，后面还有几个黑风寨的小喽啰牵着毛驴，驮着红红绿绿的大包小包的礼盒一直送到徐家盐行。

话分两头。这徐家兄弟自刘成义被黑风寨的手下接走后就忐忑不安，尤其是徐尚，直后悔没有挡住刘成义：这黑风寨是什么地方？土匪窝啊，万一刘成义有个好歹，咱咋对得起他的家人？如何面对家乡的父老乡亲？徐昆呢，虽嘴上说没事，心里也不踏实，一遍一遍地叫小伙计去门外"眊眊"，搞得不知内情的伙计们莫名其妙。

眼看天都黑下来了，还不见刘成义回来，徐昆也着了慌。正在这时，门外的伙计喘着跑着进来了，连说带比画地把看到的一切告诉东家。徐尚惊得张大了嘴，半天没回过神来。徐昆忙不迭地叫伙计："快快，去外面馆子叫菜，要最好的席面，为刘先生接风，不，是为刘先生庆功。"

不说徐家兄弟如何为刘成义摆酒庆功、如何听刘成义讲述在黑风寨的危机凶险，只说酒足饭饱后，借着酒劲，徐昆终于忍不住问："刘兄，现在你该把这尚方宝剑让我们看看了吧？"

刘成义从怀里拿出一样东西来，徐昆一看：是一把女人用的折叠绢扇。刘成义展开来指着上面的那枝素净的梅花图案说:"这是江湖上人称'一枝花'的女匪的标志。这女人曾是山东巨寇,与白莲教联合与朝廷公然对抗。事败后出山东,先后在河南、山西、江苏一带活动。"

徐昆大吃一惊问:"刘兄,这样的贼寇,你是如何认得的?"

刘成义一笑:"这个'一枝花'可不是寻常的土匪,她曾三次扯旗造反,是当今圣上几番下旨,严令捕拿的。刑部曾悬赏三万两银子通缉,我哪敢去招惹她啊,这是假的,蒙泰山爷的。"

徐昆听了倒吸了一口凉气,终于明白刘成义为什么事先一点口风都不露了。

刘成义取来火盆,将扇子扔进去烧了。说:"这件事,出我口入你耳,就此打住。"

徐昆问:"那泰山爷……"

"这个不必担心。我事先都打听清楚了,这泰山爷是个极谨慎的人,事关项上人头,谅他也不敢说出去。况且,在黑风寨,我什么话没说,什么东西也没留下,反而是泰山爷……"刘成义说着,指了指那一大堆礼物:"这么大张旗鼓地把我送回济南,他就不怕问一个'附逆'之罪名?"说完,朗声大笑。

笑过,徐昆不由得感叹道:"刘兄,佩服!佩服!我总算明白你为什么自叹'生不逢时'了。将相本无种,若是在乱世,就凭着刘兄的智慧胆略和绝世武功,一定是出将入相的。"

从此以后,刘成义被济南的帮会奉作上宾,再也没有人敢来徐家盐行捣乱了。④

关于刘成义的归属在乡间有两种说法:一种是说刘成义为报徐昆的知遇之恩,一直留在济南替徐家打理生意,最后终老济南。另一种说法是刘成义把济南的事摆平了后,回到了家乡,而且还考上了武举人,最后终老在上村。但是,我遍查了临汾史志,清代的雍正、乾隆、嘉庆三朝,临汾并没有一个叫刘成义的武举人。这大概是乡民们出于对这位侠义之士的敬爱而尊以"武举"吧。

关于刘成义,除了刘氏家谱上有一个名字外,我没有找到任何文字资料。我想,刘成义和徐昆是肝胆相照的朋友,一向重情重义的徐昆不可能没有记录。可惜的是,徐昆留下的大量书籍、手稿都在"文革"时被焚毁殆尽,唯从《柳崖外编·大力陈生》中,我们或许能找到刘成义的身影:

> 大姓寿州一典肆,棍徒扰焉,莫谁何,聘以往。棍徒不知也,率数十人启衅。陈生鹤立其间,婉劝之,益哮。生怒曰:"尔等恃众耶?"一个扑之,生提阶上衣橐投之,压其下;众扑至,即提人投人,人尽倒,哀乞而散。自是无扰者。大姓德之,酬以千金。

当初徐昆请刘成义赴山东,不正是因为徐家盐行频遭"棍徒扰焉莫谁何"才"聘以往"的吗?再看陈生,先是"婉劝之",但这些棍徒不听,"益哮",陈生不得已,这才怒而"提人投人,人尽倒"。棍徒"哀乞而散。自是无扰者"。陈生教训这些棍徒的过程和结果,与刘成义制服街头小混混们的经过是何其相似啊!更有意思的是,提供这个故事的刘张管老师并没有读过《柳崖外编》,而刘成义的故事与陈生的故事如此相似,这其中恐怕不只是巧合吧!

我相信,当徐昆描写这位浮山陈生时,他的脑海里一定浮现着刘成义的身影,陈生的一招一式,无不重现了刘成义当年的英武。

更补睢阳恨　翻作《碧天霞》

济南的危机解除后,徐昆又急忙赶往北京参加拔贡生的朝考。直到第二年,即乾隆三十一年(1766)的初夏时节,徐昆才从北京返回济南。

回到济南,他的第一件事就是去拜访忘年之交李金枝。

算起来他们有十二三年没有见过面了,但还一直保持着书信往来。尤其是《雨花台》上演后,他们之间的书信更加频繁。所谈的内容也都是有关昆曲唱腔唱词的讨论。而李金枝每每都有真知灼见,令徐昆受益匪浅。

十几年的分别,一朝相见,不由得感叹岁月的无情:李金枝已是年近六十的老者了,没有了当年的挺拔和敏健;而徐昆,从一个单薄瘦弱的少年,长成了一个俊朗的青年。

"长大了、长高了、长壮了!"李金枝拍着徐昆的肩膀,连连感叹说:"真是'朱颜君未老,白发我先秋'啊,这李太白写的就是咱们今日相见的情景吧。"说着不由得眼睛潮湿起来。

"'主称会面难,一举累十觞。'那咱俩今天就来个一醉方休如何?"徐昆忙巧妙地用杜甫的诗转换了气氛。

李金枝道:"好啊,你是酒乡出来的,我今天就舍命陪君子了。"

"一醉方休"的时间还早,李金枝提议先去趵突泉一游,徐昆马上赞同,说要去看看他们第一次相见的那个茶社。

李金枝的寓所离趵突泉不远。趵突泉、大明湖是徐昆少年时代经常光顾的地方,这里的一草一木都留有他曾经的记忆。如今老友重逢,又故地重游,自是别有一番滋味。

走不多远,便到了杜康泉边,这才发现原来那个竹篱茅屋、野趣十足的茶社早已不复存在了,取而代之的是一间光鲜富丽的茶社。

徐昆有点遗憾地说:"可惜啊,想寻点旧都不成了。"

李金枝回说:"要说寻旧访古,这趵突泉还真是够你寻的了。"他向前一指:"瞧见没有,前面的漱玉泉,宋代女词人李清照曾经就在这居住,她的传世之作《漱玉集》就是取此泉名。"

"哦?"徐昆擅长于词,非常仰慕这位"闺阁文章之伯,女流翰苑之才"的女词人。他读过《漱玉集》，真不知道还有这个缘故在里面。他说："李易安是我欣赏的词人之一，她的词风清丽婉秀，且妙解音律。南迁后情辞慷慨，有大丈夫之气。只一句：'生当作人杰，死亦为鬼雄'就羞煞无数七尺男儿呢。只可惜学富五车、词动京华，到头来却落得个报国无门，情无所托，空悲切啊！"

"哈哈，'空悲切'的南宋词人，还不止她一个呢，瞧见没，这儿还有一个呢。"李金枝指着远处的千佛山说道。

"谁？"

"辛弃疾啊。"

辛弃疾的词徐昆当然熟悉。从"想当年，金戈铁马，气吞万里如虎""醉里挑灯看剑，梦回吹角连营。八百里分麾下炙，五十弦翻塞外声。沙场秋点兵。"这些铁马刀枪的词句中，徐昆知道辛弃疾曾经参加过抗金斗争，是一个难得的文武全才，但对于他的生平行事了解得并不多。

李金枝看了看一脸茫然的徐昆说："这也难怪，辛弃疾自年轻时南渡后就一直生活在南宋，最后终老在江西上饶。有很多人都以为他是南方人，其实他就是咱们历城县人（今济南市历城区，趵突泉在历城区内）。"

徐昆从李金枝的讲述中，了解了这位英雄词人的传奇人生——

辛弃疾出生在济南府历城县，他出生时山东就已经是金国的国土了。他的祖父和父亲都是金国的小官吏。从小他就在父祖的教导中知道自己是华夏民族。那时，在金国的汉人内心仍以宋朝为自己的祖国，中原地区的抗金斗争一直就没有间断过，而山东，更是抗金的前线。

1161年，年仅二十一岁的辛弃疾聚集了两千多人于历山（今济南千佛山）之下，参加了耿京领导的抗金义军，并担任书记员。有一次，义军的大印被盗，辛弃疾单人单骑杀了偷盗大印企图献给金军的和尚义端。于是，辛弃疾在义军中威名大振，耿京再也不敢把他当文人看待了。

1162年，当这支队伍发展迅猛之时，一个叫张安国的叛徒，杀害了义军首领耿京,带着起义队伍降了金军。这时,正在外面执行任务的辛弃疾得知这一消息后,仅带了五十多人,夜闯金军大营,活捉了张安国,带领义军余部强渡淮水,投归南宋,将叛徒交送南宋朝廷处置。一时间,朝野上下震动,"天子一见三叹兮"。宋高宗便任命他为江阴签判,从此,二十三岁的辛弃疾开始了他在南宋的仕宦生涯。

然而,正是这件让辛弃疾一生都引以为豪的壮举,却让辛弃疾的仕途屡屡受挫。1191年,辛弃疾由江西安抚使改任浙西提刑,还没走马上任,就遭到了监察御史王蔺的弹劾,劾他"杀人如草芥",于是官职被罢。从此,辛弃疾就有了酷吏的名声,以至被赋闲十几年。

辛弃疾始终把洗雪国耻、收复山河作为自己的毕生事业,然而平生刚拙自信的他,并不知道南宋朝廷并不想收回北方领土,他更没想到,像他这样的"归正人"是不被信任的。1196年,他所有的官职官衔被削得干干净净。只能过着"便此地,结吾庐,待学渊明,更手种,门前五柳"的村居生活。

辛弃疾不能实现战略意义上的"了却君王天下事,赢得生前身后名",只能在词场上一逞英豪:

　　壮岁旌旗拥万夫,锦襜突骑渡江初。燕兵夜娖银胡䩮,汉箭朝飞金仆姑。

　　何处望神州?满眼风光北固楼。千古兴亡多少事,悠悠。不尽长江滚滚流。年少万兜鍪,坐断东南战未休。天下英雄谁敌手?曹刘。生子当如孙仲谋。

　　将军百战身名裂,向河梁,回头万里,故人长绝。易水萧萧西风冷,满座衣冠似雪。正壮士、悲歌未彻。

　　恨之极,恨极销磨不得。苌弘事、人道后来,其血三年化为碧。

这些激昂悲壮的词,以雄放与绝望交织扭结,极力宣泄着他内心的愤恨,也强烈地震撼着读者的心灵。

而更具讽刺性的是,1207年秋,朝廷决定重新起用辛弃疾,任命他为枢密都承旨,即刻到临安赴任。诏令到达铅山时,辛弃疾已身染重病,奄奄一息。几天后,六十八岁的他带着"把吴钩看了,栏杆拍遍,无人会,登临意"的遗憾和"南渡君臣轻社稷,中原父老望旌旗"的绝望,忧愤而终。

俩人走着、聊着,不知不觉间已来到了"来鹤亭"⑤茶社。徐昆少年时经常和同学、朋友来这里饮茶观泉、吟诗赏景。这里也是徐昆最深的济南情结。

他们俩寻了个临窗的位子坐下,茶博士便上来斟茶、上茶点。从窗口望去:柳絮泉波面泠泠、绿柳垂绦,旁边的古槐枝翠叶绿、清荫欲滴。周围泉池蒸腾的水气,使远处的湖光山色隐隐绰绰如同仙境一般……

仲春是济南最美的季节了,然而,这美丽如画的自然景色并没有引起徐昆的兴趣,他还沉浸在刚才的故事中。他想,这人生最痛苦的莫过自己投入了生命成本的理想没能实现,而最最痛苦的是当这理想即将实现时,生命却戛然而止,留给逝者的是"壮志成空"的悲愤,带给后人的是"献愁供恨"的哀叹。张巡如此!辛弃疾也如此!

"后山,还在想刚才的故事呢?"李金枝轻声问。他注意到徐昆的神情仍然沉重。

"是啊。难怪辛弃疾的词那么慷慨悲壮、雄放豪迈呢,原来是一股愤懑之气啊!"徐昆叹道。

"辛稼轩被称为'南宋豪放词第一人'。与他同时代的词人刘辰翁评价他的词'如禅宗棒喝、如悲笳万鼓',能给人以鼓舞和斗志。从而形成了南宋中叶后声势浩大的爱国词派。"

徐昆说:"宫李兄对辛稼轩颇有研究啊。"

李金枝一笑道："研究谈不上，辛稼轩是我们山东人的骄傲，我不过是关注得多点而已。"

　　"说的是。山东人杰地灵，圣人贤达辈出。只这方寸之间，就有两位著名词人留下的足迹。不过——"徐昆将话锋一转，"你们山左出文圣，我们山右出武圣。山东自孔孟之下，百代文宗不绝；山西自关公之后，忠臣义士也层出不穷。去年，我来山东时路过河南睢阳……"

　　"张巡，蒲州河东人，睢阳保卫战的主帅。"李金枝替徐昆把话说完了。

　　徐昆惊讶地望着他，李金枝哈哈一笑："这就叫'心有灵犀'啊！也是巧了，前不久我在书坊偶然看到一本名为《锦香亭》又名《睢阳忠毅录》的小说，是戏剧名家李渔的抄本。因仰慕张巡的忠烈，又因是大戏剧家的抄本，就买下回家细读。所以，你刚才一提到'睢阳'二字，我便知你说的定是张巡了。"

　　"哦，原来有这样的书？这本书你可读完了？是写主帅张巡，还是只写战事？"

　　徐昆连珠炮似的问了一串，问得李金枝都不知如何作答了，他说："你是要考功名的士子，这些杂览书籍你自然是不知道的。这《锦香亭》的原作者倒不是什么名家，写的也是才子配佳人的俗套。既然能得到李渔的欣赏，自是有他的过人之处。小说把男欢女爱的故事放在'安史之乱'的历史背景下来写，这风月情中倒有了几分悲壮。书中所取史实、人物有很多都是真实的，比如说，你刚才提到的'睢阳之战'和张巡、许远、雷万春等，当然，其中虚构的成分也很大。"又说："你如果喜欢，这本书就送你了。只是，你最好是先看看这段史书，不要被这小说乱了心性。"

　　徐昆答："好的。我也很想了解这段历史。"

　　这一天，俩人喝茶、聊天、观景、吃酒。宾主酣畅，谈不暇顾，直聊到掌灯时分，俩人才依依道别。

《锦香亭》篇幅不长，八九万字，不消两天时间徐昆就把这本书读完了。正如李宫李所说，仍是才子佳人大团圆的传统模式，却文字清隽、精致，故事情节一波三折。其中对"睢阳之战"众英雄的描写也悲峭哀愤，一咏三叹。

　　小说描写了陕西书生钟景期进京会试，在长安等待放榜。一日闲游到御使葛天明的花园，巧遇葛府千金葛明霞，又捡到小姐的诗帕，俩人心生爱恋私订终身。午门开榜，钟景期高中状元，正要央媒去葛府求婚，这才知道，御使葛天明因当街辱骂安禄山被贬到范阳郡。

　　钟景期上奏朝廷揭露安禄山谋反，也被贬到四川降职做一个小小的司户。钟景期赴蜀途中遇险，幸得猎户雷万春搭救。雷万春敬重钟景期是个忠臣，将侄女雷天然许配给他，自己去京城寻找兄长雷海青。这时，安禄山在范阳起兵叛乱，雷万春的好友南霁云要去睢阳投奔故人张巡，雷万春也一同前往睢阳助张巡一臂之力。

　　安禄山之子安庆绪因贪恋明霞美色，逼迫明霞为妾，后被卫媪及女儿碧秋搭救逃出，明霞的贴身丫鬟红于舍身救主，代明霞死。卫媪趁夜带着明霞和碧秋一路出逃，路过睢阳时，遇雷万春，得知葛明霞就是钟景期的原聘，雷万春赠路费，帮助她们回长安。

　　睢阳在内无粮草、外无救援的情况下，张巡、许远杀妾烹仆给将士充饥，最终城破身死。三日后，郭子仪的援军到。

　　卫媪、明霞和碧秋三人到达洛阳后，在一庵堂遇见在此出家的虢国夫人。因史思明之乱，四人离散。虢国夫人和碧秋在华阴遇到官复原职的葛天明，得知明霞没死的真相，葛天明感念卫家母女的恩德，收碧秋为义女。

　　卫媪和明霞被渔民沈蛇儿夫妻收留。沈蛇儿贪财将明霞卖入汾阳王郭子仪府中做歌伎。当郭子仪知道明霞的真实身份后，上奏皇上，皇帝赐婚。于是，明霞从郭府出发前往北平与钟景期完婚。而这边，葛天明没找到女儿又不敢误了婚期，只得让碧秋代替明霞成婚。最后，在众人的帮助下，钟景期同娶明霞、碧秋。

小说毕竟是小说，徐昆想知道的是，哪是真实的史实，哪是作者虚构的故事。他从《资治通鉴》卷二百一十八里翻阅了那段史料——

  令狐潮围张巡于雍丘，相守四十余日，朝廷声问不通。潮闻玄宗已幸蜀，复以书招巡。有大将六人，官皆开府、特进，白巡以兵势不敌，且上存亡不可知，不如降贼。巡阳许诺。明日，堂上设天子画像，帅将士朝之，人人皆泣。巡引六将于前，责以大义，斩之。士心益劝。

  中城矢尽，巡缚藁为人千余，被以黑衣，夜縋城下，潮兵争射之，久乃知其藁人；得矢数十万。其后复夜縋人，贼大笑不设备，乃以死士五百斫潮营；潮军大乱，焚垒而遁，追奔十余里。

读到这里，徐昆不由得笑了。人们只知道张巡是一个勇猛刚烈的义士，却忽略了张巡还是一个进士出身的博学才子。

张巡有勇更有谋。镇守雍丘时，眼见城中的箭已用尽，他命令士兵用稻草扎了一千多个草人，给他们穿上黑色的衣服，夜晚用绳子放到城下，叛军一看，以为城中的军队要出城劫营呢，都争相射击，很久后才发现是草人。张巡因而得箭十万支。不消说，这一招是借用了诸葛亮的"草船借箭"。

不过，张巡"青出于蓝胜于蓝"。几天后，他又用绳子将身着黑衣的士兵放下城头，叛军一看大笑，以为又是草人借箭，毫不提防。于是，五百名敢死队员被放下城，袭击了叛军大营。令狐潮的军队顿时大乱，只得烧掉营垒而逃。

与张巡和许远两位主帅相比，雷万春的名字在历史上并不那么响亮。

而《锦香亭》作者似乎对雷万春情有独钟，小说中所有的人物，都因他而建立起了某些联系，也因他与这个历史事件有了某种关联。

那么历史上真实的雷万春又是一个什么样的人物呢？《资治通鉴》卷二百一十八载：

> 巡使郎将雷万春于城上与潮相闻，语未绝，贼弩射之，面中六矢而不动。潮疑其木人，使谍问之，乃大惊，遥谓巡曰："向见雷将军，方知足下军令矣，然其如天道何！"巡谓之曰："君未识人伦，焉知天道！"

雷万春与叛军首领令狐潮对话时，叛军们乘机用弩机射向雷万春，万春面部先后中了六箭，仍旧巍然挺立不动，令狐潮怀疑是木头人，派人去侦察，得知的确是雷万春，十分惊异。他对城上的张巡说："刚才看到雷将军，才知您的军令是多么森严，然而，于天道这又有什么用呢？"张巡讥讽道："你已丧尽人伦，有什么资格谈天道？"

读到这里，徐昆拍案叫好：雷万春乃真壮士也！此刻，他恨自己"生不逢时"不能做一个策马疆场、手刃敌首的将军，只能做一个蘸墨挥毫、柔肠百转的文人。躲在锦绣帐里，酝酿几阕相思词，撩起些许相思泪，与这些力挽狂澜、救国救民的英雄们相比，自己实在太渺小了……

而那场被称为"惊天地泣鬼神"的"睢阳保卫战"读来更是惊心动魄——

> 而睢阳城至是食尽。将士人廪米日一合，杂以茶、纸、树皮为食，而贼粮运通，兵败复征。睢阳将士死不加益，诸军馈救不至，士卒消耗至一千六百人，皆饥病不堪斗，遂为贼所围，张巡乃修守具以拒之。

睢阳在长达十个月的保卫战中,共经历大小血战四百余次。将抱必死之心,士无贪生之恋。最后终因粮尽援绝而失守,城破时,城内仅剩四百来个饥困力竭的守军……

看到这里,徐昆只觉惊心惨目,不忍再读:如此绝境,如此惨烈,千古所无,千古所悲啊!

他合上书本,凝视着窗外那株梧桐树,突兀地呈现在幽蓝色的天宇之下。在它的上面,一轮弦月,淡淡地泛着冷光,把所有的景物都罩在里面,花草树木,连同楼下街道上远远近近的人影都溶在一种模糊空幻的色彩里,凌于万物之上,超越了时空,亘古如斯……

"江月年年只相似,不知江月待何人。"徐昆遥问明月:千年前那些血雨腥风的夜晚,你是否也是这样静静地望着城头将士们羸弱的身影?是否也是这样冷冷地笼罩着尸横遍野的睢阳城?见过了太多太集中的杀戮,你的皎白是否也染上了血色?

徐昆怅望千秋,空唤奈何:"到底忠奸另结胎,当年何故错安排?"假如张镐的援军再早三天;假如贺兰进明不拒绝救援;假如睢阳城再多几天的粮食储备……可惜,一切都是假设。

而小说《锦香亭》却做了一个稍慰人心的假设:

话说郭子仪、李光弼,将尹子奇、史思明杀败。……一面犒军,一面着人寻取张、许二公并南、雷二将的尸首。军士领兵去了一日,领一个幅巾筇杖的老叟进营来。那老叟昂然上帐,向着郭子仪、李光弼长揖不拜。郭子仪见他气宇不凡,遂命坐了。问道:"老叟何人?何以到此?"老叟道:"我姓李名翰,隐居山野。因张、许二公,南、雷二将尽忠而死,尸骸暴露城下,老夫特备四口棺木前来,已将四位忠臣盛殓了。适见麾下健儿各处查觅他尸首,故此老夫特地前来,望二位明公速为择地安葬,以慰忠魂。"子仪、光弼大喜，留李翰在军团中暂歇，便往城南择了一块地，将张、许二公，南、雷二将埋葬好了，立了墓碑。子仪、光弼与李翰率领诸将祭奠，哭泣甚哀。

肃宗皇帝为张巡、许远建的"双庙"就在睢阳城南。《锦香亭》的作者把城南虚构为忠骨的安葬之地，也算是虚中有实吧。

既然是文学作品，小说相对史书来说有了更多想象的空间：有虚构的人物，虚幻的情节。

小说中的一些主要人物如：钟景期、葛天明、卫媪、卫碧秋、雷天然、红于等都是虚构的，但这些人物在当时的社会中却是极具代表性的，或是这场政治斗争直接、间接的参与者，或是这场动乱的受害者。

小说在这场战争结束时还特别安排了一个"忠魂杀敌"的情节：

尹子奇、史思明二人手足无措，只得望西而走，后面郭子仪、李光弼、仆固怀恩又领兵追到。贼人正待奔走，忽然一阵狂风，黑云密布，惨雾迷天，半空中，隐隐见张、许二公，南、雷二将，领着许多阴兵，打着睢阳旗号，飞沙走石，杀将过来。尹、史二人并贼兵，一个个头眩眼花，手麻脚软。郭、李二公驱兵追赶前来，杀得尸横遍野，血流成河……

作者这么写，正是印证了张巡决心赴死前，遥拜皇上时的誓愿："臣力竭矣，不能全城，生既无以报陛下，死当厉鬼以杀贼！⑥"另外，小说里还有一处实中有虚的情节。雷万春从虎口救下钟景期，景期感激地问恩人姓名，家住何处？雷万春回答："俺姓雷名万春，本贯涿州人氏，先父补援剑门关团练，挈家来此，不想父母俱亡，且有一个亲兄名唤雷海青，因少年触了瘴气，双目俱瞽，没甚好做，在家学得一手好琵琶羯鼓……"

雷海青，唐玄宗时的宫廷乐师。据《明皇杂录补遗》记载：安禄山攻入长安，数百名梨园弟子皆为俘。雷海青不愿为叛军演奏，便称病不去，被安禄山派人强押到场。这些梨园弟子相对而泣，曲不成调。

这一日，安禄山在长安西内苑重天门北凝碧池举行大宴，命梨园弟子奏曲作乐，言有泪者当斩。雷海青忍耐不住，对着安禄山，举着琵琶，奋力往地上一摔，琵琶被砸得粉碎，然后面西放声大哭，安禄山暴跳如雷，下令将雷海青在试马殿前肢解示众。

诗人王维得知雷海青的事迹后很是感动，特作绝句《菩提寺禁裴迪》："万户伤心生野烟，百官何日再朝天。秋槐叶落空宫里，凝碧池头奏管弦。"

雷海青和雷万春都是真实的历史人物。不过，雷海青是福建泉州人，而雷万春是河北涿州郡人，俩人原本没有关联，只是恰巧姓氏相同而已。小说《锦香亭》的作者把他们写成亲兄弟，结撰了一个"一门忠烈尽臣节，兄弟真心煮明月"的传奇故事。读来悲凉雄壮，如歌如泣。

不得不承认，读《锦香亭》要比读史书酣畅得多，虽然不够忠实于历史，却寄托了人们美好而善良的心理愿望——

你看，勇武过人的雷万春身上也有着亲情的羁绊："家兄所生一女，名唤天然，年已及笄，尚未字人，俺想当今天将乱，为大丈夫在世，也要与朝廷干几桩事业。只因舍侄女在家，这穷乡僻壤寻不出个佳婿，俺故此经年雌伏，不能一旦雄飞。"

再看，忠烈义士张巡万般无奈下，欲杀妾饷士时的锥心之痛："张公大哭道：'我那娘子，念我为国家大事，你死在九泉之下，不要怨下官寡情'，说罢，拔出剑来，方举手欲砍，又缩住手哭道：'我那娘子，叫我就是铁石心肠也难动手。'"

真实的人生，不是只有一面，每个刚强的背后，都应该有柔情，每个理性的背面，也都应该有感情。小说作者把这些英雄赋予了烟火味、人情味，英雄的形象更真实，更丰满，更可亲了。这应该就是文学的作用吧。

徐昆整整一天都待在屋子里，细细地梳理着史书带来的震撼和小说带来的感动。一个想法渐渐地在脑海中成熟：写成剧本，搬上舞台！

其实，早在祭拜"协忠祠"时，他就闪过这样的念头，而这几天"窃尝读唐史，览睢阳之陷，不觉为之哀"⑦后，这个想法就更清晰、更强烈了。

当徐昆把这个想法告诉了好友李金枝时，立刻得到了他的支持："好啊！你的《雨花台》写的是私情，这个戏本写的是大义。由儿女私情上升到民族大义，后山老弟，这不正是当今圣上所力倡的'忠孝节义'吗？"

李金枝所说的"忠孝节义"，正是乾隆中期的主流文化思潮。

清朝政权自入主中原，到乾隆朝时已经稳坐江山一百多年了。为了进一步巩固其统治地位，朝廷开始有意识地笼络人心，如：征调前朝遗民编修明史、派官员专门去祭奠历代先贤的陵墓和祠堂等，乾隆皇帝下江南时，还亲自祭拜了明太祖的孝陵。通过这些活动，统治者一方面表明自己继承大统的合理性，另一方面也极力向百姓灌输"忠孝节义"的道德观念，在思想上巩固自己的统治。在乾隆皇帝的主持下，清朝廷还编了一本《胜朝殉节诸臣录》，大力表彰在明末清初因抗清殉节罹难的明朝官员。更具讽刺的是，乾隆同时还下令编纂《钦定国史贰臣表传》，俗称《贰臣传》，将那些归降清朝的明末官员打入另册。

"忠孝节义"是儒家最基本的道德伦理，乱世靠它安邦，盛世靠它治国。无论哪朝哪代的统治者都需要它。正如关汉卿的《山神庙裴度还带》中所说："国家喜的是义夫节妇，爱的是孝子顺孙。圣明主加官赐赏，一齐的望阙谢恩。"徐昆从小接受的就是"正纲常以励所学"的儒家传统教育，这"忠孝节义"的思想早已融入血液之中了。

见李金枝这么洞晓自己的心事，徐昆有些感动，说道："古人云，声气相求者谓之知音，腹心相照者谓之知心。知我者，李兄也！"说着，他打量了一下这间洁净安静的书房，狡黠地笑了笑："这个剧本还得仰仗李兄的帮助哟。"

李金枝哈哈一笑："难得你信得过老朽。有什么问题我们仍可以在书信上探讨。"

徐昆说："不用书信，我这次就借你的寓所完成这个戏本。"

李金枝以为他在开玩笑，打趣说："大少爷，你家大业大的，我这小庙可盛不下你这尊大佛哦。"

徐昆很认真地说："李兄，不开玩笑，是真的。"

"为什么？放着你那偌大个'贮书楼'不用，偏要在我这小陋室里委屈着？"

"唉，说起来惭愧啊！"徐昆叹了一口气说："当初写《雨花台》时我是在母亲面前立了军令状的：一年内写完，不误科试。《雨花台》我倒是一年写完了，乙酉科却仍是不举。"

"乡试虽不举，但你选了拔贡，同样可以以贡生入仕的啊！"李金枝脱口道，但话刚出口，便觉失言。

果然，徐昆苦笑着说："如果纯粹是为了入仕，我还需要这么寝食经书、殚精竭虑吗？"

是啊，以徐家的经济实力，他完全可以捐官，甚至可以捐到道台的官衔。李金枝点点头道："说的是，毕竟科举入仕才是正途。"

"先父一生最看重'功名'二字，生前最大的愿望就是让徐家大院成为上村第一个'旗杆院'⑧，我如果以一个拔贡入仕，第一个对不起的就是老父亲。"徐昆说着，声音有些哽咽。稍平复了一下情绪又说："想我三岁开蒙，二十多年里，四书五经尽皆通透，中与不中，不在用功的迟早。离下一科还有两年的时间，我用一年半载的时间写完这个戏本再回去，绝误不了考期。只是，家中老母若见我仍专注于吟词度曲一定是不允许的。盐行呢，人来人往也难得安静，我只好借你的寓所了，不过，李兄放心,多则一年半,少则一年,一定完稿。"

李金枝笑着摆摆手说:"哪里话,我不是怀疑你的能力。填词度曲本是你的长项,写传奇你也驾轻就熟了。别说一年半载,就是三年两载也断没有催促你的意思。只是,我这食宿简陋,只要你不嫌弃就好。"

徐昆拱手相谢:"李兄,多谢了。"

于是"丙戌夏,徐子后山,侨寓历下,因《锦香亭》小说,作《碧天霞传奇》"⑨。

戏剧作品的思想主旨是剧作者主体情志的外化。深受儒家思想浸淫的徐昆,始终把"正人伦,理纲常"作为自己的行为准则。在第一回《词宗》中,徐昆开篇写道:

"张睢阳公事遗恨千古得此编,摊笺因谱忠和孝。"交代了创作的缘由和思想主旨。

紧接着,一曲【仙吕引子】:"睢阳凭吊,叹往事尘灰,感人怀抱。偶阅稗家,衬贴处,舌闲掉,摊笺因谱忠和孝。一声哭,一声重笑。紫檀新点,红牙另唱,案都翻了。"说明了自己创作的经过:睢阳凭吊、偶阅稗家⑩;创作的感想:一声哭,一声重笑;创作的意图:红牙另唱,案都翻了。

最后四句下场诗:

才怜才遍错凭扯不断相思击,
错凑错凭天禄撮弄成合欢事。
常得变拿定了君夫父三条网,
酸和甜参透了碧天霞几个字。

点出了本剧剧名《碧天霞》即由三位佳人:葛明霞、雷天然、卫碧秋的名字中各取一字而来;

剧本所阐释的三种忠义关系：君臣之义、君民之义、主仆之义；

剧本的主要内容：以钟景期与三位佳人的爱情故事为经，以"安史之乱"的历史背景为纬，写国家兴亡之痛，人民离乱之苦。

《碧天霞》一起笔，便条分缕析，脉络如贯。可见这时徐昆的创作手法已经很成熟了。

徐昆的好友常庚辛对《碧天霞》有一个中肯而全面的评价："赞之亦括之，以两言曰：情至、义尽之作。"

"情"乃为文之道。任何一部优秀的文学作品，都是作者的倾情之作。同样，《碧天霞》也是徐昆的"情至"之作。

本剧的主人公，新科状元钟景期是一个有着远大的政治抱负和卓越政治才能的年轻知识分子。在事关国运兴亡的关键时刻，他不畏强权，不惜牺牲自己的政治前程甚至生命，毅然上书弹劾当朝宰相李林甫弄权误国与身兼范阳、平卢、河东三节度使安禄山的不臣之心。"安史之乱"发生后，他临危受命任兵部尚书，领兵讨伐叛贼。

小说《锦香亭》描写钟景期在误入虢国夫人府第后，不敢报出自己的真实姓名和身份，把"鐘"字拆开，谎称道："小生姓金名重，忝列泮宫。"于是，被虢国夫人留在府里，同行同坐，同卧同起，寻欢十几天。衣锦回京后，又欲与虢国夫人再续前缘。

徐昆在剧本中将这一段风流之事隐去，改成钟景期坦言："姓钟名景期，是新科第五名进士。"眼看天色渐晚，钟景期离席告退："夜已深，小生告辞。"这时，虢国夫人却步步紧逼，她持杯走近钟景期说："前来咱连斛合卺。"钟景期步步退却，连声道："不敢，不敢，小生不敢。"最后，终得以脱身。

另外，还增加了钟景期在异乡时对葛明霞的思念情节：唐明皇闻知收复两京，就命驾回都，令景期为前部先行。景期领兵起身，"一路想着明霞，见那些鸟啼花落，水绿山青，无非助他伤感。"

这一改一增，不但表明了作者的道德标准，也使钟景期的形象更加完美。正如徐昆的友人常庚辛所点评的："此处若作奸染，不但钟生少身份，明霞诸人亦减色。读此乃觉从来小说之浅。"

我们不难发现，钟景期身上承载着徐昆的人生理想，寄托了他希望通过科举入仕，实现"匡国致君，安民济世"的宏图远志，和潜藏在徐昆内心深处对婚姻自由的理想追求。对这个人物的塑造，徐昆有一种写真似的自我认同。

在《碧天霞》所有的角色中，徐昆用情最深的应该是"睢阳保卫战"的主帅张巡。

"张巡不死！"这是徐昆从睢阳凭吊时就一直隐藏在内心的祈祷。

"援兵移三日！"这是徐昆在仰望和绝望交织下的呼喊。

于是，徐昆"异想宏工文起浪，奇情叠出笔生花"。让张巡起死回生——郭子仪的援军提前三天，张巡率守城官兵和援兵一起，同心协力，共同抗敌，最终城在将存。

皇上感念"睢阳保卫战"将士们的浴血奋战，特加官晋爵，张巡、许远、雷万春等同享富贵荣华。

友人常庚辛在此眉批："睢阳之陷从来憾事，得此令开生面，为千古英雄一洗泪眼，可与正史并传。"

这补恨之笔，足见徐昆对张巡的崇敬之情、仰慕之情、痛惜之情！

"义"乃儒家思想的核心。孔子认为："君子之于天下也，无适也，无莫也，义之与比。"提出了君子做人做事的标准，全在一个"义"字。

"义"的涵盖范围很广，包括对长辈的孝、对老师的敬、对君主的忠、对朋友的信。

"义"是中华民族崇高的道德表现，也是历代仁人志士的终极目标。

为了突显"忠孝节义"的主旨，《碧天霞》塑造了一大批身份各异，地位悬殊的忠臣义士形象。他们在民族危亡之际，各自以自己的方式精忠报国。

李白、葛天明是当朝文臣。有一天，俩人酒后在街上遇到当朝权臣安禄山，因没有回避遭到安禄山的责骂，三人发生冲突。

李白生性桀骜不驯。一句"安能摧眉折腰事权贵，使我不得开心颜"，诠释了中国文人的傲骨和气节。酒后更是放荡不羁，甚至"天子呼来不上船，自称臣是酒中仙"，面对飞扬跋扈、不可一世的安禄山，徐昆让李白骂得酣畅淋漓，既不失其疾恶如仇的个性，又表现出一代文宗广博深厚的学识：

喷！你徒有苏峻⑪桓温⑫之恶，并无孟德⑬仲达⑭之才，谬蒙圣眷，妄腐非分，尚敢包藏祸心，窥视神器。

您枉自粗鲁，鲁妆呆痴，您枉自猛腾，腾恃勇骁，您心事儿如长蛇热蝎，您性情儿如破镜鸱枭，您枉把圣泽邀，您休把诡计包，您早些儿回心转道，免伊行血活铦刀，您若是称雄拒险渔阳地，俺便要请剑上方斩下祸苗，好仰答皇朝。

如果说李太白骂安禄山时，安禄山的谋逆还只是有其心无其实，骂词中还有些许规劝的话，那么在安禄山公然叛乱后，葛天明面对安禄山的一通怒骂，让读者真切地感受到徐昆书写时的义愤填膺：

俺自有大唐圣主，俺怎肯下从狸鼠，反贼呀！恨不能，寝汝皮毛，剖汝髓，剁残你的肉，又哪肯低了素心，挫了正气，漫把反臣助，一任你巧言语，伪官爵将嗜污，须知俺铁石心千回不屈。

这是君臣之义。是人伦道义，也是维护政权统治之根本。所谓："臣之事主，亦如手之系身。上下协力，以理国事。"

熟读史书的徐昆清楚地记得：安禄山范阳起兵，河北各郡官员纷纷开门纳降，以至唐玄宗连声哀叹"河北二十四郡岂无一忠臣？"反倒是那些下级将士"独以乌合婴其锋"而血洒疆场。难怪曹刿一语惊人："肉食者鄙，未能远谋。"

徐昆满怀着"尊贵者并不尊贵，卑贱者并不卑贱"的现实激愤，让市井小民走上了政治舞台。他在剧本中塑造了一系列"忠肝义胆"的社会下层人物形象——

你看，范阳城内的卫氏母女，一对平日靠做针线活而勉强度日的孤儿寡母，对国家大事却有着肉食者们所没有的清醒，卫母对女儿碧秋说：

我们虽寄居范阳，你看安禄山，即请节制河东，又请番将代汉，不臣心迹灼灼甚，明眼看范阳必为离乱战场，如何是好？（唱）看爪牙纵肆，如飞虎添翅，……况长安备驰，虽差中使，一经香饵，便匿瑕疵，谁道靠着潼关险，便堪当百万师。

这是徐昆在剧本中首次提到安禄山谋反之心。卫母，一贫寒老妪，不但看出了安禄山"不臣心迹灼灼甚"，而且还将当前局势作了相当透彻的分析："长安备驰，虽差中使，一经香饵，便匿瑕疵。"

再看雷海青，一个为士大夫们所不齿的伶人，双目失明，却心明如镜。当国破家亡之时，他知大义，识大礼。劝一身武功的弟弟雷万春要投军报国，要择良木而栖："云龙风虎，各以类从，出处之初，最当慎重。"然后，又列举了大量因选择正确而功成名就的历史人物来鼓励弟弟：

你看那萧何追韩，便拜倒将坛，你看那王猛遇桓，竟退避秦关，你看那谢元事安，乃共乐东山，你看那温峤知侃，做功烈多，般月明珠，莫浪投双龙剑，非虚幻，这机关儿休得要轻相看。

当身陷危局时，他不惧生死，当面痛斥安禄山："蒙面丧心、欺君犯上。"其义正词严的唱词震撼全场：

【中吕 喜渔灯犯】日光惨淡，地天颠倒，咱们虽是梨园贱役，也羞那改面重醮。
【朱奴儿】对琵琶泪抛，曾经过上皇惠心亲见褒，怎忍把沉香亭畔霓裳曲没来历，低头献笑大伦记没个人挑。
（末）哇！二贼嘎！二贼【雁过声】当日个您也曾封妻荫子蒙皇泽，今日里怎甘心摇尾乞怜立贼朝。
（末）贼嘎！【锦缠道】当天宝你本该按军令身濡血刀，一受圣恩牢，便丧心乱纪肆意咆哮。

这安禄山自起兵反叛以来，河北、河南各郡闻风归顺，一路凯歌。占领东、西两京，耳边满是奉承声、赞美声，何曾听到过这种辱骂？他气急败坏地叫道："这厮好生可恶，叫刀斧手伺候，把这厮拿去砍了。"雷海青仍骂声不绝："恨没有专诸鱼肠手抛，恨没有荆轲剑雪铓亲捣，枉落得恨滔滔。"遂被安禄山乱刀砍死在凝碧池上。

这是君民之义。太平盛世时，他们各安其命，本分而卑微地生活着；当国难当头之时，他们却能挺身而出，舍生取义。

红于，葛小姐的贴身婢女，虽身份卑贱却品格高尚。范阳沦陷，葛天明被安禄山打入死牢。安禄山之子安庆绪因贪恋美色，欲强纳明霞为妾，明霞准备以死守节。这时，红于挺身而出，决定替主赴难，她对小姐说："奴今拼却一死，不惟保全小姐，兼可上削国耻，下报家仇。"

红于在与小姐互换衣服后,等待安庆绪到来时,心中无比悲凉:

【越调·门鹌鹑】桂植蟾宫,莲开玉井,您只道月满鸾交,那知是香飞翠冷,凭着俺玉女临凡,只要锄那天狼作梗,云惨淡,风凄冷,想都为女中荆轲,要下这一点无情。

但一想到自己即将要为主人报仇雪恨时,心中又倍感安慰:

俺红于与小姐换过衣裳幸得小姐逃脱,不闻追赶,李猪儿将俺认作小姐送入藩邸,今夜庆绪那厮必来相犯,眼看的主仇可雪,红于好爽快也。

继而想到自己此次不但能代主赴难,报答主人的养育之恩,还能手刃反贼,除去奸臣,赴死之路更加从容淡定,她唱道:

【紫花儿序】奴不曾柏舟歌志,又不是割鼻求名,奴本是玉阙飞琼,等计就金蝉脱壳,全俺的主婢恩情,难平还笑那绿珠楼下一死轻,不曾与养厮并命,既是要玉碎花残,又何妨石裂云崩。

这里,徐昆将小说中红于触阶而死,安庆绪误以为死的是葛明霞,愤而离去后被史思明刺死的情节,改为红于在洞房之夜,为雪国耻、报家仇刺杀了安庆绪后为保小姐、守贞节毅然自刎身亡。

于是,红于的形象便由一个唯知有主的义仆,上升为一个为国除奸、为民除害的巾帼英雄。惹得徐昆的好友常庚辛在剧本的眉批上连连点赞:"好红于,我爱其人!""人道红于真个死,我道红于今始生。"

另外，徐昆在剧中还塑造了张巡之妾吴氏、许远之仆僮，自愿舍身以饷三军的感人形象。

这是主仆之义。徐昆评价说："贱役，各尽心于其主，或谋成而退，或授命以死，其天性真有过人者。"[15]

全剧紧扣"忠孝节义"的主旨抒情、阐义、述事。剧末又以一诗作结，再一次深化了主题思想：

> 万古沧桑话不穷，挥毫都在画图中。
> 情场最爱真由幻，勋业何妨事蹈空。
> 华阁春醒蝴蝶梦，鲛绡泪染杜鹃红。
> 请看泡影层层变，只有纲常贯始终。

对戏剧创作已经轻车熟路的徐昆非常清楚，戏曲是写给普通观众看的，即使是宣传道统义理，也不能板着一副严肃的面孔一味地说教。亦庄亦谐才能赢得观众。《巧骗》一出中，船夫吴小四与媒婆麻婆子的对白诙谐风趣，读来忍俊不禁。

这一日，媒婆麻婆子遇到正要去郭子仪府的船夫吴小四：

（丑）哈，吴小四你忐啰唆，呆骨朵的撞什么？
（副）哈，麻婆子，你贼歪刺拙鲁速的撞什么？
（丑）哈，你本是水底鱼儿张皇三，向我这月里嫦娥闯鹌鹑，好大胆！

这吴小四真是个守职敬业的渔夫，听到麻婆子恶意贬毁自己的职业，非常气愤，回道："你本是萤姑儿骗媒钱，向我这渔父第一搅筝琶，忒胡缠。"

麻婆子也很为自己的职业骄傲："把你那打鱼的好处道来，把我这说媒的好处对付你。"

吴小四毫不犹豫，张嘴就来："我也会，川拔掉，逍遥乐，向江儿水中定风波。"

麻婆子也不相让："哪如我，游四门罗帐里坐，日贺新郎情趣多。"

于是，俩人一人一句，细数着自己职业的优势：吴小四以纵情江湖之间，观尽四季美景为乐；麻婆子也以走街串户，穿针引线连姻缘为荣。整出采用对话的形式，语言粗俗，完全是底层人物的语言。说明这时的徐昆对下层人民的生活已经非常了解，也正是基于这种了解，徐昆才能如此精确地把握人物形象及语言风格。

在音律方面，《碧天霞》更注重宫调的完备、唱腔上的创新，不拾曲家之余唾。徐昆对此有着更为精准的理解："曲有三绝，字清为一绝，腔纯为二绝，板正为三绝；曲有两不杂，所谓南曲不杂以北腔，北曲不杂以南字；曲有五不可，高不可，低不可，重不可，轻不可，自作主张不可；曲有五难，开口难，出字难，过腔难，低难，转收入鼻音难。"⑯

难怪他的朋友王棚鳌在评价《碧天霞》时说："徐君此谱，眉纹颊彩，生面独开，以之嗣响金元，《广陵散》⑰故自在人间耳。"

乾隆三十七年（1772）冬，徐昆历时大半年，终于完成了《碧天霞》戏本的创作。

注释：

①见《柳崖外编·善鼎》。

②根据上村人刘张管老师提供的文字资料，作者做了一些文字上的修改。

③摘自《商丘市睢阳区志》。

④取自刘张管老师提供的文字资料，作者作了一些情节和文字上的修

改。

⑤来鹤亭——即"望鹤亭",位于济南趵突泉东北隅,乾隆时称"来鹤亭"。

⑥摘自《资治通鉴》卷二百二十。

⑦摘自《碧天霞》第一出《词宗》。

⑧旗杆院——按照清代礼制的规定,读书人考中举人、进士的功名之后,政府即拨旗匾银,在得中者家的大门外左右两侧竖旗杆,大门首挂牌匾。旗杆高约三丈,上面并不挂旗。插在约一米见方、有一定规格的石座上。

⑨见常庚辛为《碧天霞》所作的《序》。

⑩稗家——小说家。稗,非正统的,这里指小说。

⑪苏峻——晋朝将领,叛臣。西晋末年,纠结流民数千家结垒自保,后率众南渡,有锐卒万人。庾亮执政,解除苏峻兵权,征为大司农。咸和三年,他以讨庾亮为名,与祖约起兵反晋。不久温峤、陶侃起兵讨伐,苏峻战败被杀。

⑫桓温——东晋政治家、军事家、权臣。晋明帝的驸马,因溯江而上灭亡成汉政权而声名大振,又三次出兵北伐(北伐前秦、后秦、前燕),战功累累。后独揽朝政十余年,操纵废立,有意夺取帝位,终因受制于朝中王谢势力而未能如愿。

⑬孟德——曹操,字孟德。东汉末年杰出的政治家、军事家、文学家、书法家,三国中曹魏政权的奠基人。

⑭仲达——司马懿,字仲达。三国时期著名政治家、军事家,西晋王朝的奠基人。

⑮见《柳崖外编·贾焕 林义》。

⑯见《柳崖外编·钮应郎》。

⑰《广陵散》——中国著名的十大古琴曲。据《晋书》记载,此曲乃

嵇康游玩洛西时，为一古人所赠，并约定此曲不得教人。263年，嵇康为司马昭所害。临死前，嵇康俱不伤感，唯叹惋："袁孝尼尝请学此散，吾靳固不与，《广陵散》于今绝矣！"

第八章 蒲戏昆化俗入雅

耽情蒲州梆　开创「南路」风

耽情蒲州梆　开创"南路"风

　　传记作者就像一位孤独的淘宝者，在历史的长河中独自撑一叶扁舟，打捞那些散落的文明。能寻找到一个完整的宝贝那是难得的幸运。更多的时候，只能拣拾到一些光影碎片，而正是这些散乱的碎片，经过作者的精心修复，会让我们复原一段失落的文明，或破解一个苦寻多年的谜底——

　　乾隆三十二年（1767）的春天，徐昆带着刚刚完稿的《碧天霞》戏本从济南返回家乡。

　　踌躇满志的他怀揣着新作也一定怀揣着梦想，《雨花台》的掌声犹在耳畔，他相信这部精心打造的《碧天霞》将会再一次为他赢得成功的喝彩声。

近乡情更切。从渡过黄河踏上山西地界的那一刻起，徐昆的脑海里就满是"回家"二字。

家，是世上最温情的思念。一年多了，家中的慈母一定时时倚间盼儿；娇妻美妾一定日日凭窗望夫；还有他那咿呀学语的小娇娃呢，是否还记得自己的模样？想到这，徐昆的眼睛湿润了。过去的一年，他看过了太多的豪迈和悲壮，柔情被磨出了坚硬的茧子。此刻，泪水又将这坚硬的外壳融化……

徐昆终于回到了阔别一年多的家乡，沉寂了多时的徐家楼院又热闹起来了。

经过短暂的休整后，徐昆第一件事就是请朋友们来给他的戏本指点指点。说"指点"那是徐昆的客气话，有了《雨花台》成功的基础，徐昆对自己这部新戏充满自信，他请朋友们来，主要是想和大家商量找戏班子排演的事，顺便欣赏自己的新戏罢了。

这就有一个问题了，徐昆请的朋友肯定不止一个，或三五个，或七八个。那个时代既没有打印又没有复印，一部戏稿，众多的人在一起如何阅读？又如何讨论？

很简单：读。

《论衡·谈天》曰："相随观读，讽述以谈。"

于是，在平阳城北的徐家别院里，大伙儿听徐昆念科白、唱曲词，时而豪情万丈、气壮山河，时而低吟哀叹、凄婉悲凉，时而激昂愤懑、长歌当哭，完全沉浸在剧情之中。

朋友们也被他的情绪所感染，随他走进了戏里，时而拍案称奇，时而锥心饮泣，时而击节赞赏，以为"广陵散故自在人间耳"。

对于《碧天霞》的评价，无须我拙笔赘述，不妨看看徐昆朋友们的评说：

王棚鳌，精通音律。他从音律和声腔方面给予了高度的评价：

丙戌夏，《碧天霞》又续出，余吟哦数过，其波折之奇，美目之巧，科白曲调之高雅，靡不各臻其善。又俱新裁别出，不拾曲家唾余。往见论传奇者，谓金元后，音律腔调，寝失其旧，且宫调亦不备，惟就十一调中填凑。余谓调之缺也，固无从为补亡，至音律之因时异宜，不足以区优劣，如近世玉茗等制，虽破旧体，乃尝示妙绝一时。徐君此谱，眉纹颊彩，生面独开，以之嗣响金元，《广陵散》故自在人间耳。

吴克成，工于诗善于文，对剧中人物生动传神的刻画犹为赞赏，称徐昆简直是汤显祖再世：

城北徐公意不群，
锦心织就色丝文。
仙娥态远传秋水，
豪士才高见暮云。
裂齿老臣生弗憾，
伯牙知己没还闻。
牡丹亭畔香仍在，
玉茗前身恐是君。

张允中，长于诗赋，他是徐昆相交多年的朋友，他认为《碧天霞》无论从情节设置上还是主题立意上都比前一部《雨花台》略胜一筹：

客岁见君雨花台，
剪烛长歌每终夜。
今岁谱君碧天霞，

吟板又敲北窗下。
　　忠孝节烈作波澜，
　　词源滚滚惊倒泻。
　　刻羽引宫度新声，
　　绝是稗畦之流亚。

　　白时塘，诗文辞赋皆精，与徐昆是少时学友、曲友、知己，因为熟悉，他的评价是最有深度的。他认为徐昆对戏曲的痴狂，缘于他重情重义的秉性：

　　谁兼秋实与春华，
　　往事更新琢旧瑕。
　　抽秘冷凝梁苑雪，
　　传奇影落碧天霞。
　　痴人哪解缘情死，
　　狂态从知为恨加。
　　可惜于中今少我，
　　江头何处问琵琶。

　　常庚辛，工于诗文。他是《碧天霞》戏本最忠实的读者，整个剧本他字字精琢，句句细品，几乎每页都有他作的眉批、点评。他的评价应该是最全面、最中肯的：

　　丙戌夏，徐子后山，侨寓历下，因《锦香亭》小说，作《碧天霞》，其辞藻如春雪，其脉络如贯珠，其义例之森严如镂金而刻玉，其波澜之宏阔如悬河而倒海，托诸咏吟可歌可泣，被诸弦管谐律同音，且斟酌尽善，损益得宜……余与杪冬，围炉时始获，按谱而吟之，犹恐观者贪看鸳鸯。其金针之度加以琐语，梳其眉目，益觉五花团簇，肖物堪同造物，六义观兴，感人不减风人，然则吾乌乎，赞之亦括之，以两言曰：情至义尽之作，经经纬史之文而已。

如果说这些好友们的评价，难免有谬夸捧场之嫌的话，那么，我们再看看今天的戏曲研究者对徐昆戏曲的评价：

相较于前一部作品《雨花台》，这部作品无论在思想内容上还是艺术表现手法上都趋于成熟，《碧天霞》寄托了作者别样的情怀，在思想性和艺术性方面都有值得称道的地方……清代中叶，民间各地的戏曲声腔逐步兴起，昆曲日渐衰微，徐昆作为这一时期的剧作家，一生虽然只创作了三部戏剧作品，且仅有两部现存于世，但却足以展示他的戏曲才华，并使之在当时戏坛占有一席之地。①

这部剧的作者把爱情题材与政治内容紧密地结合在一起，使爱情服从于政治，让政治斗争促进爱情，不是单纯地写才子佳人式的爱情婚姻，不是写宫廷式的淫乱生活，也不是纯粹地写忠与奸、正义与邪恶的历史矛盾。而是把爱情故事摆在了"安史之乱"的历史背景中，紧紧扣住忠与奸的政治斗争焦点。②

"言而无文，行而不远。"评价一部文学作品的成就，最重要的指标就是看他是否有长久的生命力。徐昆的两部传奇剧能流传至今，而且，在这二百多年里，仍不断有专家学者在关注它们、研究它们，这说明徐昆的戏曲作品还是具有一定的艺术价值的。

按说，戏本得到了认可，接下来的程序就是定戏班、排戏、上演了。令人奇怪的是，从徐昆保存下来的著作中，找不到任何关于《碧天霞》上演的信息，甚至找不到有关《碧天霞》的片言只字。

难道是徐昆当初创作时就定位为案头读物？或者是徐昆行事低调不愿张扬？

经年日久，岁月流变。一个二百多年前的人留给我们一些疑问是很正常的。对于一般人也许难以释疑，但对于一个作家和戏剧家来说并不难，他留下的作品既是他生命行程的图标，也是了解他思想情感的索引。

乾隆中期，昆曲因过于雅化而至僵化，从而失去了广大民众走向了衰败，许多传奇剧本已经沦为文人士子们的案头读物。而徐昆在剧本的创作过程中极力避免这一点，我们发现《碧天霞》剧本无论是唱词和科白，还是勾连科介都具有很强的舞台表演性。

这说明徐昆创作《碧天霞》的目的就是要搬上舞台的。

徐昆生性豪迈，恃才傲物，他的作品中不乏炫耀才情的文字。戏曲是徐昆一生的最爱，《柳崖外编》中对他和曲友们参加太原举子曲子大赛有详尽的记录，对传奇剧《雨花台》演出盛况有细致的描写，还有对那部纯粹的案头剧本《合欢竹》戏稿遗失的无尽惋惜的哀叹。

所以，谦卑和低调不是他的行事风格。

那么，到底是什么原因造成徐昆讳谈《碧天霞》呢？

唯一合理的解释就是《碧天霞》演出失败，甚至根本就没有上演！徐昆是一个完美主义者，这对他来说是一种莫大的耻辱，当然羞于记录。

今天，当我们回头看看乾隆中叶的戏曲现状时发现，徐昆的昆曲传奇剧《碧天霞》演出的失败，是因为当时昆曲在"花雅之争"中已经呈现出明显的颓势。

乾隆中叶，中国戏曲舞台上出现了"花雅之争"的局面，曾以华丽优美的文辞、细腻优雅的唱腔登上艺术巅峰的雅部昆腔，日渐失去原有的活力,开始走向衰微,而花部诸腔正生机蓬勃,声势正健。古典戏曲渐渐进入了花部乱弹的地方戏时代。

《中国戏曲史》对昆曲传奇衰落的原因作了以下的分析:

"首先,它已在极度的成熟和热闹中充分地泻泄了自己的生命;其次,它的作者队伍后继乏人;第三,是花部的兴起。花部放得下架子,敢于就地谋生,也愿意与没有太高文化修养的艺人和观众为伍,它因粗糙而强健,因散乱而灵动,因卑下而普众。"

《南巡盛典》记载了1780年乾隆皇帝第五次南巡来到扬州时的情形:

> 那日,乾隆的龙舟行至镇江,离岸还有十里,管事太监进舱禀报,说看见岸上有个巨大无比的桃子,乾隆命令加速靠岸。将近码头时,几百枚焰火忽然从桃子周围直窜云霄,顷刻间桃子从中间裂开,露出一个舞台,几百人在上面歌舞欢腾。原来,这是为迎接圣驾,扬州盐商组织特意新排的大戏——《寿山福海》。在这个巨大的舞台上,盐商们备了花、雅两部大戏。雅部即昆山腔;花部为京腔、秦腔、弋阳腔、梆子腔、罗罗腔、二簧调,统谓"乱弹"。

这说明中国主流的戏曲舞台上,已经有众多声腔与昆曲平起平坐了,昆腔"盟主"的地位开始撼动。

而在民间,民众更是厌弃昆腔转而爱听"花部""乱弹"。

乾隆间的戏剧家张坚的《梦中缘传奇》序中写道:"长安之梨园,所好惟秦声、罗、弋,厌听吴骚,闻歌昆曲,辄哄然散去。"

连昆曲的发源地苏州也"近有厌旧喜新,皆以乱弹等腔为新奇可喜,转将素习昆腔抛弃"。③

在这样的大环境下,徐昆的昆曲传奇剧《碧天霞》失败就不足为怪了。

那么，徐昆究竟败给了哪种地方戏曲呢？

据乾隆十六年（1751）的《通俗编》记载："今以山、陕所唱之小曲曰西曲。"

乾隆二十六年（1761）的进士檀萃在京城观戏后作有诗云："丝弦竞发杂敲梆，西曲二黄纷乱唬。酒馆旗亭都走遍，更无人肯听昆腔。"

没错！在晋南一带，敢与昆曲唱擂台的花部戏正是"西曲"。也称"山陕梆子""梆子戏""蒲州梆子""乱弹"。

虽然我们今天可以毫无愧色地认为，徐昆的昆曲传奇剧《碧天霞》败给了花部乱弹是大势所趋，是不可避免的。但在当时，徐昆一定是非常失望、非常痛苦以至羞于记录的。

在很长的一段时间里，我都在思考一个问题：遭遇失败后的徐昆在想什么？在做什么？

记得有一位传记作者说过：当你写一个人的一生时，他的经历经常成为你的经历，他的思想常常代表着你的思想。作者与传主，他们就好像孪生兄弟一样结合在一起。

于是，我站在徐昆的角度，用徐昆的思维去思考：青年才俊、少年豪富、恃才傲物、桀骜不驯。这样的身份，这样的性格，面对挫折是不会轻易认输的，因为，他有足够翻盘的资本！

我开始在戏曲史料中找寻，因为我坚信，徐昆不会从此沉沦、从此萎靡不振的。

终于，我在中国戏剧研究院刘文峰先生的《山陕商人与梆子戏考论》一文中找到了这样的一段话：

徐昆除创作传奇外，还将一些昆山剧目改编过梆子戏，由乡间戏班上演。据老艺人相传，《红梅阁》《宁武关》《十五贯》《麟骨床》《和氏璧》等二十四本传统大戏，多经徐昆从昆曲剧目中改编而来。

又见蒲剧史研究专家墨遗萍先生在他的《蒲剧史魂》中写道：

  在晋南有徐昆、白澍等"昆狂"，亦曾"侨寓历下"专事"醋溜"蒲剧，这才有"西路戏"本色而粗俗，"南路戏"昆化而儒雅之分。于是又想起一九六二年一位剧友姚疯子（临汾人）的话："蒲剧南路戏，是上村徐昆当年兴起的。"事实证明：它是剧史，绝非疯话。
  ……在蒲地，则平阳"昆迷"徐昆力倡以"雅"化"俗"，自乾隆二十八年作《雨花台》昆词起，以昆"雅"与蒲"俗"对峙，于是，蒲剧所在的蒲地，亦有了"南路儒雅""西路粗俗"之分。

原来如此！我苦苦寻找的徐昆个人经历的一段空白，也正是蒲剧史上的一段空白！

失败后的徐昆在反思、在寻找，最终探索出"蒲戏昆化"的路子，从此，开创了蒲剧"南路儒雅风"。

关于蒲剧的"南路"和"西路"的来历，因为没有史料的记载，也没有人说得清楚，一直是蒲剧史上的一个谜。

墨遗萍先生在《蒲剧史魂》中曾引用蒲剧名宿曹福海的话："印在书上的未必就真，流于口头的绝然不假。"先生这话并不是随便一说的，他在整理"文革"后残存的资料时发现："要弄清一个'地方戏'的历史，必须与祖国歌坛史，当时地方史，艺人的广泛流言'口头史'，与其有关的'舞台提笔''石碣记述'以及文人'杂记'之类，一并结合起来。"

他还提到，他曾经写《蒲剧小史》时："只重'实物'，查'志籍'，抄录'提笔',广收'石碣',而对艺人流言的'口头史,则漠然视之'的态度是错误的。"很多史料,没有印在书上,却被老艺人们保存在"口头史"上。正所谓"失之于朝,求之于野"。

墨遗萍先生的话是有道理的。在封建社会里,唱戏这一行当是最被人瞧不起的,是没有官本正史的。只偶尔在文人雅士们的趣闻杂谈里、名人逸事中,留有一些零星的记录。一部蒲剧史,只能靠艺人们的口口相传。

严格地说,徐昆时代还不能称为"蒲剧",那时还只能叫"梆子戏"。

于是,我在艺人们一代一代口耳相传的传说中,探寻着徐昆当年的改革足迹——

徐昆没想到他的《碧天霞》会败给梆子戏,而且败得那么惨。心情极度低落的他把自己关在"贮书楼"里。踏春赏花、吟诗作画、度曲唱酬一概免了。

妻子心疼了,劝道:"诸葛亮比你能不能?不还有失街亭吗?这回写的不行,下回咱再重写呗,可别因为这愁坏了身子。"

徐昆苦笑不语。这部四十出的传奇戏本,花费了他一年的时间,凝注了他的全部心血,是他的倾心之作、倾情之作啊!而今成了案头的一堆废纸,说不难过不痛苦是假的。但他知道,他不是败在案头而是败在舞台上。

昆曲在三百年的辉煌中充分宣泄了自己的艺术生命,"水满则溢,月满则亏",任何事物也逃不过"盛极必衰"的规律。昆曲的极度雅致和极度完满让它失去了广大的俗众。没有了观众,也就失去了舞台。

当朝许多剧作名家,包括位高权重的蒋士铨、桂馥、杨潮观,他们的剧本也大多成了文学读本,没有演出的机会。他读过蒋士铨写的《冬青树》④。取材于文天祥、谢枋以身殉国的史料,表彰其抗元和忠贞不屈的民族气节,痛击卖国投降的留梦炎之流。具有凄怆沉痛的悲剧色彩,其语言娴雅蕴藉,文辞优美富丽,是一部非常优秀的传奇剧本。然而,最终也以"好声寂然"而了了。他知道，昆曲的衰落不是靠几个好的剧作家，几部好的作品能挽回的。

朋友们来了，安慰说："后山兄，以你的年龄和经历，能写出两部传奇剧本来，已经是奇迹了。以你的才情和学识，只要回思经书、专心制艺，下一科必定高中，今后前程无量哩。"

徐昆笑笑仍不语。他明白，昆曲传奇剧本历来被称为韵文写作的"皇冠"。它本来就是一种才情的比赛和炫耀。以他不到三十岁的年龄和一个拔贡生的资格，写出了一部三十二出的《雨花台》和一部四十出的《碧天霞》，而且是自己组织这种高成本的演出，本身就是一个传奇。尤其是《雨花台》的演出在平阳获得了昆曲失势以来前所未有的成功，他应该很知足了。

他也明白，朋友们的话中也含带了规劝的意思。这两部传奇剧的创作的确分散了他太多的时间和精力，他几次乡试落第，与这不无关系。他也很内疚，知道这样做有愧先父、有愧慈母，但实在是兴之所至，不能自已。

曲友们也来了，开导说："现在的剧作家在创作传奇剧本之初就定位在了文学读物上，像你这样能搭起台子演出的已经不多了。凡事要尽人事而顺天意。这场'花雅争胜'，花部胜出，雅部出局已成定势，你就权当写了一部案头文学吧。"

范鹤年说道："我的传奇剧本《桃花影》也和《碧天霞》一样惨遭厄运，你瞧瞧我，该吃吃、该喝喝、该乐乐，啥事都不放在心上。"

徐昆笑着指着书桌上的一大堆书说："我没有你们想象的那么脆弱，这么多天我一直足不出户，是在反思呢。"

大伙这才注意到书桌上满是剧本：《天缘债》《双钉案》《梅龙镇》《巧换缘》《面缸笑》。

"这都是唐英的戏本啊！"大家惊讶地说。

"准确地说,全是唐英从梆子戏曲改编过来的昆曲戏本。"他一边说一边拿起桌上的戏本一一细数:"这部《天缘债》是由《张古董借妻》改编而来的;这《双钉案》是《钓金龟》改编的;这《面缸笑》这《巧换缘》就是咱梆子戏的同名剧目改编的。"⑤

徐昆说着顺手打开《天缘债》戏本:"你们听听这位张古董的科白:我好好一个张古董,被他们这些梆子腔的朋友们到处都是借老婆,弄得个有头无尾,把我妆扮的一点人味儿都没有了。糟蹋了我一个可怜!若得个文人名士改作昆腔,填成雅调,把你今日待我的这一番好处也做出来,有团圆,有结果,连你我的肝胆义气也替咱们表白一番,才是好戏。"

他觉得念得不过瘾,索性放开嗓子唱道:"好笑好笑真好笑,梆子戏改昆调。"

唱完,徐昆又说:"这是《面缸笑》的结尾唱词,好笑不好笑?可乐不可乐?"

"是哩,咱乱弹戏就是'笑多理少'。"

"你既是闭门思过,就说说你思之何过吧!"

徐昆沉思了一会说:"刚才你们说得对,花部胜出,雅部出局已成定势。这么多天来我一直在反思,为什么那么高雅的昆曲会输给俚俗的梆子戏?输就输在一个'官'字!昆曲是朝廷钦定的'官腔',担负了太多的弘扬道统、教忠化义的功能,过多的说教使得舞台语言呆滞无趣了,自然不受广大俗众的喜爱。而梆子戏是以一种大众化的娱乐方式进入人们视野的,短小精悍、谐趣生动,就像刚才的《张古董借妻》雅俗共赏。观众当然喜闻乐见。"

"嗯嗯,言之有理。"

"是啊,百姓们日日为生计奔忙,听戏不就是图一乐吗?哪有闲工夫听你说教?"

白时塘看出了徐昆的心事,问道:"后山兄,你是不是也想把梆子戏改成昆曲，填成雅词？"

徐昆说："昆曲辉煌了三百多年，无论文辞唱腔都是精美绝伦的。如果眼看她从此消亡，你我恐都于心不忍。唐英先生的尝试，给了我很大的启发：昆曲过雅而衰，教训深刻；乱弹戏语言粗俗，也不足取。取其长补其短是最好的办法。昆曲最初也是集众家之长，融南北之曲才日渐成熟的。但具体如何改，我还没有底。原因嘛，说来惭愧。我对咱们当地的梆子戏还真没认真了解过。"

李仰山揶揄道："是哩，你徐后山是雅人生雅地，唱雅词看雅戏，哪像咱这俗人生俗地，唱俗词看俗戏。"

大伙哈哈大笑，把徐昆笑得有些不好意思了。

的确，徐昆从小生活在济南府，对家乡的戏曲比较陌生。加之昆曲长期的主流地位，年轻的徐昆对所有的杂部乱弹有一种本能的排斥。

还在北京顺勤王府时，有一次，一位友人请他看花部戏，回来后他写了这么一段文字："友人邀看弋阳乐部，不当意，归煮花乳一瓯，欲洗喧呶嘈气。忽闻卖小豆腐声，鸡子声，叫化声一时并至，急持花瓯静听之。维时有打鼓子者，卖冰水者，槟榔者，绒线者，糕者与隔壁打馎饦击节者回环相应，五声具备，八音谐畅。"⑥在他看来，这杂部乱弹"喧呶嘈气"，还不如市井中的叫卖声听着顺耳哩。

墨遗萍先生在《蒲剧史魂》中说："徐昆者，雅人逸兴大开，特好昆词，颇恶蒲剧。"言辞虽尖刻了些，倒也是事实。

在闭门思过的这段日子里，他从唐英改编梆子剧这件事中得到了启发，开始重新审视家乡的梆子戏，也非常希望去了解梆子戏。

现在，他的首要任务就是要全面地、立体地了解蒲州梆子。他的第一课就要从蒲州开始补起。于是，作为蒲州人，常庚辛便责无旁贷地成了徐昆的向导。

蒲州梆子形成的历史很久远，但问及蒲州梆子具体的起源时间，常庚辛摇摇头说："戏曲的历史是没有正史记载的，只听老艺人们说在明代嘉靖年间因为蒲州人杨博将梆子戏班带入京城，梆子戏就此唱红了北京城，那应该是在元末明初吧。"

杨博，蒲州人（今运城永济人），明朝名臣。官至吏部尚书、太子太傅、太子太师等职，深得嘉靖皇帝的信任，嘉靖二十九年，杨博回乡葬母，观看了蒲州乱弹的演唱，十分欣赏和喜爱，三年后他孝满还朝时，把蒲州乱弹戏班"义和班"带到了北京。这批蒲戏艺人以精彩的演唱，唱红了北京城。在杨博五十大寿时，"义和班"还编演了歌颂杨博的传奇剧目《忠报国》，赞颂杨博为朝除奸，忠心报国，同徐彦昭共同辅佐太子也就是后来的嘉靖帝登基的故事（《忠报国》至今仍是蒲州梆子的传统剧目）。而明嘉靖年间，魏良辅才开始对昆山腔的声律和唱法进行改革创新。直到万历年间，昆曲才逐渐流布到福建、江西、广东、湖北、湖南、四川、河南、河北各地发展成为全国性剧种。⑦

徐昆惊讶于蒲州梆子的历史比昆曲还要悠久，更惊讶于梆子戏和昆曲一样的流布广泛，一样的影响深远。

蒲州梆子是山西四大梆子之首，影响也很广泛，今天的河北梆子、河南梆子、山东梆子都是从蒲州梆子衍生而来的。而且流布也很广，西到新疆、甘肃，北至内蒙古，南到河南。

徐昆明白了，古老的梆子戏的确具备了与昆曲唱对台戏的资格！

关于蒲州梆子的形成，徐昆从老艺人那里听到了一个令人荡气回肠的故事：

公元 1402 年，燕王朱棣起兵夺了侄子建文帝朱允文的皇位，改年号"永乐"，迁都北京。朱棣为了掩盖其篡位夺权的事实，令侍讲学士方孝孺为他撰写一份承父替侄登基的诏书，被方孝孺一口拒绝。朱棣以灭九族相威胁，方孝孺秉性刚直，仍拒绝道："你灭我十族我也不写！"朱棣气急败坏地说："我就灭你十族！"于是，朱棣怒杀了方孝孺。因为法律只有灭九族一说，并无十族可灭，为了显示"君无戏言"的君威，朱棣硬是把方孝孺的门生作为十族治罪，流放到山西蒲州去做乐户。

乐户就是唱戏的，是最底层的贱民，方孝孺的学生们被流放到蒲州之后，在当地杂剧的影响下也搭起戏班，编起戏文，扮起了角色。他们有文化，戏文编得有情有趣，戏也演得有声有色。他们选用枣木做成方梆来敲打节奏，因为枣木坚硬，音质响亮，清脆铿锵，如同他们威武不屈、贫贱不移的个性。他们的戏火辣而劲爆，将对永乐王朝的不满，发泄在这紧锣密鼓中。其唱腔高亢嘹亮、粗犷豪放，透着一股慷慨之气，被称为"野呼乱弹"。当地民谚称"满口疾呼很奔放，河曲野啸起回浪。生旦净丑有区⑦别，悲壮激越音流畅"。另外，他们还旗帜鲜明地吼出"敲起梆子唱乱弹，不给阎王塞屁眼"的台词。"阎王"即"燕王"的谐音。是说宁做乐户贱民，也不向谋权篡位的燕王屈服⑧。

了解了梆子戏的来历，徐昆对这平时听着有些嘈杂刺耳的梆子声不由得产生了深深的敬意：这些"乐户贱民"是最伟大的精神贵族！

蒲州梆子与昆曲最大的区别在于音乐体系的不同：蒲州梆子是板腔体，由慢板、二性、紧二性、撩板、流水、间板、滚白这七种基本板式构成。无论哪种板式，其唱词都是七字句或十字句的韵文。

而昆曲音乐体系就复杂得多了，昆曲是曲牌联套体，全套均由不同的曲牌连缀成套，构成一出戏或一折戏的音乐，前有"引子"后有"尾声"。其剧曲是根据曲牌的要求填词的。

梆子戏的唱腔腔高板急、火爆热烈，长于抒发慷慨激越的情绪；而昆曲的唱腔婉转圆润、节奏缓慢，没有一点烟火味。当地民众非常形象地形容这两个戏种的唱腔：哼"渣子（昆曲）"吼"梆子"。

作为一个剧作家，徐昆最关心的还是剧本的创作。

《晋游日记》是乾隆时期一位叫李燧的文人所写。他是当时山西学政的幕僚，随学政视学山西。书中记载，他在山西境内看到的梆子戏，都是一些回戏和稍戏，整出的板式变化体的梆子戏剧本还未出现。而这些小戏的剧本大都出自一些文化水平不高的民间艺术家之手，有的甚至是蒲伶们"有个气，编个戏"娱人自况的临时凑合。剧本语言显得粗糙而杂乱，其中甚至存在着逻辑混乱、句法错误的弊病。

成书于乾隆年的《河汾旅话》一书中记载了作者从西安到晋南这一路的所见所闻："村社演戏剧曰：梆子。词极鄙俚，事多诬捏，盛行于山陕。"

日本青木正儿所著《近世戏曲史》也称："其他梆子、秦腔、二黄等地方土戏，知名文士无染笔于此者，概为无名氏之作，似俳优稍善于文字者之作不少，故其曲俚鄙，不足以文学论之。"

徐昆明白了：梆子戏之所以难登大雅，主要原因是其文辞粗鄙。

随着对蒲州梆子日益深入地了解，徐昆发现蒲地、蒲人与蒲州梆子竟有着神圣而不可分割的统一性。

广袤的黄土高原，山高沟深，地广人稀。空旷辽阔的山坡上孤寂的放羊人羊鞭一甩，吼出几句梆子腔，立刻，那边山头上的放羊人便应声吼出下一句来。远远地，这一唱一和之间就有了交流。于此，你不觉得纤弱的昆腔在这儿显得那么的秀而无骨吗？

高原人离太阳最近，蒲地的汉子肤色都呈紫红色，身材粗壮。当他们赶着负重的驴车，艰难地行走在崎岖的山路上时，吼出一段梆子来，那身体上的困乏便一尽儿涤荡净了。你能想象这样的身板哼出一段细腻雅致的昆曲来吗？

蒲地人说话多用去声，咬字沉重，尾音上扬，对话像吵架一样。这样的声韵发出来的一定是雄壮的叫板！

晋南人对于蒲州梆子的热爱，到了如痴如醉的程度。无论村子大小，村村都有戏台。生孩子要唱戏添喜、结婚要唱戏祝贺、送葬要唱戏致哀。一个人的一生就是以戏台作为标点的。

徐昆终于明白：蒲州梆子是蒲地人不可撼动的生命音符！

当然，站在一个改革者的角度，他对这个古老戏种的认识是客观而理性的：

梆子戏因短小精悍、贴近生活、贴近民众，其词质朴平实、生动有趣、妇孺能解而征服了广大的观众。

梆子戏粗糙而强健、散乱而灵动，它的舞台语言以"蒲白"为准，本土而普众。

但梆子戏的语言市井鄙俚，也制约了蒲州梆子的发展。

《晋游日记》的作者记载了山西各州府官员请他们观剧的剧目，清一色的是昆曲剧目，如：《狮吼记》《打樱桃》《雷峰塔》等。这说明梆子戏还是不被上层社会所接受。

就连地方的乡绅们也认为梆子戏亵神，酬神时自愿请献昆腔。乾隆四十二年（1777），蒲县柏山东岳庙碑文称："乾隆丙辰岁，东神山纠首老先生等十位，因土戏（梆子戏）亵神，谋献苏腔（昆曲）。"

乾隆时期，山陕梆子艺人魏长生进京演出，曾以《滚楼》一剧轰动京城，然而，最终因内容粗俗鄙猥而遭到官方禁演，魏长生只得离开北京南下。

摸清了梆子戏的家底，徐昆的改革目标逐渐明朗：一方面，出于对昆曲的偏爱，看到昆曲的日渐衰落，他非常希望以自己的方式努力守护着这支文化的血脉；另一方面，他想提升蒲州梆子戏的艺术品位，让家乡的古老戏种走出乡间村野，走向大雅之堂。

于是，徐昆决定进行雅俗融突的另一种尝试：昆本故事蒲戏化！

他的这个改革方案得到了李仰山、白时塘、顾大昌、常庚辛、范鹤年、杨维栋等友人们的大力支持。这一日，几位好友又一次聚集在"贮书楼"内。

徐昆说："唐英用昆腔演唱梆子故事给了我启发，我想借用一下唐英的思路，反其道而行之，用梆子腔唱昆本故事。"

白时塘第一个响应:"好!不拾前人之余唾,既然要改,就得有新意。"

徐昆轻轻地摇了摇头说:"这个,我倒不是故意要另辟蹊径,实在是咱晋南人对梆子戏有太深厚的感情,它的'蒲白'像百姓的乡谈,直白朴俗,唱词入耳上口,这也的确是昆腔所不及的优势。"

李仰山点点头说:"嗯,是哩,昆曲繁缛,听者若不看文本,全然不知所云,这就把广大普通观众挡在门外。所以,人们都称昆曲是文人剧,因为不普众,当然就失去了观众。"

徐昆说:"是啊,要通俗而普众,改掉原来因卑下而普众的毛病。这样才能提升梆子戏的艺术品位,让梆子戏走得更远、更长久。"

顾大昌接着说:"对,昆曲的儒雅风格要保留。冯梦龙曾说:'本色者,常谈口语而不涉于粗俗。'通俗而不粗俗,这个度要把握好。"

徐昆点点头:"大昌兄所言极是。'昆本蒲化',就是要取昆之长,以补蒲之短。但如何取,如何舍,关键在于一个'度'。"

然而,这个"度"的把握并不容易,任何一项革新都不是一蹴而就的,当年魏良辅改革昆山腔时,闭门谢客,独自躲藏在古娄江畔的小楼上,穷讨古今乐律,花费了十年的时间,细研南曲、北曲的特点,终于造就了一种细腻优雅,集南北曲优点于一体的"水磨调",也就是昆曲。我们不难想象徐昆改革之路的艰辛和曲折。

年深日久,我们已经无法还原徐昆在改革路上的种种艰难困苦,也不想做过多的猜测,只知道徐昆在大家的帮助下终于完成了"昆本蒲化"的改革。

从现存的昆化剧本来看,改编后的梆子戏本保留了梆子戏"蒲白"的舞台语言,也保留了梆子戏的音乐体系。戏本采用板腔体,唱词为七字句和十字句的韵文。又植入了昆曲的儒雅和规整,变得曲"律"而词"文",故事也脱"俗"入"雅"了。

新改编的梆子戏迅速唱红了晋南大地,各大戏班纷纷争演新编梆子戏。曾经酬神献戏被禁演的梆子戏如今终于堂而皇之地登上了大雅之堂。

嘉庆五年,蒲县柏山东岳庙的舞台提笔:

临汾得胜班,嘉庆五年(1800)三月演出五天,本戏《千里驹》《碧游宫》《漫兽兆》《四英金》《如是观》……

其中大多是改编的昆本剧。

嘉庆八年(1803),永济县山南永乐镇仁义班在安邑冯村演出,舞台提笔:

《表忠记》《弹词》《阴阳树》《盘陀山》《千金记》《刺虎》《扯被》《火焰驹》《艳云亭》《虎口余生》《山门》《观灯》《摘星楼》《乾坤啸》《雷峰塔》《三挡》《闹院》《十五贯》《麟骨床》《绣襦记》《闻玲》《姑贤》《贤荆》《放羊》《打火棍》《阳告》《打店》。

除《扯被》与《观灯》等"稍戏"外,多一半是改编的昆曲剧目。

墨遗萍先生是蒲州梆子的忠实捍卫者,他的《蒲剧史魂》通篇都是对徐昆改革梆子戏的严厉批判,认为这是在"摧毁梆子腔这一人民创造的'盛世元音'""想给蒲剧敲响'丧钟'""意在以'雅'乱'俗',摧毁'梆子腔'。"但同时又不得不承认:"万泉百帝村有'道光十五年的手抄戏本',不管它与白狂徐流(指白时塘和徐昆等昆迷)有无关联,但其戏词是比'乱弹'儒雅一些,也系事实。"

从那时起,蒲州梆子有了和昆曲平分秋色的资本——南路戏。

严格地说,徐昆改革之初还不能称之为"南路戏"。因为"南路"这个词一直到嘉庆年间才出现。

至于为什么叫"南路戏",蒲剧音乐家康希圣先生解释说:"因为是由苏腔(昆曲)改编的,苏腔源自南方,所以称作'南路戏',而本色的梆子戏因来源于山陕梆子,因此称作'西路戏'。"

关于"南路戏"和"西路戏"的区别,墨遗萍先生在《蒲剧史魂》中写道:

> 蒲剧于乾隆时,分为两路,"西路"粗俗本色,剧本特多。据《补庵谈戏集》:"宝臣在京,颇负盛名,其能戏在三百本以上。"那么,俗呼蒲剧之"本戏、回戏、加稍戏,将近五百有来历",不为无因;"南路"儒雅昆化,只上中下三八"二十四"本。
>
> "西路"本,多性格戏,看把式之真工,注视唱工,戏热;"南路"本,多情节戏,看故事之曲折,注视道白,戏凉。

蒲剧编剧、蒲剧史编审杨焕育先生说:"过去的老艺人们有'南路难学好唱,西路戏好学难唱'的说法。这是因为'南路戏'戏词太文雅,当时的艺人们识字不多,背词有些困难,所以难学;因重情节,表演相对简单,比较好演。西路戏戏词通俗,好记;但表演丰富,重功夫,所谓'吹胡子瞪眼甩帽翅',比较难演。"

《运城市志》中记载:

> 蒲剧在发展过程中,曾出现过两个不同的艺术流源,即西路戏与南路戏。南路戏以演传统的上、中、下二十四本为主,唱词较少,文辞典雅,多以情节奇巧取胜,格调文雅;西路戏则粗犷豪放,重唱功和做功,风格火爆。

南路戏本分上八本、中八本和下八本，统称为"南路二十四本"。

分别是：

《意中缘》《盘陀山》《十五贯》《麟骨床》《瑞罗帐》《红梅阁》《火攻计》《乾坤鞘》为上八本；

《阴阳树》《炮烙柱》《和氏璧》《摘星楼》《春秋配》《龙凤配》《渔家乐》《梵王宫》为中八本；

《无影簪》《火焰驹》《日月图》《富贵图》《梅降雪》《忠义侠》《狐狸缘》《黄鹤楼》为下八本。

中国戏剧学院刘文峰先生在《山陕商人与梆子戏考论》一文中说："《红梅阁》《宁武关》《十五贯》《麟骨床》《和氏璧》等二十四本传统大戏，多经徐昆从昆曲剧目中改编而来。"

刘文峰先生很谨慎地用了"多经"二字，想必是经过了仔细的斟酌和考量的。

的确，没有哪项艺术革新是一个人、一个时期内完成完善的。它一定是几代艺术家们不断改革、不断完善的结果。"南路戏"也是如此。

在运城市河津县小停村的古戏台上，留有嘉庆年间的舞台题记，上面只记录了南路戏上八本的剧目。有可能到嘉庆时期，南路戏还只有这八本，也许是徐昆当时只完成了上八本，或是只完成了上八本中的某几本。

新中国成立后，"蒲州梆子"正式更名为"蒲剧"。

"南路戏"和"西路戏"作为晋南蒲剧的两个流源影响了蒲剧艺术一百多年，"直到上世纪三四十年代在蒲剧五大演员：王秀兰、阎逢春、张庆奎、杨虎山、筱月来的共同努力下，蒲剧艺术得到了进一步的发展和提高，'西路戏'和'南路戏'的特点逐渐融为一体。'南路二十四本'已渐次脱'雅'从'俗'，'西路戏'也消解了当年的火爆和急迫，趋向柔美和抒情。"⑨

墨遗萍先生说："徐昆所创的儒雅之昆腔，只在蒲伶口中'昆为蒲用'地在《芦花荡》中，张飞哼几句'渣子'（昆曲），此外，再无迹象可寻了。"

蒲剧"西路"和"南路"的历史已经被时间所清仓。今天，年轻的蒲剧演员们大都不知道有"南路戏""西路戏"之分。为这段历史作证的唯有在开场的"引子"中绵绵若存的几句昆曲唱腔……

我查阅过许多不同版本的《中国戏剧史》和《蒲剧发展史》，都没有找到有关"南路""西路"来历的解释。我也询问过很多蒲剧演员，请教过很多从事蒲剧研究的专家，他们对此也莫衷一是。

写到这，我不由长叹：历史，欠徐昆一声对不起！

历史或会被尘封，或会被遗忘，但不会被抹杀。徐昆在蒲剧史上的贡献必定是不可忽略的！

至于如何确定徐昆在蒲剧史上的地位，我想，这应该是蒲剧研究者们的任务。

今天，当我们回望历史时会发现，有时候失败真是一种财富，如果没有当年的失败，徐昆在戏曲史上的成就就会逊色很多，蒲剧史也会因此而单调很多，蒲剧也不会有今天这样的多姿多彩！

注释：

①见王文君《徐昆戏曲创作研究》。（山西师范大学 2015年硕士论文）

②见康建鑫《清传奇作家徐昆生平行事考略》。（山西大学2012年硕士论文）

③见清代苏州的《翼宿神祠碑》。

④《冬青树》——清乾隆期间著名戏曲家、诗人蒋士铨所作的传奇剧本。讲述了文天祥一生的主要事迹。

⑤见《中国戏曲发展史》。

⑥见《柳崖外编·三绝》。
⑦⑧见《蒲剧史话》。(杨焕育著,社会科学文献出版社)
⑨摘自《运城市志》。

第九章 十年寒窗苦登科

憎命文难恃　拔贡暂慰情

飞鸿仍铩羽　功名事未酬

憎命文难恃　拔贡暂慰情

乾隆二十八年（1763）对徐昆来说是收获的一年：《雨花台》演出成功，如愿娶回李窈，可谓是事业、爱情双丰收。

自《雨花台》上演后，徐昆在平阳城名声大噪，因而结识了许多文人雅士、社会名流，他的才气也得到了平阳知府徐浩的赏识。

徐浩，字飞山，天津人，乾隆七年（壬戌）进士，官历山西平阳府知府、太原府知府、山西冀宁道，曾为山西乡试的监临官。《人物传记资料丛书·华北卷·五卷》介绍他："生平倜傥豪迈，为文不加点窜。"

"为文不加点窜"是说他文思敏捷，作文不加修饰，一气呵成。倜傥豪放的性格、倚马而就的文思，这不正是当时的徐昆吗？也许正是因为这相似的秉性而得到了徐飞山的欣赏，俩人从此建立起了深厚的师生情谊。

乾隆三十年（1765）对于徐飞山和徐昆来说都将是紧张而忙碌的一年。

这是徐飞山在平阳知府任内的最后一年，他要在最后的任期内完成对平阳"正谊书院"的扩建改造工作。

"书院"一词始于唐代。它原本是独立于官办的"府学""县学"之外的非官方教育机构。按说，这些民间的书院，怎么会成为在任知府任内的工作呢？

原来，明代末年四次大规模的禁毁书院活动带来的灾难性后果，让明、清两代的统治者开始认识到书院存在的重要性。清朝政府更是意识到"书院文化"对于文人思想观形成的重要作用，为了加强对教育的主导、对人才的管理，清政府强化了对书院的控制，这时的书院已经呈现出明显的官学倾向。

首先是在经费方面，书院的很大一部分经费由政府承担。据《清通考》载："雍正十一年，命直省省城设立书院，各赐帑金千两，为营建之费，……其余各府、州、县书院或绅士捐资倡立，或地方官拨公经理，俱申报该管官查核。"

不仅如此，朝廷对书院的山长（院长）和教师的选拔、招收学生时的考核、学习的内容都做了明确的规定。所以，清朝的书院大都是由地方官员组织建立的，因而与官府有着千丝万缕的联系。

平阳的"正谊书院"，就是康熙五十七年（1720）由临汾知县宫懋言组织修建的。到徐飞山任平阳知府时，已经是破旧不堪。原"晋山书院"毁于康熙三十四年（1695）的大地震。平阳城内的书院规模较大、设施条件较好的就只有乾隆十三年（1748）修建的"平水书院"了。

书院是倡明礼教、修养德行的地方，也是反映一个地方士林动态和士林风气的地方。振兴一个书院就是兴盛一个地方的文化，而平阳书院的现状让徐飞山深感不安。他叹道："今兹书院，亦既撤而新之矣，然无闲田以输岁租，无公帑以给廪饩，将使司教者枵腹而谈经，负笈者裹粮而执业，此必不可行之势也。"①

上任后，他便开始筹备"正谊书院"的扩建改造工作，除从官府拨一部分款项外，他还积极鼓励商贾士绅捐资。

据《临汾县志》载："乾隆三十年（1765），平阳太守徐浩对正谊书院大力扩建，改名为'平阳书院'，士绅捐白银六千两作为办学之用，贷给商贾生息，作为肄业诸生膏火费，延师讲授，一时称盛。"

可惜的是，徐飞山在他的任期内没能完成对"正谊书院"的扩建改造，交由他的继任者完成。当新的书院落成后，平阳的绅士们专程到太原请徐飞山为书院写落成碑记。徐飞山欣然命笔，他撰写的《平阳书院碑记》详细地说明了扩建"平阳书院"的起因和经过：

平阳之有书院旧矣。岁久废不治，弦诵歌绝，士气衰阻。乾隆二十七年壬午冬十月，余来守是邦。验其状，明年春，乃进诸绅士而告以宜修复之故。众志欢悦，醵金宣力，计日藏事……夫知其难而为之，始事者之责也。知其难而护持之，继事者之责也。后之君子，诚能仰体圣天子崇重书院之盛心，豫学校选造之地茂，间阎弦歌之俗，将见进一篑为九仞，疏万里于滥觞，则余其椎输尔，嚆知尔，余其能无厚望与！

在这次书院扩建过程中，徐昆一定是积极参与并捐资了的。据为徐昆的《眉园日课》作序的沈初称，徐昆"少年豪富"，曾在一天之内帮助八位友人六千四百多两白银而"毫无吝色"。所以，我们有理由相信，以徐昆的家境，以徐昆的性格，以及他和徐飞山的私交，徐昆这次不但捐了，而且捐的数目绝不会少。

扩建书院的工作结束后，徐飞山对于徐昆的了解又更进了一步。他欣赏徐昆的慧敏，读书不见执经诵读，却默记无遗；欣赏徐昆的倚马之才，写文章一挥而就，每每有新意卓见。从徐昆身上他看到了自己年轻时的影子。

乾隆三十一年（1766）五月，徐飞山调任太原知府，后又任山西冀宁道。以后，徐昆每次去太原都住在徐飞山家里，受到他们夫妇的热情接待。因为徐飞山没有子嗣，对同姓的徐昆他或许还有几分说不清道不明的亲情在里面吧。

徐昆把这份情感记录在他的《柳崖外编》里。其中的《赵小姐》就是讲述徐飞山做冀宁观察使时以凛凛正气与鬼怪斗智斗勇的故事：

徐每夜与夫人朝衣冠肃镇之。赵小姐犹时时现形，升堂入室，或笑或语，逼生人以冷气。飞山先生有胆量才气，学亦上下古今者也，遂向鬼曰："我，尔之寅伯也，有话可与我谈"……署有婢，颇端淑，素不识字。后赵小姐遂附身使之言，历时二年而后绝。

如此赞美之言似乎仍不能表达他的敬意，在篇末的"柳崖子曰"里，徐昆又意犹未尽地写了一段话："飞山先生余师也，先生倜傥豪迈，鬼敢近之，异矣。所谈又何其知道也？又闻其称飞山先生前世为蜃精之得道者，徐夫人为天上水晶球。"可见徐昆与徐飞山夫妇关系之亲密。

徐飞山文思敏捷，工于诗文，可惜留传下来的诗文很少。仅在《清诗汇》里收录了他的一首诗。

春晓

昨夜东风何处雨，关心楼外杏花寒。

薰笼欲撤五更难，小试春衫被体单。

浅绿未回杨柳岸，新红空忆海棠栏。

冷传雁信书犹远，冻写鱼笺墨未乾。

徐昆直到晚年还念念不忘徐飞山的知遇之恩，正可谓"一日遇知己，终生念旧恩"。

徐昆在乡间居丧守制的这几年生活得非常愉快。萱堂在上，妻妾在侧，稚子绕膝，这是一家人多年来难得的团聚时光。

因守制不能参加科举考试，倒让他有大把的时间与友人们谈奇闻逸事、花妖鬼神，或是邀二三知己，担风袖月、遍游山西境内的山川名胜。正是"功名之念少，诗酒之情浓"。

徐昆在《柳崖外编·梦图》中记录了一个有趣的梦境故事：

这天，他和好友吴衣柳连床夜谈，谈的内容不是经书，也非诗赋，而是列神诸仙。俩人谈兴颇浓，直到深夜方睡去。

迷迷糊糊中他看到他的"梧斋"旁有一小径，只数步就进了莲花沟，沟内枣树果实累累，红色的枣子与柳崖边绿色垂柳相映射，再看那枣子底部皆以五叶莲瓣承之。他不禁惊骇道："此奇品曾听乡中父老说过，久绝矣，今天如何复见呢？"沟的东边有一小山，玲珑似他在山东邹县游历过的峄山；蜿蜒向北雄伟而特出，又似山西境内的霍山、恒山，也如终南山[2]；向西环绕，如姑射山[3]；一峰高插云天，又如泰岳之松山。西峪有泉水百流，略似广胜[4]，南汇为池，如龙子池[5]；池涌为湖，又如大明湖；有瀑布如王官瀑[6]；池旁一阁，如趵突泉旁的蓬莱阁；山腰一亭，如陶然亭；亭旁一柏，如尧陵柏。亭与阁通处有台，如吹台[7]；山腹有洞，如毛女洞[8]。出洞口，渡石桥，有菊圃。由圃升堂，由堂升阶，万卷连屋，他的"贮书楼"赫然在其中。东以竹篱为墙，藤萝作户，蓊郁苍茫。见吴衣柳站在篱笆墙边问："你没说过这个园是你的啊，你天机清妙，我与你一起尽情地游览吧。"于是，他们出篱门，落花满境，香袭衣裾；云石一片,蓊然云出;环山以十州为水,彩舟栖岸,果酒杂陈。他和吴衣柳登舟解缆,任风所吹,彩鸾白鹤环樯飞舞;仰视云端,琼楼玉阙,明灭隐现,不知是梦是醒,是天上还是人间……

徐昆醒后,马上将梦中之境记录下来,其景之神奇、之美妙,着实令人惊叹,由这段文字又引出一段奇异的经历。这是后话了,暂且不提。

轻松的日子总是过得很快,转眼就到了下一个科考年——乾隆三十年(1765)。

在那个"万般皆下品,唯有读书高"的时代,无论你是怎样的风月英雄、词曲冠军,都不过是炫耀才情的游戏。只有"一举登科日,衣锦还乡时",才是读书人的成功标准。于是,徐昆闲云野鹤的自在生活结束了,不得不"五经勤向窗前读",备考乡试。

为了让儿子能专心研习经书,母亲卢氏令下人将徐昆"梧斋"里的所有闲书全部清理出去,每日里一切饮食,日常照理交由小厮和老奴,妻妾丫鬟都不许跨进东院的"贮书楼"。

卢氏的禁欲措施不谓不严,岂不知"欲望"这种东西是越禁越强烈的。人们往往对于被禁止的事物有一种好奇心理和逆反心理,因禁止形成的空白,反而会产生强烈的召唤。

不需要我们去猜想徐昆独自在"贮书楼"的日子是如何承受着精神与生理的煎熬。这里,徐昆早已将他的苦恼、无奈和矛盾的心理用诗词的形式告诉了我们:

罗江怨⑨

功名念,风月情,两般事,日营营,几番搅扰心难定。欲待要倚翠偎红,舍不得黄卷青灯,玉堂金马人钦敬。欲待要附凤攀龙,舍不得玉貌花容,芙蓉帐里恩情重。怎能两事皆成,遂功名又遂恩情,三杯御酒嫦娥共。

"怎能两事皆成，遂功名又遂恩情"，徐昆的这句词与清代著名情僧仓央嘉措的名句："世间安得双全法，不负如来不负卿"何其相似！只是他们生活的时代不同：一个生活在康熙初年，一个生活在乾隆中期；身份迥异：一个是至高无上的活佛，一个是普通士子，却有着同样的情感诉求、同样的苦闷、同样的难以取舍。

所不同的是仓央嘉措为了情爱舍弃了尊荣，而徐昆为了尊荣只得暂时舍去情爱。

秋风日渐起，秋情愁煞人。乡试的日子越来越近，李窈的情绪也越来越低落。少年夫妻，不忍远别，更何况她和徐郎情意深厚。

徐昆动身去太原的日子到了，鞍马俱备。那一夜，李窈偎在夫君怀中逸态横生、极尽缠绵。真个是"魂销愁雨夜，泪湿浣花村"。大概上天也被李窈的痴恋所感动，半夜里，暴雨骤降，一直到第二天仍是淅淅沥沥地下着，丝毫没有停歇的迹象。

徐昆的行程只得改期，李窈一听，竟然喜不自禁地跑到庭中对天喃喃祈祷："安得日日雨耶。"

没想到，这句祷告恰好被路过的正室高氏听到。高氏看到李窈那孩子气的神情笑了，打趣道："妮子祝雨，是为官人呢？还是为你自己呢？"

这点小秘密突然被揭穿，李窈有些发窘，很快，她就机灵地一噘说："姐姐好没良心！妹妹是专为大姐祝雨呢，岂敢为自己？"高氏明知她的话是在填哄自己呢，但李窈的知情识趣还是让她很舒服。

且放下这闺阁幽怨不提。只说雨一停歇，徐昆便快马加鞭，日夜兼程，终于在考试前一日赶到了太原。

其实，徐昆对这次考试并没有抱多大的希望。他非常清楚，自己这几年并没有把时间放在研习经书、时艺文章上面。多少读书人穷尽一生的精力也没能中举，像他这样每日里裁诗唱曲、大谈列神列仙，又如何敢抱希望？

这么一想，徐昆进场后反倒轻松起来。他索性来个才情放纵，一任思绪驰骋，行文恣肆、笔走龙蛇。三场考试，场场头一个交卷，头一个出闱，那份轻松和随意，大有"一本白卷交还你，状元归去马如飞"的洒脱，与其他士子们的紧张和焦虑相比，显得很另类。

徐昆的表现很快就引起了主考官的注意，他拿起徐昆的卷子仔细地阅读，不由得有几分惋惜：虽说文辞讲究，言语华丽，文章美则美矣，但毕竟不合乎制艺文的格式，更缺乏"代圣人立言"的庄重，所以，难以入闱。

果然，这一科徐昆仍是榜上无名。本在意料之中，徐昆坦然地接受了这个事实。

然而——感谢这个转折词，它往往有着化腐蚀为神奇的作用！这平静的日子被一桩突如其来的喜事打破了：徐昆被选为拔贡生！

不用说，这得益于徐昆在考场上与众不同的表现。这倒是应了那句老话：歪打正着。

这时的徐家大院又热闹起来了，村中长者、亲朋好友、左右乡邻都来庆贺，而徐昆这时还有点蒙圈，这一切如在梦中一般。

写到这里，我们好像一直忽略了今年是乙酉年，是十二年一次的拔贡年。其实，不是我们忽略了，而是我们的主人公徐昆忽略了。而他的忽略是有理由的，因为中得一个拔贡生，在一定程度上比中举人还难。

明清时期，文人入仕有两条正途：一是由秀才经乡试而成举人、由举人经会试而成贡士、由贡士经殿试而成进士；另一条是通过考试进入国子监，成为贡生或监生，然后授予官职。各类贡生皆由一省的最高教育长官学政确定。

清代的贡生有五种：拔贡，每十二年考选一次；岁贡，每年选一次，按在学的时间依次选补，所以也称为挨贡；恩贡，遇朝廷庆典之时选拔；优贡，每三年选一次；副贡，每三年举选一次，由乡试取得副榜的生员中选送。拔贡被称为"五贡之首",是当时各种贡生、监生中素质最高,最受朝野重视的。

乾隆七年,上谕规定,拔贡每十二年(逢酉年)一次,每府学选拔两名,每州、县学选拔一名,由于选拔人数极少,所以就有"举人无数、拔贡有数"之说。而且,对选拔者的考核要求之严几近苛刻,不仅要求文章好、书法好、品行优,还要求白面、无须,体貌端正。因为这样的要求,一般的参选者都是年轻人,有些人为了参选,不惜忍痛拔掉胡须,隐瞒年龄。当时文人中盛传一首《拔胡诗》:"未拔贡兮先拔胡,贡未拔兮胡已无。早知拔胡不拔贡,不如不贡不拔胡。"道出了士子们的凄楚和辛酸。

为防止所选非人,朝廷还要求各地所选出的拔贡生到北京再考一次,如有不符合要求者,则将该省学政按渎职处理。

难怪有后世学者指出,举人、进士中文句不通者很多,但拔贡中却没有。可见拔贡生在当时的声誉是非常高的。

徐昆对这份意外的收获还是很得意的,毕竟,这是他在科举的道路上迈出的第一步,也是重要的一步。乾隆四十六年(1781),徐昆考中辛丑科进士后,专门为自己刻了一方图章:"乙酉庚寅辛丑"[10],作为藏书的专用图章,很高调地刻录了他科举道路上这三个里程碑似的年份。

乾隆三十年(1765),二十八岁的徐昆被选为拔贡生。综合以上的信息我们不妨为徐昆画一个像:出身富贵、相貌出众、品性高洁、才华横溢。

这样的男人放在今天也堪称完美!

所以,他恃才自傲,他蕴藉风流,他疏狂豪伟。

因为,他有这个资格!

飞鸿仍铩羽　功名事未酬

乾隆三十一年（1766）的春天，徐昆在处理完济南商行的事后，由济南赶往北京参加拔贡生的考试。

京试的过程平淡无奇，徐昆顺利通过，被授候补八旗教习。不过，这次在京城时发生的一件奇事倒是值得一记：

考试结束后，徐昆约上了曾经在顺勤侯府时相交的几个朋友小聚。闲聊之间，有人说他认识一位擅长请乩仙的先生，所卜之词非常灵验。徐昆对这种扶乩降仙的游戏向来有兴趣，于是，他们相约前往拜访这位高人。有趣得很，这位高人就姓高。

轮到徐昆时，他焚香默祝，然后将那篇记述梦境的散文封在一信封中焚之，希望能求得一幅画。约莫过了一顿饭工夫，宣纸上淋漓满目，大伙细看，只见画中一书生独卧贮书楼，那模样一看便知是徐昆，并不曾有朋友吴衣柳。徐昆不满意，再求乩仙。又过了一盏茶的工夫，一幅数尺长的画成了，这幅画将他在梦境中所见的景象完整地表现了出来，尤其是吴衣柳的外貌，美髯飘飘，形神备至。

大伙都非常惊异，徐昆更是如获至宝，将画珍藏起来。这如何藏得住？要知道，这些人中大多都是游走在各侯门公府的清客，帮闲凑趣本是他们的专业，经他们一传，这幅画的来历便被传得神乎其神，很多人都争相一睹。在以后的几年时间里，京城的许多友人都为这幅画题笔。其中就有著名学者钱大昕先生所题的四绝[①]：

其一

姑射仙人冰雪身，三山咫尺悟前因。

飞鸿印爪无非幻，好梦何妨认作真。

其二
粉本经营笑尔曹，丹青活泼任挥毫。
人闲画手多凡俗，莫道床头有捉刀。

其三
华严世界本浮沤，海上成连欲刺舟。
得道由来须慧业，梦中指点读书楼。

其四
闻说家园似辋川，天机清妙有仙缘。
闲中小试生花笔，补入《聊斋志异》编。

奇梦、奇画，加上名人题诗，这幅画就有了身价，身价越高，价值也就越高，也就引起了梁上君子的注意。俗话说："不怕贼偷，就怕贼惦记。"后来，徐昆在寄给吏部程渔门求题时，这幅画在程家的书斋中失窃了。

徐昆善"易"，曾在《易经》上用功很深。每有难以抉择或难以预知的事总爱卜上一课。这天，他为这幅画的下落占得一"坤卦"，其词："履霜坚冰，阴始凝也。驯致其道，至坚冰也。"冰乃至寒至凉，徐昆以为这画从此石沉大海了。

大约半年后的一天，徐昆在离自己住所不远的琉璃厂一市摊上意外地发现了这幅画，徐昆及时赎回。失而复得，真是喜出望外！

遭此一劫，这幅画又添了一奇：奇遇。

徐昆的朋友侍御陈鸿宝特为此事题诗：[12]

妙迹从来眼见稀，题成便合付君归。
桓厨窃发寻常事，直恐通灵破壁飞。

庚寅恩科徐昆中举，出胡合川先生之门。胡合川先生得知这幅画的奇异来历后也颇有兴致，题长句云：⑬

我昔飘飘下九垓，模糊云气纷皑皑。吁嗟紫府一为别，东西跳掷双丸催。谪居人世五十载，往往不乐思蓬莱。蓬莱海上高崔嵬，虚无缥缈金银台。悬流千尺绿于醅，迷津那许渔人猜。青鸾紫凤不知数，仙人游戏相追陪。四时纷葩灿玉蕤，无名强以琪花推。此境隔绝不可识，披图惝恍胸怀开。噫吁嚱！我家黄山麓，君家汾水隈。山重水复千里与万里，忽然接迹欣衔杯。前身悟彻掀髯笑，安知不从蓬山弱水之中来？此缘非偶真奇哉，试从仙梦寻根荄。人生羁绊良可哀，何不乘风浮纤埃，还君此图心徘徊。

徐昆得到老师的这首诗后在家细细品玩，对"谪居人世五十载，往往不乐思蓬莱"和"前身悟彻掀髯笑""人生羁绊良可哀，何不乘风浮纤埃"等句中流露出来的那种玄妙意境感到非常不解。

几个月后，胡合川先生以英壮之年辞世，这首诗竟成谶语。

当他怀着悼念之情再次品味先生的长诗时，不由得沉思起来：《老子》说："人法地，地法天，天法道，道法自然。"任何事物都有一种天然的自然欲求，"道"就是对自然欲求的顺应，所谓"顺道而生，逆道而亡"。而梦境之事，本属自然，觉得新奇有趣，作文写诗自娱自乐也就罢了，非要去求乩求画，且初画不满，又再次焚香求画。尔后名家题诗，炫耀彰显。太多的执念已然是逆道而行了。程门失窃，已是警饬。"履霜坚冰"的卦词就是在提醒自己：踩到薄霜，坚冰即将到来。"坤道其顺乎，承天而时行"，秋霜冬雪是自然规律，而仍违天道而行，寻画复得，无异寻灾招祸。最终是"龙战于野，其道穷也"。

这么想来，徐昆心中就有了一种负罪感，总觉得先生之死与这幅画有某种说不清道不明的关联：或是图中"表鸾紫凤不知数，仙人游戏相追陪"的仙境让先生产生了"试从仙梦寻根荄"的幻想？还是先生本有仙根，早已参透了"人生羁绊良可哀"而"乘风浮纤埃"？

从此，他将这幅画收藏起来，发誓永不示人！

乾隆三十三年（1768），又是三年一次的大比之年。这次，徐昆接受二位老师蒋时庵、徐飞山的建议，决定参加顺天府的乡试。

又要远行了！徐昆心中不免有些惆怅：这几年他已经习惯了妻儿老小济济一堂的团聚生活，一说分开，谁都免不了有一番离愁别绪，尤其是李窈，正青春年少，更是难舍难分。但此次他要先去济南处理一些事情，然后由济南到北京。一路舟车颠簸得一两个月，娇妻弱子承受不了这路途的辛苦，他只有忍痛放下，只身上路了。

如果说乙酉乡试徐昆打的是一场无准备的战，那么戊子乡试徐昆就是有备而来。三年来，他躲进"梧斋"燃膏继晷、劳形案牍，真正"两耳不闻窗外事，一心只读圣贤书"，等待的就是这一刻。

八月初八，天微明，徐昆就来到了位于崇文门内的顺天府贡院。到底是京城，这里的贡院比起太原的贡院来，规格要高得多，建筑也气派得多："贡院"二字的墨字匾悬于大门上正中，大门东西两侧建两牌坊，东牌坊书"明经取士"，西牌坊书"为国求贤"。

进大门后为龙门，门外又平列四门，直进为至公堂。从龙门到至公堂甬道东西两侧便是东西考场。在公堂中悬御书"旁求俊义"匾。柱上一副黑底镏金的楹联："号列东西，两道文光齐射斗；帘分内外，一毫关节不通风。"

院内有明远楼，楼下南面悬联："矩令若霜严，看多士俯伏低徊，群嚣尽息；襟期同月朗，喜此地江山人物，一览无遗。"四角各有楼专供监考瞭望用。

贡院的气氛整肃凝重，就像士子们的心情。这里是一考定乾坤的地方，这里也是天堂和地狱的分水岭。几天后，从这里走出去的有"春风得意马蹄疾"的登科举人，自此以后，犹如鲤鱼跃龙门，再非平凡。但更多的是"年年下第东归去"的落榜士子，灰头土脸地退场，或再待三年，或终老乡间。

八月十八考试结束，徐昆第一件事就是去拜访他的老师蒋时庵先生。

蒋时庵和徐昆的师生情谊要追溯到十几年前，时任山西学政的蒋时庵从众多的生员中发现了这个才华出众的年轻人，他曾预言：徐昆将来定成大器！可是，之后徐昆的科举之路一直不畅，竟四次落第不举。连徐昆自己都心灰意冷了，但蒋时庵坚信自己的眼力，他以为徐昆只是时运不济，绝不是文短才弱。这次他让徐昆来顺天府乡试，也确有举荐之意。

看到徐昆送来这次考试的文章，他赞赏不已，便将文章推荐给时任刑部尚书的裘曰修，裘曰修看后也大加称赞。在蒋时庵的推荐下，徐昆持门生礼拜见了裘漫士先生。

裘曰修，字叔度，一字漫士，江西南昌新建人，清代名臣、文学家。乾隆四年（1739）进士，历任礼、刑、工三部尚书，深得乾隆帝信任，称赞他"品学端醇，才猷练达"。他曾多次主持乡试、会试，门生故吏众多，人脉极广。他还是纪晓岚的授业师，二人关系甚密。纪昀有《断碑砚歌为裘漫士先生作》《漫士先生绘断碑砚图敬题其后》等诗文及铭言。

能得到这么一位名公巨卿的赞赏，徐昆自以为这一科必定高中无疑。放榜那日，一大清早便让仆人备好了报捷的马和打赏报录人的喜钱，自己则穿上了最喜庆的衣服，悠闲地喝着茶，等待报捷。

然而，看着一骑一骑的报录人从他的门前驶过，徐昆的心情由期盼转为焦虑。他吩咐茶房：上酒来！徐昆一杯一杯地喝着，他想把自己喝醉，以酒遮脸。说来也怪，那酒快喝完一坛了，他就是不醉！眼睛都朦胧了，耳朵却始终追逐着外面的马蹄声。直到日落西山，外面报喜人的马蹄声、喜庆的锣鼓声、人们的祝贺声都重归寂静时徐昆明白：他又一次名落孙山！

得知徐昆落榜，裘漫士先生特地将他叫到府中，先是安抚一番，然后说："你的朱卷我看了，第一场的五言韵诗做得很好，你能写出昆曲传奇剧本，说明你是擅长诗词歌赋的，这大约是你的强项。"

徐昆听了有些羞愧，他知道诗词乃学问之末道。当今圣上乾隆帝就说过："文辞本属游艺末节，然亦须根柢经训，有裨身心，方为载道之文。"如今是以文章取士，长于诗词相当于不务正业。他不知道先生这话是真心的褒奖还是婉转的批评。

裘漫士先生接着说："第三场的策问五道就差强人意了，文章是代圣贤立言的，所谓'文贵载道'，不可过于绮靡。一篇文章不但能看出个人的富泽，也能看出国运的盛衰来。"

这件事被徐昆记录在《柳崖外编·何氏》后的"柳崖子曰"："昆戊子应京兆试，尚未登漫士先生门墙。闱后，时庵师袖余文与漫士先生观，大加赏鉴。将揭晓，令仆人备马报捷，竟不售。漫士先生特召而致之门墙之下，教诲有加焉。"

希望愈大失望亦愈大。徐昆此时的失落之感、愤懑之情我们可以从他的《柳崖外编·屈公》中感受到：

> 是科屈公自负必中矣，榜发竟无名……公曰："秀才望举如农望年、贾望利，性命以之，梦魂随之。尔鬼头殆不知也？数年来，鸡卜不敢，瓦卜不敢，问龟不敢，恐秀才未康，氍毹先打。"

这段文字看似是屈公揭露科举制度对读书人的控制、诱惑和残害，实际上是徐昆痛苦的内心自白。

连年落第，是自己才短文弱，学问不如人吗？不是！徐昆一向对自己的学问才识都很自信。

是自己游戏文章吗？也不是！这几年他参经释义，殚精毕智。

他唯一能解释的就是"抑科第之文别为一途"。这别为一途之文是什么？是八股文！

至此，徐昆方才明白两年前他的老师朱筠的弟弟、与他有着亦师亦友关系的朱珪的一番教导。

朱珪，字石君，北京大兴人。是徐昆当年在顺勤王府时认识的朋友，比徐昆大六岁，是一位天才少年，十七岁殿试为进士，十八岁选庶吉士，散馆授编修，侍读学士。与其兄朱筠，时称"二朱"。

丙戌，徐昆来京参加拔贡考试时曾去"椒花吟舫"拜访过朱筠、朱珪两兄弟，与朱珪有过一次长谈。

那日，在谈到八股文的境界时，朱珪引用《道德经》中的句子说："制义之精微，至于有以观徼，无以观妙，无不通之。"

徐昆哈哈一笑问："石君兄，你是谈八股文章的精微呢，还是在谈《道德经》的精微呢？"

朱珪说："道，无处不在。文贵载道。徼，窍也，从实用的角度可以找到制艺文章的写作技巧。从虚无的角度应该揣摩他的奥妙并对其妙理产生兴趣。可惜啊，这世上读书之人，并没有真正理解这一点。"

徐昆承认他说得有道理，但天下士子，哪一个不是把这八股文当成获取功名的敲门砖？又有几个真正对这枯燥无味的八股文产生过兴趣呢？只是碍于情面，这些话徐昆不便说出来。

朱珪明白他此刻心里想什么，微叹道："以兄驱涛涌云之笔，为揣摩应试之文，有些可惜。"

听了这话，徐昆只是礼貌性地笑笑，并不以为然，觉得朱珪有些言过其实，甚至有卖弄之嫌。

徐昆现在才明白，朱珪的"少年天才"绝非是浪得虚名的，后悔当初没有听从朱珪的教导。如今，朱珪已经外放任湖北按察使，不知什么时候才能再见面。

朱珪去了湖北,"古欢亭"里还有朱筠,徐昆是一定要去拜访的。他与朱珪是朋友之谊,与朱筠却是师生之情。

朱筠,字竹君,一字美叔,又号笥河。乾隆十九年(1754)进士,授编修,翰林院侍读学士,督安徽学政。

朱筠和他的弟弟朱珪都是少有才名,博闻闳览,于学无所不通,刚三十岁时就名扬天下。很多人初闻其名,都以为是宿学耆老,见了面发现是个年轻后生时,不由爽然失笑。

朱筠一生以求才育才为己任,奖拔后学。《清史稿》载:"前后从游几数百人,因材施教,拓越畦畛,比于树艺,由拱把至于百围,咸达其性,靡所矫揉。"

桐城派散文的集大成者姚鼐,在他的《朱竹君传》中对朱筠有这样的记叙:

> 先生为人,内友于兄弟,而外好交游。称述人善,惟恐不至;即有过,辄复掩之。后进之士多因以得名。室中自晨至夕未尝无客,与客饮酒谈笑穷日夜,而博学强识不衰,时于其间属文。其文才气奇纵,于义理、事物、形态无不备,所欲言者无不尽。尤喜小学(文字音韵训诂之学),为学政时,遇诸生贤者,与言论若同辈,劝人为学先识字,语意谆勤,去而人爱思之。所欲著书皆未就,有诗文集合若干卷。

虽然没有确切的资料显示徐昆是何时、何地、经何人引荐求学于竹君先生门下的,但从朱珪晚年为徐昆写的一篇序中"忆四十年前,曾在'椒花吟舫'与徐后山言之"和"徐后山为先兄竹君高第"的句子中推测,徐昆与朱筠的师生关系应该是在乾隆二十五六年徐昆在顺勤侯府时。也许是蒋时庵的举荐,也许是在侯府偶遇:一个慧眼识英才的伯乐,巧遇一匹骅骝长嘶的千里马。

但不管怎样,有一点可以肯定:徐昆是朱竹君先生数百随游者当中的一个,也是受教益最多的学生之一。

乾隆三十三年(1768),落第后的徐昆不知是出于仕途考虑,还是出于精研学问的考虑,总之,他没有回到家乡,而是留在了京城,住在朱竹君先生的"古欢亭"里。

竹君先生好客,姚鼐先生说他的家中"自晨至夕未尝无客"。竹君先生的客厅自然是"往来无白丁,谈笑有鸿儒"。竹君先生好饮,他的宴席上聚集了当时京城的高官显贵、硕学大儒,其中就有鼎鼎大名的钱大昕、沈初、钱载、蒋士铨、姚鼐、章学诚等。徐昆也因而结识了许多的名流大腕。

这个冬天,他"与笥河先生三冬围炉而坐,纵谈古今"⑭。

既是纵谈,自然是经、史、子、集、文字无所不谈了。不过,他们谈得最多的还是诗歌。竹君先生善于因材施教,知道诗词是徐昆的强项。

说到诗,徐昆总以古乐府为例,他曾熟诵古乐府、新乐府千首,所以很有心得。而竹君先生每说诗,辄以《古诗十九首》为归。

《古诗十九首》是我国最早成熟的文人五言诗,大抵是出于东汉末年。最早见于南朝梁代萧统《文选》,在诗歌史上占据重要位置。刘勰称其是"五言之冠冕",对后世的五言诗产生了极大的影响。

人们普遍以为这十九首诗歌是游子思妇之辞。它的情感内容基本上是表达离情别绪,表现人生的失意和无常。

而竹君先生以为:"诗有性情,与观群怨是也;诗有倚托,事父事君是也;诗有比兴,鸟兽草木是也。……而十九首包涵万有,凡'五伦'道理莫不毕该,却又不入理障,不落言诠,此所以独高千古也。"⑮

竹君先生的见解往往新颖独特,令人耳目一新。如古诗十九首之二:

  青青河畔草,郁郁园中柳。

  盈盈楼上女,皎皎当窗牖。

娥娥红粉妆,纤纤出素手。

  昔为倡家女,今为荡子妇。

  荡子行不归,空床难独守。

  这是一首闺怨诗。后世大多认为,这首诗最妙之处,是这位女子不同于以往思妇重在一个"怨"字,而是发出了"荡子行不归,空床难独守"的质疑声,显然有些出格,倒也真实体现了在东汉末年那个纲纪松弛的时代,人性本真的回归。

  而竹君先生则跳出了游子思妇的囿苑,站在了一个治世乱世的社会高度上看问题。他认为:"此二句包罗史事:欲写治世之人,先应从世界写起,故欲写美人,先从春写起,且由冬而春,即乱极将治之。……如此美人而必托言倡家者,喻君子处乱世也。倡女所遭必是荡子,君子轻出必得乱君,故以荡子妇喻之。"⑯

  竹君先生每晚与徐昆围炉而谈,多是一晚一首诗,但遇到两首有关联的,先生便一起联说。如"孟冬寒气至"和"客从远方来"这两首,竹君先生认为,后一首是前一首诗义的延伸,因而猜测是一人一时所为。

  竹君先生说:"前一首'客从远方来,遗我一书札。'盖单言书札不足尽彼之心,于是后一首言'客从远方来,遗我一端绮。'故人竟从远方而遗之,说到心尚尔,感慨泪下矣,因即一端绮畅言之。"⑰

  先生侃侃而谈,学生专心而记。有时,徐昆也会提出自己的见解,而竹君先生每次都"与言论若同辈"虚心听取,共同讨论,有时还能采纳徐昆的不同意见。

  那晚,他们谈到第十二首《东城高且长》的前四句:

> 东城高且长，逶迤自相属。
> 回风动地起，秋草萋已绿。
> 四时更变化，岁暮一何速。
> 晨风怀苦心，蟋蟀伤局促。

竹君先生说："此是一片禅机，《楞严华法》其妙不过尔尔。东城生春之地也，高长如此，逶迤如此，乃'回风动地起'，一番一番春生之草已。入秋而凄以绿矣，是何故乎？良以'四时更变化'，所以岁暮如此其速，'一何'二字妙。下二句从物上就又妙，'晨风'、'蟋蟀'无情物也，晨风感时而鸣也，怀苦心；蟋蟀感时而吟也，伤局促。⑬"

徐昆听罢沉吟了一会说："先生，我以为晨风和蟋蟀或有另解。"

先生颔首微笑："哦？你有何解？不妨说来一听。"

徐昆说："晨风二字，或应是《诗经·秦风》中的诗篇名。"于是，他吟道："鴥彼晨风，郁彼北林。未见君子，忧心钦钦。如何如何？忘我实多……"

接着又说："而'蟋蟀'则应是《诗经·唐风》中的诗篇名。"

这时竹君先生也跟着吟诵起来："蟋蟀在堂，岁聿其莫。今我不乐，日月其除。无已大康，职思其居。好乐无荒，良士瞿瞿。蟋蟀在堂，岁聿其逝。今我不乐，日月其迈……"

先生那一口纯正的京腔字正腔圆，抑扬顿挫，非常好听。诵完，先生笑说："难怪韩昌黎说：闻道有先后，术业有专攻。你专于诗词，可见是下了一番功夫的。我在理解这二句时，的确没想到《诗经》中的这两篇，这也只是我个人的理解。你可以用诗篇名另作一解，也许会更妙呢。"

身在愉悦之处，往往会觉得时间飞瞬即逝。腊月初八这天，十九首诗全部讲解完毕。徐昆这才发现，不知不觉间，他已经在先生的"椒花吟舫"学习半年了。

虽云乐，亦是客。进了腊月，年味越来越重，思乡之情也越来越浓。"家"在召唤着远方的游子归来。

于是，徐昆打点行装，踏上了回乡的路。

注释：

①见《平阳书院碑记》。

②终南山，是秦岭西自武功县境、东至蓝田县境的总称，简称南山。主峰在西安市长安区，素有"天下第一福地"的美称。

③姑射山，位于临汾市尧都区城西35公里处，相传为尧夫人鹿仙女诞生地，因庄子的《逍遥游》中有"藐姑射之山，有神人居焉"而有名。

④广胜，今山西临汾市洪洞县广胜寺。

⑤龙子池即今临汾市尧都区龙祠乡的龙祠泉。

⑥王官瀑，位于今运城市永济境内王官峪景区的王官冰瀑。

⑦吹台，在今河南开封市禹王台公园内，传为春秋时师旷吹乐之台。

⑧毛女洞，毛女为传说中的仙女。

⑨摘自《柳崖外编·蔡状元》。

⑩据邓云乡在《〈眉园日课〉书后》一文中记载，他收藏的《眉园日课》的扉页上盖有这枚"乙酉庚寅辛丑"的图章。

⑪⑫⑬——均见《柳崖外编·梦图》。

⑭⑮⑯⑰⑱——均摘自由朱筠口述，徐昆笔记的《古诗十九首说》。

第十章 投壶命觞尽名士

京师登桂榜　学问渐精进
二度瘗裙钗　香冢留传奇
初登仕途路　阳城任教谕

京师登桂榜　学问渐精进

徐昆终于赶在年前回到了家乡。

久客新归,徐昆格外珍惜与家人团聚的日子。细心的家人发现徐昆这次回来好像变了个人似的,他既不外出访客,也不呼朋唤友,只是很安静地待在书房读书。两位母亲尤为欣慰,觉得儿子突然之间懂事了,成熟了。

徐昆这次北京之行最大的收获就是结识了一群当时颇具影响力的文化名人,从他们身上觉出了自己的差距:

朱筠,著声施早,刚三十许,天下闻名,以为宿学耆老;

朱珪,十七岁中进士,三十岁时为按察史,官居正三品;

钱大昕,只比自己大几岁,已是誉满天下的"学究天人"。

相比之下，自己年逾而立，却是一事无成。他曾经对自己久困科场而产生过"怀才不遇"的感叹，也曾对科举考试生发过"黜佳才而进凡庸"的怨恨。现在他才明白，这些年来，他寄兴于谈神论鬼、骋才于填词度曲，于经学、于道德文章并未真正下过功夫，如今是"时艺取士""文章立身"，自己热衷的那些充其量只是"艺技"，与"才学"无关。

本无才，何叹"怀才不遇"？何怨"黜佳才进凡庸"？种什么因，结什么果，不能怨，也无可怨！

想起从前总总，徐昆不由得为自己的年少轻狂而惭愧。从此，他秉烛达旦，苦读经书，以备战三年后的乡试。

说"苦读"，其实也不尽然。当徐昆带着欣赏的眼光去读这些枯燥的经书时，他享受到了读书的乐趣——

《大学》被认为是儒学"初学入德入门"的要籍。而在徐昆读来，简直就是一部对《诗经》《论语》《尚书》的绝妙诠解：

《诗》云："瞻彼淇澳，菉竹猗猗。有斐君子，如切如磋，如琢如磨。瑟兮僩兮，赫兮喧兮，有斐君子，终不可諠兮。"接着《大学》说："如切如磋者，道学也；如琢如磨者，自修也；瑟兮僩兮者，恂栗也；赫兮喧兮，则威仪也；有斐君子，终不可諠兮者，道盛德至善，民之不能忘也。"

《诗》云："邦畿千里，维民所止。"而《大学》曰："于止，知其所止，可以人而不如鸟乎！"

《论语》曰："听讼，吾犹人也。必也使无讼乎！"《大学》云："无情者，不得尽其辞。大畏民志，此谓知本。此谓知本，此谓知之至也。"

《尚书》有"如保赤子"之句。《大学》则曰："心诚求之，虽不中，不远矣，未有学养子而后嫁者也。"

徐昆一直以为只有诗词歌赋是怡情怡性的文字，这时他忽然发现："书凭夙悟，皆有神解，非尚有须臾读也。①"这经书也同样怡情怡性且怡德呢。

徐昆徜徉在经书典籍中，享受着承欢慈母膝下、红袖添香、稚子迎门的天伦之乐，转眼一年多的时间过去了。

这一天，他接到老师蒋时庵的书信，要他前往北京准备参加明年顺天府的庚寅恩科乡试。

清代，除了按正常的三年一次的乡试外，每逢遇到皇帝万寿（生日）或新皇登基等庆典时，还额外有加科乡试，叫作恩科。1771年，正值乾隆皇帝六十大寿，因而增加恩科。

庚寅顺天乡试是徐昆人生最得意的一次经历。他的《柳崖外编》中对这次科试有许多记载。

《柳崖外编·赵小姐》："是时为乾隆三十五年，余应京兆，枉路太原谒飞山先生。先生曰：'我将公出，知生今晨必至，留一日'。"

我们从而得知，徐昆大约是在乾隆三十五年的初夏之时从家乡平阳府出发，前往北京参加考试，中途绕道太原专门前去拜访老师徐飞山的。

这次是徐昆第二次参加顺天府的乡试，也是他的第五次乡试。虽然这回他对自己非常有信心，但有过上回的教训，他不敢流露出丝毫的得意和自满来，始终低调谦和。这是徐昆自入闱场十几年来第一次这样的忐忑不安。

"知易者不卜，善易者不占"这个道理他自然是明白的，踌躇几日后，他还是忍不住卜了一课。他在《柳崖外编·签验》里记录下了这件事：

考前他占得的是"解卦"。其词曰："解利西南，无所往。其来复吉，有攸往，夙吉"。

"利西南？"，山西不正位于北京的西南吗？莫非是示意我此科应该回山西考？于是，徐昆便有了回山西的打算。但这毕竟是件大事，从北京返回太原，光是路上就得半个月，还要去太原重新办理考试的相关手续，这样一来，时间上就非常仓促了。思来想去，他决定给徐飞山先生写封信，一方面是征求先生的意见，另一方面也希望得到先生的帮助。

很快，他就接到了飞山先生的回信，先生对他回山西的想法并不赞成，说："子以'利西南'三字欲返山西，然易有神解，不拘注疏，安知非北闱场中（指顺天府试场）利在西南之人乎？"

徐昆恍然大悟：先生到底是先生！"易有神解"，这"西南"并不一定是指考试的所在地。也许是考场的方位、也许是主考官的籍贯。于是，他决定留在北京，继续参加顺天府乡试。

乾隆三十五年（1770）八月初八，徐昆和其他参加顺天府乡试的考生一起，排队进入号舍。②这间极其窄小的号舍，是所有大清官员们的必经之地，他们必须从这里获取功名，然后走入仕途。

但是，也有例外。

此时，就在离徐昆不远处的一间号舍里，有一个特殊的考生，他虽此科落榜，却一路青云直上，最终官居一品，权倾朝野、乱政祸国。

他，就是中国历史上有名的大贪官和珅。

这一年，和珅刚刚二十岁。庚寅恩科是他人生中的第一次乡试，也是唯一的一次乡试。

徐昆一生最高官阶只是一个从六品，与位高权重的和珅并没有交集。但和珅与徐昆的好友朱珪斗智斗勇二十多年，也间接地影响着徐昆的政治前途。这是后话，容后再述。

言归正传。只说八月十八徐昆出了场，三场下来，那七篇文章，篇篇做得花团锦簇。徐昆自忖：如果不出意外，这科应该是中了。虽是这么想，但心中毕竟没有底。他突然想起那位擅长请乩仙的高先生，决定再请一次乩仙。

这回请来的是吕祖师，问科名，吕仙云："合中百四之名。"徐昆不解。直到九月初九放榜，徐昆得中第二十五名举人，他才恍然大悟："一百之数四分之一，恰是二十五也。难怪谚语说：早一科不能，高一名不得。一切都是命中注定，我信了！"

乾隆三十五年（1770），三十三岁的徐昆考中顺天府第二十五名举人！

按例，每科的新科举人都要填写《同年齿录》，以证明同年身份。我在国家图书馆查阅到了徐昆当年填写的这份庚寅恩科的《顺天府同年齿录》：

徐昆，字后山，号柳崖，别号啸仙。行一。丁巳年（按：乾隆二年、1737）四月十二日戌时生。

山西平阳府临汾县选拔贡生。候补八旗教习。民籍。习《易经》。乡试第二十五名。

始祖子英，高祖东满。曾祖仲才，貤赠征仕郎。曾祖母张氏。祖隆基，勅赠征仕郎。祖母逯氏。父三戒，勅授征仕郎，候选州判，议叙加一级。

前母逯氏，母卢氏，生母任氏。慈庆下。

胞弟尚，业儒，议叙主簿。元聘刘氏，候选经历国玺公女，邑庠生学洙公胞妹。娶高氏，太学生拱汉公女，岁贡生拱廷公胞侄女。侧李氏。胞侄亨谦。子培谦、光谦，俱幼。世居城东乡上村。

这份详细的《顺天府同年齿录》给我们提供了徐昆的准确生辰时间，以及家庭成员的情况。

徐昆这时已经有两个年幼的儿子：培谦、光谦；父亲去世了，两位母亲，嫡母卢氏、生母任氏都健在；他排行老大，有一个弟弟叫徐尚，已经娶妻生子，侄子名叫亨谦。

这是目前为止，查阅到的关于徐昆的家庭情况和个人情况最原始、最直接、最真实的资料。

按例，新科举人要持"门生"之礼去拜房师③。这一科徐昆出胡含川先生门下,他在第一时间前去谒见含川先生。

胡含川先生是一位仪容娴雅、学识渊博的长者,对《中庸》有独到的研究。他们师生相处的时间虽不长,却是最相投契的了。他们之间可以海阔天空,可以纵谈古今,可以谈神论道。这种亦师亦友的情谊,令徐昆终生难忘。

直到晚年,徐昆还能清楚地记得他第一次去拜见含川先生的情景:

走进到中堂,只见含川先生坐在太师椅上正仔细地看着他递上去的手本。徐昆趋前几步欲行弟子礼,却被先生挡住:"你先别忙着行礼,咱们得先聊聊辈分呢。"

徐昆很是诧异:"先生,这是为何?"

胡先生笑吟吟地说:"漫士先生是我的老师,我早就从先生处听说过你,擅长辞赋,曾作过传奇数部。今天,你能出于我的门下,说明我的眼光还是不错的。只是我想问问,你与裘漫士先生有没有行师生之礼?"

徐昆明白了,忙说:"学生曾蒙老师蒋时庵先生的举荐,得到过漫士先生的教导,但尚未登漫士先生门墙。"

胡先生捻须而笑说:"嗯,如此而论,漫士先生现在应是你的太老师了。"

有一次,他和含川先生在一起聊天。聊了很久,聊了很多,不知不觉间聊起卜卦签验的话题。

胡先生说:"这一科的主考官观保先生被罢官时,曾去关帝庙抽得一签云:'少待一阳重见复,始可求神仗佛持。'观保先生并没在意,直到八月初六复职,与刘中堂一起主持顺天府的乡试。发榜之时正是九九重阳,观保先生对我说,他记起签中好像有'一阳重见复'之语,莫非正应了今日?我说,不但如此,今科你房中正榜和副榜的最末一名,考号分别是阳一、重九。与这签何其符啊。"

徐昆听完不觉哑然失笑,胡先生问:"何以发笑?"

徐昆便说起他为自己卜的"雷水解卦"一事,说:"正是飞山先生的话才让我留下的。及秋试结束我才知道,先生您,还有主考官刘中堂都是江南人,可不正应了'利西南'之说吗?今年发榜较往年早一点,正应了'夙吉'之谣呢。至于'合中百四之名',自然是中第二十五名举人了。"

说罢,师生俩人不由得啧啧称奇。

关于辈分之事,徐昆只当是含川先生说笑而已,并没放在心上。没想到,过了一段时间,含川先生专门把他叫来,亲自带着徐昆以小门生之礼前去拜见裘漫士先生。

含川先生去世后,有一次裘漫士先生还特地对徐昆说:"你的老师含川在世时,你称我为太老师,太老师之称,尊而不亲。我认识你比含川还早,你还是和从前一样,叫老师吧,这样亲近些。"

徐昆在京城行完所有的新科举人必行之礼——拜座师、拜房师、拜学师后便匆匆地赶回家乡平阳上村——那里,还有一番更烦琐的礼节在等着他呢。

徐昆中了举人,这是徐家亘古未有的喜事,不光是徐家,全村人都沾上了喜气,和过年一样的喜庆。

俗话说:一世举人,三世老爷。徐家,终于改换门庭由富而贵了!

徐昆回到家,第一件事就是要去拜县父母。这次拜访发生了一件非常有趣的事情:

时任临汾知县的黄鹤龄一见到徐昆,便高兴地大声说:"如何?如何?我说今科得中五人吧!"

徐昆有些莫名其妙,不知这位县太爷为何如此兴奋,而周围的人也频频点头:"神鸦!真是神鸦!"

看到新举人老爷一脸的茫然,黄知县笑着解释说:"咱这县学的乌鸦是非常灵性的。每年秋天的丁祭④,如没有乌鸦来扑食,此科临汾县就没有中举的;如有乌鸦来扑食,就看这乌鸦绕殿飞几匝,中之数视乌鸦绕殿的次数为准。今年丁祭时，我看乌鸦绕殿飞了五匝。然而，这一科省试却只中了四人：景启祥、刘大宾、张顺极、乔可觐。"

这时，县教谕插话说："所以啊，黄公一直在念叨：似少一人！似少一人！这不，直到你在顺天府考中了举人的消息报来，黄公才欣喜起来。"

黄知县说："我久闻学宫鸦绕之祥，今丁祭时我虔心以祷，见乌鸦群食后绕殿四匝以去，复又北来绕殿一匝，方知今科必中五人也。"

这件事被徐昆记录在《柳崖外编·鹊巢》中。

这次徐昆是衣锦还乡，自然不同于往日。徐家大院张灯结彩，喜气洋洋，亲戚朋友、左右乡邻、合城绅衿、县学学师、典史，都上门来贺。一连几十天，天天迎来送往、觥筹交错，疲于拜访和被访，徐昆有些心力交瘁了。

新年刚过，他便匆匆赶往京城，参加三月份的京城会试。

不过，这次他不是一个人离开家的，和他一起去北京的还有他的侧室李窈。

从平阳到北京有一千余里，徐昆虽然往返数次，但每次都是行色匆匆，很少留心周围的景色。而这次不同，因为有佳人陪伴，尽可从容自在，一路赏玩沿途景色和风土人情。

时序上虽已立春，天气还是一如既往的寒冷。越往北走，景色越加的单调，但在徐昆眼里，这冰雪世界也自有一番滋味：白雪皑皑的千里太行，就像大海的雪浪，重重叠叠、起起伏伏，正以不可遏制的气势向云天苍茫处奔涌而去。当夕阳西下时，那金色的余晖，给这银色的世界涂上了一层辉煌的暖色，远处的山峦、近处的村舍、田野、山和水、地和天，全都和谐地浸浴在红彤彤的光辉之中。

这是徐昆一生中最愉快、最轻松、最幸福的一次旅程，也将是最不忍回忆的一次旅程。

他们在会试前抵达京城。租了一处房子，置办了必要的生活用品。于是，徐昆在京城有了一个真正的家。

这次会试徐昆落榜了。没能考中进士徐昆并不意外，多少读书人白首穷经一生都没能考中举人，相比之下，自己已经很幸运了。考取了举人，就进入了"士"的行列，具备了做官的资格。不过，从中举到入仕之间还有漫长的等待，少则三五年，多则十几年。都说"安居乐业"，徐昆在北京安了家，心也安下来了。他决定留在京城候职。

徐昆在京城来来往往这么多年，结识了不少当时声望很高的大学者，其中与他关系最为密切的、对他的影响最大的有：朱筠、朱珪、裘曰修、钱大昕、沈初等。古人说，未观其人，先观其友。我们也可从中看出徐昆的人品和学养。

在北京候职的这个时期，徐昆的主要精力都放在考据史传、声韵训诂等方面，这与当时的政治环境有很大的关系。

有研究者指出："乾隆中叶，海内之士，知钻研古义，由汉儒小学训诂以上，溯七十子六艺之传。"⑤乾隆朝的文字狱是最为严苛的。在文字狱的恫慑下，当时的知识分子不敢触及当世之务，只得埋头于古文献里进行文字训诂、名物考证、古籍校勘、辨伪、辑佚等工作。他们在文字、音韵、训诂、金石、地理等学术方面的确是做出了卓越的贡献，在中国学术史上占有一定的历史地位。

徐昆在这些名家大师们的指导下，学术上亦取得了丰硕的成绩。他著有《易说》《毛诗郑朱合参》《书经考》《春秋三传阐微》《说文解字长笺》《诗韵辨声》《诗学杂记》《柳崖诗抄》《文抄》《古诗十九首说》等。另外，还有一部阐发经义、考据史传的《柳崖内编》。

时人评论徐昆说："后山才望，自翰苑以及闺帏咸知称道。且著书满家，出其游戏一端而已驰声踊价若是，又况彪炳之文藏名山而传奕世者乎？"⑥

非常遗憾的是，徐昆的这些学术著作，除了一本《古诗十九首说》

外，其他的都没能保存下来。

二度瘗裙钗　香冢留传奇

徐昆这么多年一直奔波于山西、山东、北京之间，与家人离多聚少，一妻一妾也一直在平阳上村的老家侍奉两位母亲，而这次他来京城把窈娘带在身边的原因，我想，大概是因为一个记录在《柳崖外编·花落余芳》里的故事：

这年的清明节，徐家的少夫人高氏带着徐府的女眷们去上坟。这是大户人家的女人一年之中难得的一次走出深宅大院的机会。

冬日的寒冷在春风的推进中渐渐退去。飘过几丝春雨后，一转身的功夫，放眼望去，柳沟坡上嫩绿的柳枝随风摇曳，粉白的桃花妖媚而繁茂地绽放着。徐家大院的大小姐、少奶奶们显得非常的兴奋，一路叽叽喳喳说笑不停。这时，高氏忽然发现一向活泼开朗的窈娘却沉默少语，心事重重。

当走到莲花沟刘六娘墓前时，窈娘停下了，静立墓前。她对高氏说："这是妹妹的前身，如花落委于尘土！"

高氏说："你能转生人世，与徐郎再续前缘，应该高兴才对啊。"

没想到，高氏的话却令窈娘更加悲不自禁："我冥冥之中记得转世之时，袖中有竹签二十余枚，其中有合欢竹⑦九枚，恐怕我此生与徐郎的缘分只有九年，如何是好？"

高氏劝慰道："这些是不足信的。"

不管我的猜测是否正确，李窈随徐昆一起在北京生活确是真实的。

那是一段令徐昆终生难忘的幸福时光——

他作文写字，窈娘为之铺纸研墨；

他吹箫唱曲，窈娘是他安静的听众；

他裁诗填词，窈娘是他忠实的读者。

或者在温暖的春日、凉爽的秋日，携窈娘来到位于东城的二闸泛舟，看桃红柳绿，烟波画楼。窈娘说，她最爱城东的桃花，岸边的垂柳，让她感受到故乡的景色。

徐昆沉浸在这幸福的生活中，他觉得，人生虽不能碌碌无为，而功名于他也只是过眼烟云，他只想和窈娘琴瑟相合、执手相看、不离不弃，和文友填词作赋、研习经史、著书立说。

有佳人陪伴，徐昆更启诗心，更添书兴。第二年（乾隆三十六年）他的《诗韵辨声》修订完成并出版。紧接着，他又将那年冬季和竹君先生谈论《古诗十九首说》的笔记进行了整理。

"青青陵上柏，磊磊涧中石。人生天地间，忽如远行客。"这是《古诗十九首》之三的开篇四句。竹君先生认为："'忽如远行客'写得透，以'客'字状人生，'客'暂住也。又加远行二字，凄绝透绝！薤露蒿里写不尽者，五字写尽矣！"

读罢，徐昆忽然有一股悲凉之感油然而生：是啊，木之寿者，莫过如柏；物之坚者，莫过如石。然而，今天青青之柏，能保其长久青青吗？今天磊磊坚石，能保其长久坚实吗？更何况，我们凡夫俗妇，寿不如柏，坚不如石。譬如，远客忽欲去，然则将如何？

如何？如何？徐昆万万没想到，这"忽如远行客"的曲尽人散，很快就应验在他的身上——乾隆三十七年（1772）七月，李窈在北京病逝，年仅二十四岁。

她真的相信宿命，上苍真的只给了他们九年的合欢！

她似乎是为了兑现前世的诺言而来，为还一份情债而来！她用生命践行了诺言，她归还了人世间所有的爱：她给了刘母九年的安慰，给了徐郎九年的合欢。她完成了使命，然后带着满足的微笑而去。她知道，她的徐郎会为她填词作传，她仍会活在徐郎的笔下。

窈娘死后，徐昆为她作词哀悼：

尔其庄而不俚、艳而不妖，秀气在骨、雅韵偏饶，胸藏智珠、绝世聪明，暗里揣摩、先意克承；犹记家园，时届春三，花枝手折，笑靥微含，夜则同眠，胡亦同稠，内子爱之，如左右手。至于伸笺绣户之前、侍墨芸窗之侧，烹茶度曲之晨、酌酒裁诗之夕，莫不婉娩轻柔、安闲雅饬，实能助余以风雅，不徒事余以颜色云云。

这世间最悲伤的莫过于苞碎春红，二十四岁，犹如一枝粲然绽放的花朵，随风而落；最无法接受的是莫过于给了你最美好的东西，却又限时夺去，仓促得令人措手不及。一片伤心画不成，徐昆的心已经支离破碎，痛彻心扉。

他内心有着深深的愧疚：窈娘自十五岁嫁给他，这九年来，他们聚少离多，在北京相聚的这几年，也都是窈娘给他温暖和关爱，而他，付出的太少、太少。如今，上苍剥夺了他赎罪的机会，他能做的，就是厚葬窈娘。为此，他不惜金钱、不惜时间，费尽心思。

他将李窈葬在北京城南的陶然亭畔。

陶然亭建于清康熙三十四年（1695），是工部郎中江藻所修建的一座小亭，取白居易诗"更待菊黄家酿熟，与君一醉一陶然"句中的"陶然"二字为亭命名。这座小亭颇受文人墨客的青睐，被誉为"周侯藉卉之所，右军修禊之地"。

徐昆游学北京时就经常和文友们在此裁诗饮酒，畅聊古今。他将窈娘安葬于此，就是为了方便凭吊。

有关窈娘墓地的形貌，我们不妨从《柳崖外编·花落余芳》的描述中做个大致的还原：

墓地在陶然亭畔，墓碑上的图是徐昆的同年、举人曹云澜所绘。题曰："花落余芳"。中间绘有李窈的画像，一旁绘着一棵李树依在一棵柳树上，一旁绘有合欢竹数竿，地上遍地落花。

徐昆为墓图作解："绘李树何？姬氏也；依于柳何？柳号也；遍地落花，红颜薄命也；合欢数竿，冥遭夙兆也。嗟乎！航情海于三生，寄涛笺之一片。图中人！图中人！令我摩挲于笔花墨浪间，仍想象于碧云青海外乎？"

墓地的四周种满了桃树、柳树和李树。墓旁还建有一个小亭，取名"落花亭"，这是徐昆模仿苏轼的爱妾朝云的"六如亭"修建的。

当年，大才子苏东坡因得罪权贵被贬广东惠州。朝云作为侍妾，不离不弃整整陪了东坡23年，后朝云病亡于惠州，苏东坡按照她生前的遗愿将她葬于栖禅寺松林中，墓由栖禅寺僧人筑亭覆盖，名为"六如亭"，也叫"朝云亭"。

李窈去世是在七月，从徐昆的好友，庚辛举人周希甫的悼亡诗"说到将离已黯然，萧萧风雨送行鞯"和"魂归若驻珊珊珮，又是天寒薄袖时"几句来看，李窈下葬时已是秋凉时节了。

徐昆把这场丧事办得有多隆重，因为找不到确切的文字记载，我不好妄猜。但这场丧事的确引来了当时京城的许多文人墨客"寄涛笺之一片"的轰动却是实实在在的。他们纷纷作诗作文悼念——

曹云澜同年题句：

寒烟莽陈阜，元庐窜在斯。
左植秾李花，右种碧柳枝。
李花落如云，碧柳垂作丝。
将丝系浮云，绸缪安可期？

王萍浦，书法名家，他有诗云：

生既附青云，死以葬红雨。
修得翰墨缘，消受文人语。

好友张瘦铜先生的题句，直接点明了这座"落花亭"的来由：

窈娘尔是小桃红，坟上花枝坟里同。
莫斗亭亭三尺影，一枝雨又一枝风。
织缣织素一思君，不胜招魂金缕裙。
明日舍人应载酒，六如亭下拜朝云。

冯宛青，女诗人，大约是与李窈有些交情，她作诗悼念：

赢得生香不断来，栽花心绪未曾灰。
好收落叶哀蝉曲，又见徐陵谱玉台。

管松崖，画家，翰林院翰林，特为题句：

哀蝉落叶曲难闻，肠断襄陵一片云。
岁岁清明作寒食，小桃花底窈娘坟。

徐昆的好友李仰山也赶到北京，想到李窈一生两世与徐昆的姻缘，他题词感叹道：

两世姻盟，奈此际仍成永隔，尚留得残香凤慧，余芳一册。

吴镇，清代著名诗人，学识广博，一生创作上万首。他别出心裁，集古人诗句，为李窈作了一篇《落花亭集古曲》：

春草醉春烟（范云），花飞落枕前（何逊）。美人一何丽（傅休奕），因病遂成妍（许瑶）。春至花如锦（李爽），春闺散晚香（简文）。谁论窈窕淑（吴均），结梦在空床（梁武帝子）。花树数重开（宗怀），陶然寄一杯（薛道衡）。佳人难再得（李延年），悲叹有余哀（曹植）。邱垅填郭郭（颜延之），榆梢噪瞑鸦（陈后主）。故人倘思我（庾信），春水望桃花（庾信）。水逐桃花去（贾昶），红霞旦夕生（江淹）。幽魂泣烟草（隋挽舟者），夜月照心明（庾信）。夜月方神女（刘令娴），宵床悲画屏（简文）。魂今何处返（沈烱），落花万春亭（萧悫）。花落幽人径（陈后主），徒劳五日归（庾信）。高秋藐姑射（张正见），乡泪尽沽衣（谢朓），竹外山犹影（谢朓）茅斋结构新（徐陵）。寂寥千载后（梁元帝），定有咏花人（庾信）。

这篇"集古曲"应是吴镇的得意之作，后被收入他的《松花庵集》。

徐昆为窈娘举办的这场丧事，从夏末到秋凉。一场丧礼演变成了一场京城文人的文化盛事，在当时的影响很大。徐昆用这种方式来纪念窈娘，来弥补愧疚，李窈若泉下有知，亦当拈花而笑了！

李窈去世后的很长一段时间里，徐昆都无法走出痛苦的阴影。他忘不了过往绣榻缠绵的柔情，忘不了挑灯夜话的温暖浪漫。他总觉得她还会回来，家里到处都是她的气息，到处都有她的痕迹。她的琴，被擦得锃亮，一尘不染，好像刚刚用过；绣架上，还有她没有绣完的鸳鸯在等着她完成。他还能闻到她如兰的气息，还能感受到她炽热的温度。他甚至相信，那个一生两世痴情于她的女子，还会以某种方式再度归来的。

人在脆弱和绝望的时候，往往要寻求一种寄托，或者说是解脱，徐昆很清楚：花谢了，还有春回；人死了，真就一去不返。李窈，也只能在他笔下重生再世。

接下来的日子，徐昆把对窈娘的思念凝于笔端，写了一部二十四出的传奇剧本《合欢竹》。

可惜的是，这部传奇稿徐昆在世时就已经遗失。据徐昆自述："其中《哭花》《送魂》等剧为竹君夫子所艳尝。"由此看来，这部传奇剧应该比前二部更胜一筹。

写到这里，关于李窈，应该画个句号了。但是，徐昆无论如何也想不到，他对窈娘墓充满浓情厚爱的用心设计，使得这个墓地在百年以后成为文人士子们寄托春光易尽、绮梦难偿的感伤之地，又经一些文人墨客的演绎，为后世留下了一个又一个凄美绝伦的爱情故事——

香冢，这美人黄土的把戏，好像特别受文人士子们的垂爱。

咸丰八年（1859），晚清作家魏秀仁所作《花月痕》，书中对香冢所在地的陶然亭锦秋墩有详尽描述：

> 京师繁华靡丽,甲于天下。独城之东南有一锦秋墩,上有亭,名陶然亭,百年前工部郎中江藻所建。四围远眺,数十里城池村落,尽在目前,别有潇洒出尘之致。亭左近花神庙,绵竹为墙,亦有小亭。亭外孤坟三尺,春时葬花于此,或传某校书埋玉之所。

咸丰八年（1859），这时距徐昆去世已经半个多世纪了。人们早已忘记了多情才子徐昆，也忘记了那场轰动京师的葬礼。但小亭仍在，孤坟仍在，桃李仍然繁茂。只是，坟内没有了李窈——徐昆晚年告老还乡之时，已将骸骨迁走，墓碑或是被带走了，或是被毁掉了。这才留下了葬花、埋玉的种种猜测。

又过了近百年，民国时期海纳川所撰《冷禅室诗话》记道：

  北京陶然亭畔有香冢一，各书多记载之。或谓系某妓埋香处，或谓某君以谏草杂百花瘗之，或以为情人香巾，聚讼纷纭，莫衷一是。昨读吴信辰太史（镇）《松花庵集》，始恍然大悟，不觉狂喜。盖集中有《落花亭集古曲》一篇，即咏其事者也。曲前并有小序云："临汾徐后山孝廉，以教习留京，瘗其亡姬李窈于陶然亭畔，绕墓将植桃花，旁建一落花亭。"予感而赋之。

大约在咸丰年间，在"落花亭"旁有一墓冢，其奇特的碑文又使得陶然亭畔更加幽茫空渺，虚幻神秘。

碑的阳铭为篆刻"香冢"二字，阴铭用隶书刻一偈文：

  浩浩愁，茫茫劫，短歌终，明月缺。郁郁佳城，中有碧血。碧亦有时尽，血亦有时灭，一缕香魂无断绝！是耶非耶？化为蝴蝶。

偈文后还有一首七绝：

  飘零风雨可怜生，香梦迷离绿满汀。落尽夭桃与秾李，不堪重读瘗花铭。

如此看来，直到咸丰年间，李窈墓周的桃树、李树仍然在茂盛地生长着。

坟墓、美人、桃花、偈文，再加上一首凄美温婉的七绝，便引出天下文人士子们的千古幽思和无限遐想：

张中行老先生在《负暄琐话》的《香冢》中，记录了这样一种说法：江南某士子与京城某青楼女子订了白首之盟，士子南归回京迟了，女子抑郁而死，士子葬之陶然亭，并立上石碑，刻下"浩浩愁，茫茫劫"的铭文。

金庸先生在其武侠小说《书剑恩仇录》中将这段铭文转借过来，他在结尾写道：

  陈家洛提笔蘸墨，先写了"香冢"两个大字，略一沉吟，又写了一首铭文："浩浩愁，茫茫劫，短歌终，明月缺。郁郁佳城，中有碧血。碧亦有时尽，血亦有时灭，一缕香魂无断绝！是耶非耶？化为蝴蝶。"群雄伫立良久，直至东方大白，才连骑向西而去。

实际上香冢墓是空的，碑铭文是当时的御史张盛藻为纪念一位青楼女子刻立的，因涉及青楼，他不敢留名。这在《越缦堂日记》中有明确的记载。

一个香冢墓碑，留下了多少美丽的传说啊，又给世间的才子佳人带来多少幸福的憧憬！

前些年，陶然亭在重修时，有关部门将这两座墓冢掘开，里面果然空无一物！

真相大白了，美丽死于真实！

其实，人，有时候还是需要留一些幻想的空间安放诗情的！

初登仕途路　阳城任教谕

乾隆四十年（1775），徐昆以举人功名被授予山西阳城教谕[①]一职。

在清代，举人一般来说是不能直接做官的。为了使举人出身的士人有晋身的机会，从乾隆十七年（1752）始，朝廷定制，每六年一次，在多次会试不中的举人中进行挑选，人称"大挑"。这种挑选是不考试的，重在形貌与应对，所谓人文并选。一等的可以授予知县、二等的则派做教谕、训导之类的教官。乾隆四十年（1775），正是六年一次的"大挑"年，徐昆应该是大挑后授官的。

阳城是山西东南端一山区小县，在泽州府治下。虽也在山西南部，但与徐昆的家乡平阳府隔着一道中条山脉，两地交通不便。所以，徐昆对阳城并不熟悉。只是熟读诸子的他，从《墨子·尚贤下》中读到："是故昔者舜耕于历山，陶于河濒，渔于濩泽，灰于常阳，尧得之服泽之阳，立为天子，使天下之政，而治天下之民。"舜王当年渔鱼之地濩泽，到北魏时期成了一座城，城取泽名曰：濩泽。唐天宝年间，在那次全国性的更改地名的运动中，改"濩泽"为"阳城"。

"濩泽"，顾名思义，这里在蛮荒时代曾是一大片水泽。经过千万年的变迁，由湖泽而成陆地、由陆地而成干旱的山地，完成了地理意义上的沧海变桑田。

相传，商汤在位期间，天下曾七次大旱，商汤在濩泽祷雨，"奏《大濩》之乐，蹈《桑林》之舞。"《竹书纪年》说："商汤二十四年，大旱。王祷雨桑林。雨。"

乾隆四十一年（1776）秋，徐昆离开京城只身赴山西阳城任职。

徐昆来阳城之前，对阳城只是一种抽象的文化意义上的了解，到达阳城的那一天，他对阳城有了具体的地理认识：

阳城位于太行山脉的尽头、太岳山南端、中条山腹地、王屋山之北的四山交汇处。按常规，山区的城，都是建设在河谷地带的，而阳城却反常地建在群峰之中的一个山巅上。四周由依山而建的城墙包围着，远远望去，在山岚与薄雾中，山城如同神话般神秘、缥缈。

阳城有东、西、南三座城门，徐昆由东门而入城，入门见坡，上至东门坡顶，有一处平列着三座大院的建筑群，分别是明伦堂、孔庙、文昌宫。徐昆的教谕署就设在文昌宫内。

如果说阳城的建筑位置让徐昆有了第一次意外的话，那么接下来，徐昆就有了第二次意外，而且是意外惊喜。

《泽州府志·风俗》记载："阳城，民被唐风，故多俭朴；地接舜耕，故多务农；境接中州，故语言辩正；教崇邹鲁，故士多文学。"这小小的山城，仅明清两朝，就出过三十二位进士，四十三位举人。只本朝就出了两位宰相：康熙时期的工部尚书、户部尚书、文渊阁大学士、刑部尚书、吏部尚书陈廷敬；雍正时期文华殿大学士兼吏部尚书、太子太师田从典。

城内，有两座跨街而建的木石牌坊："十凤齐鸣"和"十凤重鸣"。这两座牌坊的故事，是阳城人最引以为豪的：

在清顺治二年的科举考试中，阳城有十人同中举人。次年，又有十人同中进士。这连续两年十人同时考中举人和进士的情况，是极为罕见的，于是，县人特地树起了"十凤齐鸣"的牌坊。

六年后，清顺治八年的科考中，阳城又有十人同中举人，为此人们又树了"十凤重鸣"的牌坊。⑨

两位宰相、两座牌坊自是阳城人"教崇邹鲁，故士多文学"的骄傲，也是徐昆身为教谕的压力。

客观地说，清代教谕一职大多是由候选的举人和考了多年没考上举人的贡生担任，他们的年龄都普遍偏大，精力衰退。再加上秩低俸薄、权轻利小，真正能奋励任职，兴起士习者不多见。

而徐昆在阳城任教谕的三年中，为阳城的教化可谓尽心竭力——

据清同治版《阳城县志》载："徐昆，字厚（后）山，平阳府举人，才美学富，任教谕。立学规八条镌壁，皆修身经世之学。课文根六经实心训，一时士风大变。署列彝鼎图书，名宿诗歌唱和不绝，著作颇富，尚存

《柳崖外编》多载邑中轶事。"

这篇小传,把徐昆在阳城三年任期内的成绩,做了比较全面的介绍。

阳城,"维气之灵,笃生英杰",人文底蕴极其醇厚。金状元李俊民在他的《庙学落成》中曾发出"学者如牛毛,自古数濩泽"的感叹。徐昆清楚地意识到,阳城的教谕可不是闲差,要做出一分成绩,必须付出十分的努力。

徐昆初到阳城,便遍访城内名儒硕望,请他们在县学讲学,从而提高了县学的教学质量,营造了浓厚的学习氛围,吸引了众多虔诚学子来县学读书,形成了融洽深笃的师生关系。

他为县学的学子们创立了"学规八条",用宋代书院流行的语录体写成,通俗明白,还亲自为学子们逐一讲解:

一曰"身心之学"。就是要把心收来,所谓"器识居先",既得于先天,又得于后天的学养及阅历,当朝首重养士。

二曰"政治之学"。士子们要以天下为己任,要有为国为民的愿望,这是天朝科举取士的目的。

三曰"经籍之学"。就是要以儒家经籍为治学之根本。

四曰"史汉之学"。《史记》《汉书》,上下千古,独称吕东莱⑩得读史之法,苏东坡得读汉之法,且突出史之才、学、识三点。

五曰"文选之学"。唐代辞赋取士,古人云:《文选》熟,秀才就。今人竟有当秀才不见《文选》者。吾愿多才之士,由《文选》而波及《文苑》《文鉴》诸书。

六曰"《说文》之学"。读书要先识字,对许氏书应童而习之,老而不辍,识见一开,自可蔚为通儒。

七曰"馆阁之学"。就是讲求馆体书法。要文随手拈来,妥当雅饬。字任意挥成，墨光圆润。最后期望，人纶扉芸馆，亦当行出色，就是所谓翰苑之材。

八曰"科举之学"。时人谓秀才务举业，夫既名为业，当如田产世业，藉之为衣食。举业于《四子书》及诸经大小注，熟读熟讲外，时文不遇三百来篇，朝诵而暮览之，虽寝食不废。以其余力作文、作试贴诗。逢课必作，务工务雅。以之为业，利器逢年，必有时矣。至于博通今古，出入百家，前条具在，尚其勉旃。

这八条学规，几乎概括了中国传统文化的所有学问，可谓全面具体。为了保证学规的有效实施，徐昆还立了"禁约八条"：

一曰"毋自逸"。就是耐劳戒懒。
二曰"毋自劳"。就是量力而行，保持优游之趣。
三曰"毋自大"。有志者不可存此心。
四曰"毋自小"。告诫应取法为上，不要一念让人，便终为人下。这是儒家"当仁不让"的精神核心。
五曰"毋自足"。就是要有不断进取的精神，不要故步自封。
六曰"毋自歉"。不要过于自谦。
七曰"毋自智"。不要自以为是。
八曰"毋自愚"。对世事不要漠不关心。

如此完备、周详的学规、禁约，其思维之缜密、说理之透彻、语言之畅达，不但体现了徐昆的"才美学富"，同时也说明他对阳城的教育事业的确是倾注了心血和精力的。经历二百多年后的今天，我们读来仍具有很强的科学性和可操作性。

徐昆将这些条约镌刻于壁，以饬警学子。他以六经为本，谆谆教导学生。在他的任期内，阳城士风大变。

徐昆不但学问精深，而且兴趣广泛。他喜好收藏，尤其是青铜器、古旧书籍和孤本图书。

阳城历史悠久、文化深厚，为徐昆的爱好提供了先决条件，优裕的家境又为他的收藏提供了经济支持。在他的教谕署内，陈列着许多他收集而来的青铜器皿。他对青铜器的赏鉴能力，受教于他的老师朱竹君先生。

晨曦之中、夕阳之下，人们常常能看到徐昆持一本宋代出版的《历代钟鼎彝器款识法帖》，独自站在那些钟鼎彝器前，一一对照识款，脸上满是欣喜和满足。

他的办公室被他当成了书房，取斋名"淳复草堂"。书架上摆满了收购来的古籍，还有从京城带来的宋、金、元、明版的珍贵图书。徐昆陶醉于这缥缃万卷之中，心情格外愉悦。浓浓的纸墨香气，润心、养性。

可惜的是，徐昆这些珍贵的藏书，因为收藏不利，很多都损失掉了。

那是徐昆初到阳城不久。有一天，徐昆偶然发现在阳城所购的书籍"多触手而碎，初疑其过旧，后在阳得二十年前刻版书，其中纸虽无恙，皮面一磕已碎矣。"更令徐昆不安的是，他从京城带来的图书也是如此。后经当地友人提醒他才明白：阳城盛产"香煤"，燃烧后会发出一阵香味，这种香气，对书籍的保存非常有害。于是，到了冬季生火之时他就将书籍移至不生火的房间里。

徐昆一向喜动不喜静。初到阳城，他就遍访当地名儒，或登门拜访、或邀约引宴、或诗歌酬唱。很快，他的周围就聚集了一帮兴趣相同的文人雅士。

徐昆到阳城第一个拜访的是城内化源里张府的大公子张锦。

清同治版《阳城县志》载：

张锦,号菊知,化源里人,学问渊博,性情古奥。以举人任清丰知县,与民兴利除害,素强项,屡忤上官,以事谪戍。寻,赦归,诗酒自娱。时邑多积弊,民力不堪,锦请于邑令宋本敬,请革其弊,乡民德之,以"骨肉乡闾"额其门。著有《蜃楼集》《塞外词》《回文赋》《梅花》《菊花》各百二吟,拟古杂体诸诗行世。

论起来,徐昆和张锦还是同门师兄弟。

张锦少年时参加院试,正遇上山西学政蒋时庵临案泽州府,以"霜叶红于二月花"为题,张锦以诗试,所作极妙。蒋时庵惊其才,补为县学生员。

徐昆离开京城来阳城赴任前,曾去老师蒋时庵处辞行,时庵先生专门介绍过这位阳城才子:张锦,九月初九重阳日生,故号"菊知"。出身富贵,比徐昆小几岁,却比徐昆早一科中举,从这上面来论,他是徐昆的师兄了。十年来一直赋闲在家,尚未入仕。

张锦虽从没见过徐昆,但对徐昆却是倾心已久。根据张锦的自述:"往余未壮时,即耳食平阳有徐后山先生者,惊才绝艳。著有《雨花台》《碧天霞》传奇二种,心甚慕之,越十余年,先生司铎吾邑,而吾因得与先生订交。"⑪

这是他们平生第一次相见,却是神交已久的老朋友。

张锦的府第与孔庙隔墙连檐,距徐昆任职的教谕署不过百米。他第一次来到张府时,一眼就看到了大门上那块"骨肉乡闾"的匾额。

那是几年前,张锦向县令上书,要求革除对百姓的摊派,时任县令宋本敬听取了他的意见,果然取消了增加百姓负担的陈规陋习。乡民们非常感激张锦的义举,在他家的大门上悬挂了这块门匾。

张府的宅院,无论是建筑面积还是建筑的华美程度都比"徐家楼院"

气派得多。因为相距很近，加之俩人的特殊关系，徐昆便成了张府的常客。俩人经常聚在一起说文论道、谈诗讲史。论文，很为投契；论政，所见略同。

俩人都胸怀济世之志，为官之道是他们谈论得最多的。张锦少有大志，他最崇敬的是明代"四大清官"之一的乡贤杨继宗，曾言为官之志："宁负儿孙不负民"。

徐昆在京城多年，对于官场上的黑暗与腐败看得比较透彻，他说："今之官场，对百姓的盘剥或可以豆腐喻：将黄豆浸之、渍之、磨之、荡之、约之、束之，矫揉到极致。把百姓的生死置之一旁不顾，腐者且败啊。"

张锦连连点头说："后山兄，还是你看得深、悟得透啊。有一副对联写得好：宽一分，民多受一分赐；取一文，官不值一文钱。当官者，当效历代廉臣，不能怕穷讳贫。"

直到晚年，张锦和徐昆仍时时回忆起这段快乐的时光——

嘉庆三年，张锦在给徐昆的《春花秋月词》序中回忆说：

> 记先生尝语余曰："君知词之源乎？乐府有长短句即词之滥觞也，欲为词者非先熟读古乐府、新乐府数千首不可也。"又曰："君知词之格乎？词为诗余，曲为词余，词品在诗品之间。词可以上侵诗，而词断不可以下邻曲，严为词衙以立词闲，吾党之责也不然楚狐外道，乱我真禅矣。"

这是徐昆与张锦关于"词源和词格"的谈话。徐昆认为，乐府诗有长短句，是词的起源，所以，要写好词，非熟读古乐府和新乐府数千首不可；词在诗之后，曲在词之后，所以，词可以上侵诗，不可下邻曲。

不难看出，这一对同门师兄弟志向不俗。虽乐于诗酒，却不愿"耗精神于呼号，掷光阴于醉梦"。他们锐意进取，都希望在济世安民和文思词藻方面有所成就，于是，俩人惺惺相惜，遂引为知己。

在清代，尤其是蒲松龄的志怪小说集《聊斋志异》广泛刊印后，文坛上掀起了一股志怪热。圣人所讳言的怪、力、乱、神倒成了文人的创作主题。以致当时的很多文学大师们也都纷纷加入到志怪小说的创作中来。

这时的徐昆创作志怪小说已经很有成果了。《柳崖外编》的第五、六卷记录的多是阳城之事，是徐昆在与友人们海阔天空的闲聊之中得到的资料。如：《原襄敏》《神针》《龙神》《乌乌》《某氏妇》《不灰木》等等。

作为流行体裁，徐昆的志怪小说在当时应该是很受追捧的，以至阳城的朋友都踊跃地为他提供素材。阳城城内有名的豪门望族，卫氏、田氏、白氏这三大家族的子弟和中道庄陈廷敬家族中的许多子侄辈、孙辈，与徐昆都有非常密切的往来。徐昆的《柳崖外编》中有很多就是他们讲述的自己家族中的故事。

例如《飞鱼》，说的就是国相陈廷敬家的故事：文贞公陈廷敬的父亲陈昌祺居住在阳城郭峪村。有一天，一个游方道士对他说，你家门前这个山上有两个石鱼，你建个亭子镇住，不要让飞走了，后世子孙必有大贵。陈昌祺并不相信。一日，大雷雨时，石鱼飞走一只。道士来了责备说："不听我的话已经失去一只了，若再飞走另一只，你家的运气就尽了。"陈昌祺后悔不迭，马上建亭镇住另一只石鱼。取亭名：飞鱼。果然，他的儿子陈敬廷后来官拜宰相。

又如《蓝出于白》，讲的是相国田文端的故事：田文端公少年时家贫，借住在萧寺读书。无钱买纸，就伐杨树，储其树皮代纸，树皮上都写满了字。游学济源时，还困在童子试中。为了衣食，他当了私塾先生。有一次，他的一个学生中了举人，前来祝贺的一个客人问主人先生是谁？主人说："田某，至今还困在童试之中。"客嘲笑着说："嘻！青出于蓝有之，今乃蓝出于白耶？堂上方辨堂下曲，苗不秀者有以夫？"文端公听说后，遂不辞而归，当时没有一个人去挽留他。数十年后，文端公官至宰相，济源人刻石碑上题："田相国讲学处。"

说的虽是一人一事，道出的却是人间冷暖、世态炎凉，足够寻味了。

《陈太史》讲的是陈廷敬的侄儿陈随贞的趣事：陈随贞少年中进士，入翰林院，后因病归家。诗酒之外，他最喜爱的就是书法，师法明代大书法家董其昌。每次写完一幅字，他都落董其昌的款。十几年后，有一次他去京城，得到一本董其昌的字帖，他爱不释手，认为这是董氏的最佳作。于是，以五百两购回家。细玩数日后才发现，这是自己所书。

《白所学》讲的是阳城三大家族中白家的故事。白所学，应该是明代天启年间工部尚书白所知的兄弟。

徐昆素喜游历，教谕的公务对他来说并不繁重，又有这么一帮子文友相助，他的游兴更浓了。

阳城城内的青林沟有一弃园，是陈廷敬的侄子陈随贞所建。陈随贞因病回到家乡后在县城东北的青林沟筑别墅，引水造舟，建亭台楼阁，广植花草竹木，题园名"青林"。老先生晚年退隐青林，谈笑鸿儒、往来俊秀，花舫堂会、茗茶美酒、水榭唱曲，盛极一时。

时光流转，只数十年间，青林便衰落成一片废墟。徐昆和友人看到的青林，已是亭台半垛，别墅坍塌，但花草仍然茂盛。从残存的建筑工艺和材质来看，依稀能感受到当年遗留的光辉。

来到阳城，有一个地方是不能不去的，那就是康熙皇帝的股肱之臣，相国陈廷敬的府第，阳城郭峪村的"中道庄"。

这个地方徐昆当然不会错过。这一日，他在陈氏家族的子弟陈观化等的带领下一同前往。

"中道庄"虽以庄名，却只是陈氏一族的庄园。整个庄园占地七十多亩，从明代始建，历时三百多年。陈家以商富，以仕贵，到第四代孙陈廷敬时达到兴盛的顶峰。

走近"中道庄",远远望到的是高达八米的外城门楼,修建于陈家鼎盛时期的康熙四十二年(1703),楼门上是康熙御赐的"午亭山村"匾额和对联"春归乔木浓荫茂,秋到黄花晚节香"。

内城有大型院落八座,依山就势、错落有致。一座七层楼的"百尺河山楼"及附属建筑107间藏兵洞,修建于明代,是典型的古堡风格。另外,还有曲径通幽的南书院、恬静雅致的闺楼、造型独特的望河亭。

康熙皇帝五次去五台山朝拜,有两次共十天居住在陈廷敬家。陈廷敬的宅院也就成了皇帝的行宫(这就是后人把"中道庄"改为"皇城相府"的由来)。如此殊荣,整个康熙朝都是独一份的。

出身富贵的徐昆很自信是见过些世面的,达官显贵的宅院他也见过不少。灵石静升的王家大院也算得上是富甲一方了,但与陈家相比就完全是两种不同的风格了:王家是民间的富足之象,而陈家有官家的雍容之气;王家是豪华的民居,陈家是雄奇的城堡。

不过,到乾隆时期陈家已经走向衰落了。昔日小桥流水、亭阁拥翠、花木苍郁的西花园,如今"填太湖石于池,烧花竹根而种菜";昔日雄伟气派的外城楼上,如今成了晾晒粮食的晒谷场。唯一不变的是幽静的南书院陈家子孙们的琅琅书声。

没有了百凤来仪的尊荣,陈氏家族的后世子孙们虽仍生活在这座辉煌的城堡里,但基本上只保留了一般的世家大族的殷实,平静地过着普普通通的"耕读人家"的生活——这是一种繁花落尽后的从容与淡定。

发端、发展、兴盛、衰亡是世间万物都逃脱不掉的规律。草木有四季更替,生命有从生到死。即便是盛极几百年的昆曲如今也衰落到没有了观众。陈氏家族的衰落并不令人悲伤,至少,这座城堡还在,后辈子孙们还在兢兢守业。相比许多的名门望族子孙遭屠戮,家业被付之一炬的结局,这已经是很好的了。徐昆欣慰地感慨着。

没想到,徐昆此次中道庄的游历,又引出了他的一次壮举——

徐昆从中道庄回来后不久,有一天,陈观化和几个族人来到了他的"淳复草堂"。一进门,他们就给徐昆行了一个大礼,徐昆惊问缘故,陈观化含泪说:"先祖陈廷敬相国功在国家、文冠宇内。林佶先生为陈相国手录的《午亭文编》因家道中落,此书的书版遭窃后被典于市肆,至今二十年过去了,却一直无力赎回来。我想请先生以县教谕署的名义设法赎回,使之能流传后世。"说完,涕泪俱下。

这部书徐昆是早有耳闻的,《午亭文编》是康熙四十七年(1708)由陈廷敬的门生林佶手书而成的。林佶工于楷法,亦善篆隶。汪琬的《尧峰文抄》、陈廷敬的《午亭文编》及王士禛的《古夫于亭稿》《渔洋山人精华录》四部书皆是他手书付雕,被书林誉为"林佶四写",为清代写刻本中翘楚,也成为藏书家梦寐以求的藏品。

得知这套刻版的遭遇,徐昆显得非常激动:"是啊,这刻版在市肆,如同珍珠被弃于泥沙里、宝玉被丢到瓦砾中,这些市井俗人拥有此刻版,无异于盲人持镜、越人戴帽,毫无用处。文贞公硕德鸿才,风流儒雅,一生心血尽在此编中,刻版流落在外二十年,寒暑燥湿不保,公在天之灵能安息吗?何况当今圣上正在开四库全书,博采遗书,巍巍世帙。此刻版不只是你们陈氏子孙的珍宝,也是阳城所有文人士子的世宝,更是全天下学子们的钟爱啊!"

徐昆深知这套书版的历史价值和收藏价值。于是,他说服了县令,由县府出资将刻版赎回,交县教谕署保存。

乾隆四十三年(1778)的九月,徐昆又组织重新刊印出版了这本《午亭文集》并作跋。在跋言最后,徐昆情绪激动,文采飞扬地写道:

猗欤如百页之琳琅,高拱于頫辟棂星之上,千百年之藻采,交辉于彝尊钟簴之间。明镜高悬,周道如砥,夫然后章甫之衣被得所矣,既乐道宋明府之好善而勇为,抑余之典守竹漆企焉向往，亦如游鱼听瓠巴之鼓瑟，驷马仰伯乐之拂琴也。故序其颠末跋以言。

徐昆在这篇跋中流露出的得意和兴奋是有理由的：由朱竹君先生主持的《四库全书》正在编撰之中，这部《午亭文编》由他推荐被收入到《四库全书》当中。因为他的努力，陈午亭的文集得以保存，"林氏四书"也得以保全。

今天，当我们观阅这部珍贵的《午亭文编》时，应该感谢这位二百多年前的阳城教谕为此做出的努力！

徐昆的足迹不但踏遍了阳城的山山水水，也遍访了泽州府的名山胜景。这年的初春，他和友人们一道"游王屋、砥柱等山几匝月。"

王屋山位于山西省的东南端，以王屋山为界：山北，为山西阳城；山南，为河南济源。因"其山形若王者之屋"，故名"王屋山"。

徐昆一行人从阳城出发，顺沁河乘舟南行，两岸山深林密，松涛呼啸，猿猴出没，鹃啼鸟鸣。他们走走停停，观赏着沿途险危怪奇的景色。几日后，来到王屋山脚下的阳台宫，在这里他们作短暂的停留歇息。

阳台宫是一处道观，王屋山自唐朝兴道以来，就一直是道家修身养性、采药炼丹、得道成仙的理想场所。

稍做休整后，他们沿着采药人开出的羊肠小道蜿蜒向上。穿过道道层层的丛林断崖，放眼望去，山岩如丹，树草嫩绿，大小瀑布一个接着一个，如悬挂的条条白链，落到下面的小湖里，清澈碧绿。

同行的一位友人说："现在还不是最佳的游山时间，如盛夏来，翠峰蟒蟒，溪水如碧，瀑布汹涌澎湃，空气清凉，沁心入肺。"

徐昆却有自己的看法，他说："我倒以为，现在才是看山的最佳季节呢。"友人不解，徐昆道："这初春之时，草木萌发，那绿是朦朦胧胧的，似有还无，而山越发显得苍劲雄伟；夏季过于浓绿，失去了山的沧桑本色；深秋过于萎黄，有山无色失去了生气，山，也就无趣了。"

大伙都点点头说："是哩，是哩。这看景看的是本色，一味地被粉饰，也失去了看景的意义。"

再往上走，登上一个山坡，刚一拐弯，眼前出现了一块平垣，立刻，满眼都是浓得化不开的绿。原来，这里生长着一棵千年银杏树。古树盘根虬结，生得拔天倚地。这棵银杏树的树干，大约得六七个人才能合抱。树龄至少上千年。更神奇的是，离大树不远处，有一眼泉水，万年不绝。这二者千古相伴，俨然一幅大自然的"双寿图"。大家不由得感慨：与这万古的山水相比，人类是多么的短暂而渺小啊！难怪这山上有这么多的道宫，有这么多采药炼丹的道士，他们大概也是叹息人类生命的短暂而心生出长生不老的愿望吧！

从进山时的晨光稀微，到暮色将至，海拔越来越高，气温越来越低，没有发芽的树枝上还挂着冰凌。耳边是猿声啼啼，时不时还能听到远处的虎啸声和野猪的哧吭声。他们意识到，一定要找个地方过夜。否则，他们一行人今晚即便没成为野兽的美餐，也会被冻死。正茫然四顾之时，一个眼尖的同伴发现了远处的一缕炊烟：有人家！大伙为之一振，立刻加紧了步伐继续向上攀登。

果然，树林深处有一户人家。他们叩门说明来意，主人看这一群人衣着光鲜、彬彬有礼，就知道是游山没赶上宿营地的游客，热情地接待了他们。

虽是板屋茅舍，总算有了一席安身之地，免去了冻馁之苦、野兽之害。大家自是一边唏嘘一边感慨。这时，徐昆颔首沉思，觅句寻诗，既而轻吟道：

即　目

碧涧银流水石舂，悬崖倒挂两三松。
半岩应有人家住，一缕炊烟上远峰。

第二天一大早,他们就继续向主峰天坛峰攀登,那是王屋山的最高峰。

中午时分,他们终于登上了天坛峰。站在顶峰,周围是茫茫云雾,有种宛若仙境的飘浮感。

往西看,云雾渺茫处,隐约望见一排黛青色的山峰,那是西岳华山;往南看,远处的青色群峰,那是中岳嵩山。五岳之中的二岳,通过王屋山的接连,耸肩舒臂。眺望远处,是黄河蜿蜒的河道和波光粼粼的河面;俯视脚下,中原的城郭小若豆粒。不知是谁,高声诵着杜甫的《望岳》:

岱宗夫如何?齐鲁青未了。
造化钟神秀,阴阳割昏晓。
荡胸生层云,决眦入归鸟,
会当凌绝顶,一览众山小。

徐昆站在顶峰,中原大地尽收眼底,中岳、西岳比肩相邻。燕游吟诗本是闲情逸致之事,但此时此景却勾起了徐昆的经国济世之情怀:

体验这种居高临下、凌空俯视的王者感觉,是需要高度的,不站在一定的高度,你的壮志凌云、你的奋蹄蹴地、你的征服四野八荒都是一场空想。作为一县教谕,他能做到倡明礼教、教化民众、净化士林风气,这是他的职责,也是他的权限,仅此而已!

难道他这一生就注定赍志山林,与草木同朽?不!少年时期他就曾在帝尧陵前立下"为天地立心,为生民立命"的誓言。大丈夫生于天地之间,纵然不能立不朽之功业,传千秋之盛名,至少应当行心之安。他需要一个高度,一个可以俯仰天地之间的高度!

此刻,他下定决心,一定要考中进士!

下山的时候,他们没有原路返回,而是沿王屋山的南边而下,来到河南境内，途中夜宿"清虚宫"。

"清虚宫"在河南济源，创建于唐代，元大德年间（1297–1307）重修。为王屋山道教三大宫之一。它北依岗丘，南临开阔的河谷平地，景色秀丽，环境幽雅，被称为"蛟龙吐玉"之宝地。

他们在清虚宫内看到了明代诗人吴国伦写的《清虚宫》：

　　清溪道士白云居，日诵元君玉字书。
　　忽有空香迎客至，月中携手出清虚。
　　偶来仙观踏飞霞，遥见青林已着花。
　　若道人间无月府，门前谁驻五云车。

读罢，徐昆也有感而发，遂作长诗《登王屋顶》以和：

　　王屋高出碧落天，芒鞋今已蹈其巅。
　　日精月华环左右，析城砥柱相钩连。
　　西华中嵩互揖让，昆仑河势流如拳。
　　俯视城郭小于豆，中州千里看人烟。
　　我闻潜通仇池穴，先乃洞口烦穷研。
　　结茅索向清虚住，住久定可逢真仙。
　　醉后棋敲烟树里，醒来花落枕函边。
　　跏趺子午工圆足，木赞工满婴儿坚。
　　丁女壬公固结久，乃可出游任飞蹎。
　　不然结灶养丹砂，玉树黄芽转转鲜。
　　金鼎已铸丹已结，何愁日月频流迁。
　　同心之友皆曰可，思归从者有拘牵。
　　一念稍移坠尘劫，木公金母不吾贤。

挥之仍复落世网，学仙还待五百年。

　　作诗相和的不只是徐昆，同行的其他友人也诗兴大发，你唱我和，很是热闹，可惜，其他友人们的诗没能保存下来。

　　徐昆此次登王屋山所作的这两首诗，被收入《晚晴簃诗汇》一书。

　　徐昆一行人从济源沿黄河乘舟西行，来到位于河南陕县的三门峡黄河中间的砥柱山[12]。相传，上古时，因这座山堵塞了黄河的河道，河水不能畅通。夏禹治水时，凿宽山两侧的河道，使河水分流而过，这座山就像一根高大的石柱，矗立在黄河的急流之中，砥柱山由此得名。

　　砥柱山因为在黄河的河道之中，除了具有山的雄奇伟岸，还有水的清新秀丽。远望砥柱山，山的外形犹如一根很高的石柱，山脚下是茫茫林海，山腰云雾迷蒙，山顶晴空万里，景色甚是奇伟。

　　他们从砥柱山下来时天色已近黄昏，一切物象都在比赛着淡：云淡、水淡、月淡、水中的月影更淡，水天之间的砥柱山应该是浓的吧，但遥看山峰时，却只在云雾之中有一抹淡淡的浅黛，而夕阳在浅淡的外缘镀上了一层橘黄的暖色。整个砥柱山与水天之间一派寥廓！

　　游历完这两座名山，他们从三门峡过黄河进入山西境内，走陆路，向东直奔泽州府（今晋城市）——徐昆的朋友苗季黄正在那里等待着他们。

　　苗季黄，泽州人，精于诗法。经常和徐昆唱酬裁答，是徐昆最好的朋友之一。那位名噪一时的"诗丐"马体孝就是他最为得意的学生。

　　马体孝，山西凤台（今晋城）人，因一首绝命诗而闻名。

　　马体孝出生于诗书之家，幼年时曾向苗季黄学习过诗法，工于诗词。因屡试不第，转而学禅。其妻晋氏出身富商之家，素有才女之名，亦好吟诗亦好佛法。夫妻俩常常吟诗之外讲禅学佛。后来，马体孝离家四处云游。数载后，马体孝已身无分文，以至到了向人乞食的地步。最终病贫交加而客死江苏宿迁。人们在他怀中发现一首绝命诗，云：

  自笑平生似野牛，手携竹杖过江头。
  筠篮背月伤残夜，歌板临风唱晚秋。
  双足踏开尘世路，一身卧遍古荒邱。
  从今不复依门户，踎犬何妨吠不休。

    后题：匀隐翁恒绝笔

  这首诗传到凤台，其妻闻之，便找来一读，大哭道："吾夫死矣。"家人不信，不久，宿迁的公文到，人们这才深信：知夫莫于妻！

  徐昆的老师蒋时庵先生对马体孝少时所作的《子路宿于石门》诗中"荒烟蔓草东西路，剩水残山去住魂"两句，和题《仁者乐山》中"扶杖闲看出屋峰"之句，尤其欣赏。

  这天，他们一行人在苗季黄的带领下，前往泽州府陵川县观一奇石。

  陵川在远古时期与古濩泽一样都是一片广阔的水域，河网密布。经过千万年的地质变化，形成了今天的山陵地貌。

  陵川多山、多石，其行路之艰难不亚于李白笔下的《蜀道难》，他们只得弃车骑驴，艰难前行。好在苗季黄健谈，这崎岖的山石之道经他一说，倒有了几分趣味。

  他说："陵川的山最大的特点就是洞窍多，境内有一座'窟窿山'，这座山因为阳城的陈廷敬陈相国而出了名。"

  一友人笑说："季黄兄，又胡诌了不是？这事我们阳城人咋不知道？"

  苗季黄也不争辩，接着说："陈中堂有一首题太行的诗：人见太行愁，我见太行喜。不是喜太行，家在太行里。"

  "嗯，这诗我们都知道，名作也。"

  苗季黄说："正因为是名作，才有陵川一酸秀才套其调云：人见窟窿愁，我见窟窿喜。不是喜窟窿，家在窟窿里。"

  大伙一听，哈哈大笑："真可喷饭也！"

徐昆说:"宋代大书法家米芾一生嗜石,他的'皱、瘦、漏、透'四字品石要诀,流传至今。'漏、透'是指纵横于石身上的洞窍。如此看来,这陵川之石四字倒符了二字。"

苗季黄可一点也不领情:"谁说只符合二字?四字都合!'皱'是讲石的纹理,陵川之石经历了沧海和桑田,岩层跌宕,一层就是几个世纪,什么样的古董文物也比不上它的久远;'瘦'是讲石身的修长,那是文人案头或园林之中的标准,陵川的石是大写意,强过那小风景。"

大伙一听,频频点头:"有理,有理。"

苗季黄十分健谈,讲了一路泽州的风土人情、奇趣故事,他当趣闻说,大伙儿也当趣事听。而正在撰写志怪小说的徐昆却是入脑入心,他将这些故事都记在《柳崖外编》中。如《风吹石》《勾隐》等。

苗季黄所言的"奇石"在陵川马圪垱乡孤石村中,这里在远古时期曾是河道,如今河水改道,只留下干河道,就在这干河道中央,有一块巨大的石头。

尽管苗季黄一路上都在炫染这巨石之大,但当徐昆一行第一眼看到它时,仍然很吃惊:这块石头大小约略有一亩地左右,周围虽然有许多高高低低的山,但这石头与周围这些山不存在任何关联,孤立地存在着。这个村子因石而名"孤石村"。

它从哪里来的?什么时候来的?怎么来的?这一连串的问题让他们很是疑惑,却从来没有人能够说得清它的来历。

仔细观察,这石头好像是许多碎小的石卵,经过火炼而聚合在一起的。徐昆想起儿时在家乡涝河滩头看到的小鹅卵石,猜测这应该是原来河中之物,小石头被冲刷走了,留下这巨石,河干了,它就孤独地留在这里。它当初应该比现在要大得多,年更日久,经过岁月的风蚀剥脱,才变成今天的模样。

孤石孤而不孤。孤,是因为周围全是黄土地和挺然拔起的香草红树,没有其他的石头和它做伴；不孤，是因为村人环石而居。巨石旁，是一条道路，南通中原，北达晋省，熙熙攘攘的人流从它身旁经过，有人伴陪，孤石也就不孤了。

想到这里，徐昆不由思接千载，神思飞扬：五岳之尊，在于高度；三公之尊，在于孤介。我要效仿六一居士欧阳修，把不孤当孤，携一壶酒、一卷书，坐在孤石上面，观看孤云从峰峦之间生起，独自饮酒至畅快之时便放飞孤鹤于九天之上，看鹤飞舞。独自歌唱，独自吟啸，让过往的行人停下脚步惊奇地观看，忽然疑惑我是石头变化而来的，或以为我就是石。孤石因我而不孤，而我能独自拥有此石。我不惊奇石头把"不孤"当作"孤"，唯独惊奇此石耸立在峰峦，牵结于云雾，独自欣喜，坦然地与世无争。

回到阳城后，徐昆专门为这孤石写了一篇《孤石记》：

陵川之境多山，多山即多石。砑者，磊者，礧碃者；仰而硞硞若笑，俯而鼚鼚若崩；薄者磷，巨者礜；双石矗，聚石磓。不则以小山驳大山，而觥硫若奔，皆不可谓之孤也。闲得卷石于坦坦地，小矣而不能成其孤。米家"一品石"，则品于一耳。又非孤山有孤峰，是峰之孤，非石之孤。林处士隐居孤山，孤山石皆可因山名孤，而不得以石为真孤。三公非孤号，公孤则以尊而孤人。有廉隅为孤高，有清操曰孤介，孤高、孤介，皆取义于石非石也。

干河道中有石，乃独以孤名石，不知何来。大可亩许，四面多岑嵋，石不与之连，故孤。骤瞥之，若碎石卵经火炼而聚为一，故孤石旁更无石。能于万山中，择黄软尘，杰杰于芳草蓓树间，故孤。环石多居人，名孤石村。石有邻，孤不孤矣。石下为孔道，肩负熙熙，似为石来；老幼攘攘，似为石往。

吾欲彷六一居士，以不孤为孤，携一壶酒、一卷书，坐孤石上，看孤云出岫，独酌而酣，便放孤鹤于青霄间，看其孤舞，以待东方孤月之上，独歌独啸，令行人伫骇观，忽疑石化我，又以为我即石也。夫石得我而不孤，则我独得有此石。我有此石，而不能名此石为不孤之石，则他石不能并其孤。吾不怪石之以不孤为孤，独怪此石于峦拱轮围、钩斗屏翳中，孑然自喜，又夷然不与世争也。

石乎石乎，殆陵川有而天下无乎！或闻孤石之说，褰衣愿偕，吾曰："宁孤往"。

"孤石"现在成了陵川县的一个旅游景点。徐昆不会想到，二百多年后，他的这篇《孤石记》以及他的生平简介，都被刻成石碑而供游人观赏。

我想，若徐昆有知，定会拈须而笑，欣然道："石得我而不孤，则我独得有此石乎？"

注释：

①见《柳崖外编·王能》。（作者注：本章所引用的文字，如无特别标注，均摘自《柳崖外编》）

②号舍——古代科举考试时，是专供考生答卷的地方，考试期间考生的吃喝拉撒全在这里。

③房师——古代科考制度，乡试、会试中分房阅卷，考中者的试卷经某一房考官选出，加批语后推荐给主考官后方能取中，故有此称。

④丁祭——旧时，每年仲秋八月上旬丁日祭祀孔子的活动。

⑤见《简明清史》卷二第600页。

⑥见 王友亮为《柳崖外编》题辞。

⑦合欢竹——一种竹名,即双梢竹。

⑧教谕——学官名。明清县学皆置教谕,掌文庙祭祀,教育所属生员。相当于今天的教育局局长。

⑨以上资料均摘自《烟树楼台出雉堞——清末民初古城述略》。(王家胜著,山西人民出版社)

⑩吕东莱——吕东莱(吕祖谦)是南宋时期思想家。《易说》一书是他研读《周易》时所写下的心得,他结合当时社会历史的实际而进行了深切的思考,尤对《易》学中的辩证法精神,颇多自己的体会和发挥,别具特色。

⑪见张锦为《春花秋月词》所作的序。

⑫砥柱山——砥柱山,又作低柱山、三门山,位于河南陕县的三门峡黄河中间,现不存。

第十一章 春风得意马蹄疾

施药救灾民　荣登进士榜
京城置宅院　"眉园"胜辋川

施药救灾民　荣登进士榜

乾隆四十三年（1778）春，徐昆满怀信心去京城参加会试。

到京城后，徐昆第一件事就是去拜访他的老师朱竹君先生。

这次，他给竹君先生带来的不但有在阳城教谕任上的政绩，还有部分志怪小说的稿本。竹君先生对他的志怪小说大为赞赏，并手持其篇逢人推荐。

朱竹君先生德高望重，深获京城学术界敬爱。他的"椒花吟舫"里"室中自晨至夕未尝无客，与客饮酒谈笑穷日夜"。经他一推荐，京城里的达官显宦、文人雅士们都知道了一位叫徐昆的山右名士，擅长志怪小说，才情堪比蒲留仙。

有一天，在朱竹君先生的宴席上，经竹君先生引荐，徐昆认识了和他一样专程来京参加会试的王友亮。

王友亮，字景南，号葑亭，江西婺源人。竹君先生向徐昆介绍王友亮："诗名海内，诗格与袁枚相近，风雅之士咸归之。①"又向王友亮介绍徐昆："此徐后山孝廉，山右之名士而蒲留仙后身也。"俩人便彼此心生仰慕，引为知己。

遗憾的是，这次会试徐昆和王友亮双双落榜。离开京城时，俩人依依惜别，徐昆赠诗云："簪笔未酬今日志，探环早识再生缘。"一方面是壮志未酬的不甘，另一方面也表达了与王友亮相见恨晚的遗憾。诗的情绪低落，可见他当时心情非常沮丧。

当他郁郁寡欢地回到阳城时，一场旷日持久的大旱灾让他暂时把个人的穷达升沉抛到了一边，全身心地投入到了赈灾之中。

阳城，千万年之前的汪洋之地，几经沧海后竟成了中国版图上最干旱的地区之一，所以才有商汤祷雨的汤庙，才有史籍流传的《大濩》之乐和《桑林》之舞。然而，当你把文化解读成地理之后你会发现，有时候文化意义上的骄傲，对于现实民生就是一种灾难。

乾隆四十二年（1777），阳城遭遇大旱，百姓们靠着存粮和大户人家的施粥及朝廷的赈灾粮勉强熬过去了，本指望来年有个好年景，谁知，第二年的旱情比头一年更广、更严重。大户人家的粮也只够支撑自己一家，朝廷的赈灾粮也只是杯水车薪。

这一天，从京城返回的徐昆走到了阳城城外。眼前的情景让他的神色渐渐凝重：土地龟裂，寸草不生。一群群衣衫褴褛的灾民正拖儿带女地逃难。道路两旁突然多出了许多的新坟，再往城内走，能时不时地看到三三两两挖草根、剥树皮的男女，提着篮子，身子飘忽，眼睛下凹，活像一个个游动的骷髅。有的人走着走着便歪倒在路边，就这样悄没声息地走完了人生。眼前的景象令徐昆不寒而栗，他明白，城内的情形会比这更糟，因为留下的都是跑不动、走不了的老弱病残,他们留守在城内只等一死。康熙六十一年(1722)的大旱,阳城就发生了人吃人的惨况。他心里一阵紧痛,快马加鞭赶往城里。

果然,刚进城门,一股恶臭便直冲脑顶,他抬眼望去,到处是涌入城内的饥民露宿在街头,使得原来正常的环境变得脏乱和无序,遍布角落的粪便、污物使他几乎无法喘息。

大灾必有大疫,更何况正值盛夏。徐昆来不及放下行李,就直接到了县衙。果然,疫情已经开始在城里蔓延了,当地的大夫有限,根本救治不过来,县里的官员们正急得挠头呢。

徐昆看了看几个病人皮肤奇痒、浑身溃烂的情况心里有了几分把握。他熟读过《本草纲目》和《伤寒论》,懂得一些医理,又参考了《白公医语》,还从明高唐王朱厚《事亲述见》的记载中寻找到一些药方,配成丸药。[②]

徐昆开始"初由城郭,渐及乡村"施药,治疗效果神奇,以至"有数百里外有求者,共舍四五千丸,远地有一丸愈四人者。"阳城百姓感恩这种药丸的神奇疗效,取了一个与华佗奇方同名的名字"四圣散"。

"四圣散"有这样的奇效,也就难免引起个别人的私欲之心。县衙内有一位管仓库的小吏,偷偷地存了一些药丸。几年后,他遇到相似的病人时,却发现这药丸不灵了,心里很疑惑:"难道徐公离任了,这药也不灵了吗?"

徐昆后来听说了这事,解释说:"药已隔年,功效已失,而且所治疗的病和病人都有所变化,所以无效。"

徐昆于乾隆四十四年(1779)离开阳城。我之所以不用"离任"而用"离开",是因为徐昆在这个时间点离任有些令人费解:

据同治版《阳城县志·卷六·职官表》记载:"徐昆,临汾人,举人,乾隆四十一年任。"而据徐昆自述:"余司铎阳城三载。"可以推断他是乾隆四十一年任阳城教谕，乾隆四十四年离任的。

在清代，教谕任期一般是六年届满。提前卸任的情况不外乎年老体迈、或是告丁忧回家居丧、或是有重大失职被罢免、或者是因为调离另有任用。

而徐昆这一年只有四十二岁，两位母亲健在，在教谕职上政绩斐然。很显然，前三条都不成立。而现在所掌握的资料又都没有显示徐昆在别处任职的信息。

唯一能想到的是乾隆四十四年，徐昆的好友朱珪遭和珅忌恨，被撤去侍讲学士之职离开京城，典福建乡试，随即，又改任福建学政。徐昆虽和朱珪交厚，但只是一个正八品教谕，不在和珅的权嫉范围之内。或是和珅手下的奸徒们为向主子邀功所为？在官场，"爱屋及乌"的事少，而"厌恶和尚恨及袈裟"的事多，这也许是一种可能吧。

不想作虚妄的假设，也不愿做主观的臆测，姑且就留下一个未知给后世吧！

乾隆四十六年（1781），辛丑，徐昆又一次参加了礼部会试。

三月初九的清晨，在仍带寒意的晨风中，徐昆站在顺天府贡院的大门口，内心忐忑不安。这地方对徐昆来说既熟悉又陌生，既亲切又恐惧。从乡试到会试，这是他第六次跨入顺天府贡院的大门了。

失败、成功，然后是一次又一次的失败，他感觉，这里成了他人生的角斗场。他期待成功，却不得不准备失败，他做好了失败的准备，又对成功充满了期盼……

会试是三月初九入闱，连考三场，十五日出闱。

这一科的题目被徐昆记录在他的八股选本《眉园日制》中。我们不妨摘录下来：

文题：《所藏乎身》一句

《子曰女奚……》二句

《孟子曰待 民也》第三是截搭题

诗题：《王良登车》得"行"字

只可惜，徐昆并没有把自己中进士的墨卷选入书中，可能是出于自谦，也可能是对自己的文章不满意吧。

在期待和不安中等待了一个月后，四月十五日放榜，徐昆终于荣登杏榜，获贡士资格——取得了殿试的资格。

四月二十一日，所有贡士在太和殿参加殿试。

四月二十五日，传胪（公布名次）。

辛丑科会试共取一百六十二名进士，是乾隆朝最为有名的一科。因为这科出了一个连中三元的苏州才子钱棨。钱棨五年前为江南乡试解元，这一科的会元、状元。也是大清朝开国以来，第一个连中三元的。

这一科徐昆也终于等到了幸运之神的降临：中三甲第七十五名，赐同进士出身！

这一年，徐昆四十四岁。

与他同科中进士的还有上一科礼部会试时在朱竹君先生的酒宴上结识的王友亮，那一科他们同时落榜，这一科又同登金榜，可谓同悲同喜的兄弟，此后，他们遂成知交好友。

徐昆自十几岁进入科场，一路上经县试、府试、院试、乡试、会试到殿试高中三甲，经过了近三十年，由一个稚气未脱的少年，熬成了鬓染霜白的中年。科考成了他"性命以之，梦魂随之"的第二生命。如今他终于如愿以偿，考中了进士，取得了科举考试的最高功名！

徐昆喜极而泣，为他久困科场的艰辛、为他耗费三十年的光阴、更为带着遗憾而去的父亲！

此刻，他要做的是立即回到家乡去，把这个天大的喜讯告慰父亲的在天之灵：三十年了，儿子终于圆了您的梦！

而远在千里之外的平阳上村，徐昆人还没回到家乡，他考中进士的喜报就由报录人报到临汾县上村的徐家楼院了。

徐昆中了进士！这是徐氏家族几辈人的梦想，也是上村史无前例的大喜事。徐家楼院沸腾了！整个上村都沸腾了！

徐家大院一派花团锦簇，正门、偏门、楼阁、长廊上都挂满了喜庆的红灯笼。南厦厅正大开流水席，宴请前来贺喜的亲友和乡邻；大门外搭着戏台子，占据了整条市街。两位老夫人乐得合不拢嘴，少夫人高氏虽力保矜持却仍难掩那份得意和骄傲。

徐昆这次是怀揣皇榜，以进士功名从京城返回山西的，这一路格外的顺畅，他走驿道、住驿馆，沿途的驿官和县官迎来送往，很是方便。

人生三大喜：洞房花烛夜、金榜题名时、衣锦还乡日。徐昆是金榜题名后的衣锦还乡。

按照清代礼制的规定，读书人考中举人以上的功名后，政府即拨旗、匾银，为得中者门外竖旗杆，门首挂牌匾。所以，徐昆接下来要修整大门，悬"进士及第"匾；筑旗杆石，竖立旗杆。

挂匾、竖旗杆是很神圣的事，先焚香祭祖，告慰徐家列祖列宗，然后，鼓乐唢呐齐奏，红底烫金的"进士及第"门匾悬挂在大门上方，很是威风。门前两个雕花石礅，各竖起一高高的旗杆，高约三丈。让四周的乡邻远远地就能看见，以彰显身份。

旗杆院！这是何等的荣耀、何等的风光！徐家上至主人下至奴仆，一个个进进出出都将腰杆挺得就像门前的旗杆一样笔直。

旗杆竖起来了！这不仅是徐昆的荣光，也是整个上村的荣光，更是徐氏家族的荣光。

徐家，终于在徐昆这儿完成了光宗耀祖、改换门庭的历史使命！

徐昆伫立在旗杆下，久久地仰望着：这旗杆好高、好高啊！三十年，这个高度他攀登了三十年！突然间，他觉得好累、好累……

二百多年过去了，昔日被视为徐家"荣誉证书"的旗杆院早已成了一片庄稼地。旗杆早就烂断了，唯有那两个旗杆石礅，仍在蹲守着二百多年前的风骨！

京城置宅院　　"眉园"胜辋川

《临汾县志》记载："（徐昆）通籍后，入居薇垣"。③意思是徐昆入朝做了京官，授内阁中书舍人。

这短短的七个字，却让徐昆经历了漫长的等待。

自隋朝开科举选官以来，无论哪个朝代的读书人从科举到入仕，都有一个等待过程，只是这个过程的长短不一。

宋、明两代是中国历史上进士的政治地位最高的，考中进士之后，只需要朝中四品以上大员的推荐就能担任朝廷官员，而且起步相当高，一般都可以从五品以上直接开始进入仕途。

而清代，应该是中国自开科考选官以来，进士入仕最艰难的朝代。大量的满洲贵族通过继承获得进入官僚体系的资格，挤占了原由进士们垄断的官僚体系。考中进士后，几年、十几年没有授官的大有人在。

自乾隆四十六年（1781）徐昆考中进士，不久就被授予了内阁中书的官职。直到乾隆五十三年（1788）才"列名内阁典籍厅，为内阁中书最后一名"④。候缺时间为七年。不算太久，这大概得益于他在北京广泛的人脉资源吧。

徐昆这七年的基本生活轨迹，我们从他的著作《柳崖外编》和《眉园日制》中可以找寻到：

乾隆四十六年（1781）春，高中进士后的徐昆衣锦还乡。

三十年来，为了科举应试，他和所有的读书人一样专心揣摩八股，消磨了青春年华、中年岁月，也消磨了他的聪明才智。如今，他终于有时间和精力做他喜欢的事了。他闭门谢客，在他的"贮书楼"里，集中精力整理以前所作的志怪小说。

大约在这一年的秋天，徐昆来到山东聊城，专程拜访他的忘年之友李金枝。

两年前，先生七十大寿时徐昆还专门来给他祝寿。时隔仅两年，徐昆发现李金枝的身体明显差了很多。见到徐昆，老先生非常高兴，望着眼前这位已届中年的新科进士，他感叹道："我与你虽为忘年之交，然相识三十多年来，或我去济南，或你来博陵，你我倡酬吟咏，纵谈古今，辄觉人生之乐无逾也。"

徐昆将他整理好的志怪小说呈给李金枝看。他读后"狂喜蒲师之再见也"。于是，他拖着衰弱的身体，亲自为这部志怪小说作了序。

徐昆的志怪小说在未刊印之前，在社会上就流传很广了，"蒲松龄再世"的赞誉也由来已久。大概是因为这个缘故，李金枝在这篇序里，编撰了一个关于"蒲松龄转世"的故事。

其实，李金枝在序中已经明确了他的意图："因序外编，为备述其夙慧有来历如此。"明明白白地告诉读者：上述故事不过是为了记述徐昆有来历、有慧根罢了。读者们明知是当，偏要上当，也表现了当时的人们对蒲松龄这位旷世奇才的钦佩。正如《红楼梦》的批注者脂砚斋云："今而后惟愿造化主再出一芹一脂。"表达了脂砚斋对曹雪芹早逝的痛惜，希望他能够重生再世，再为世人写出更多更好的作品来。

经李金枝引荐，徐昆与聊城的名门望族任氏兄弟相识。

任氏家族是一个诗书浸润的家族，诗礼连脉，名流辈出。任郿佑、任兰佑、任兴佑兄弟这时尚年轻，一直尊李金枝为师。他们读了徐昆的志怪小说后，非常欣赏他的才华，并自愿为其小说作校正。后来，这几个兄弟都仕途通达：任兰佑任宁波、杭州知府，任郿佑任湖北安陆府知府，任兴佑在户部为官。当然，这是后话了，暂且不提。

小说的名字是现成的。徐昆写过一部以其阐发经义、考据史传的《柳崖内编》。于是，徐昆将这部志怪小说集命名为《柳崖外编》。何为内外？李金枝在他的序中云："后山以其阐发经义、考据史传之文为内编，其奇见异文随笔偶录者，则为外尔。"

乾隆四十六年（1781）冬，徐昆的志怪小说集《柳崖外编》一至八卷，由"李金枝宫李作序、聊摄任郿佑礼斋、任兰祐醴严校"，"贮书楼"刊刻出版。

乾隆四十八年（1783）秋天，徐昆斥巨资在北京买下了海宁中堂陈世倌的旧宅。

这"海宁中堂"，便是已故礼部尚书，浙江海宁人陈世倌。

说到海宁陈世倌，今天的人们并不陌生，他之所以有名，倒不是因为他显赫的官职，而是由于民间广为流传的、类似于"狸猫换太子"的传奇故事——

清代，浙江海宁的陈家，素有"一门三阁老，四世五尚书"的美誉。陈世倌，俗称陈阁老，是陈家最后一个宰相。传说陈世倌与雍亲王一家关系密切。那一年恰好雍亲王的福晋和陈世倌的夫人同时分娩，福晋生了个女孩，陈夫人生了个男孩。雍亲王的福晋就让陈家把孩子抱入王府看看，可孩子送回来时，陈家发现自家的男孩竟变成了个女孩！陈世倌意识到此事性命攸关，不敢作声。那换入宫中的男孩，就是后来的乾隆皇帝。

关于"调包"的故事，乾隆在世时就有传闻，以至乾隆帝不得不亲自为自己澄清："余实康熙辛卯生于是宫也。"岂不知他这样是越描越黑，有点"此地无银三百两"的意味。于是，这个传闻在民间越传越广，越传越离谱。

真正让现代人熟悉这个故事的是著名的武侠小说家金庸。金庸就是浙江海宁人，与陈世倌同乡。他在他的武侠小说《书剑恩仇录》中引用了这个故事。陈阁老也因此而被现代人所熟悉。

乾隆二十二年（1759），陈世倌以老病乞休。第二年春，还没来得及动身就去世了。以后这座宅院也几易其主。

乾隆四十九年（1784），徐昆开始修整这座旧宅。他堆山凿池、盖亭架桥、建廊修阁、种竹栽花，可谓工程浩大，极尽铺张。那么，这个耗时一年多，花费了巨额银子的宅院到底修成个什么模样呢？我们不妨跟随着徐昆的笔，前去游览一番：

> 创"萱喜堂"为迎养慈闱地，堂西为"培兰轩"，南为"鄂华吟舫"，东绕小廊缭而南，辟畦而西，除后圃，插竹篱。正北作"读易山堂"，西设"听莺馆"。堂东"放藐姑射"堆小山，出洞口为"石琴山房"。南建方亭为"谈雅亭"，亭前一池架小桥，种竹，号"翠沄池"。复绕而东，为"茗香亭"，南小池种芙蕖，为"蓉镜船庐"，又西北为"紫云"内室，穿"职思堂"而东，前绕竹篱，由廊入为"亦桐书斋"，南为六皆家塾，环种竹树，杂以卉葩，为板舆看春地。⑤

看了徐昆的介绍，我们对这个大宅院的规模和建筑格局有了一个详尽的了解：宅院很大，正北有"萱喜堂"，是专门为迎养两位母亲的。还有一个"读易山堂"，取"孔子读易"之典，应该是徐昆接待友人宾客的正堂。正堂后面有一个花圃，以竹篱围起，里面种满了竹、树、花卉。

园中有一座假山，徐昆以家乡的"姑射山"命名。在"萱喜堂"和"读易山堂"之间，有一小廊，由北向南而绕东，进入书斋。徐昆给这个书斋取了一个和家乡的书房相近的名字：亦桐书斋。书斋的南面一溜六间全是家塾。

园子的南边有池塘二处，大池名曰：翠沄池。池上有一小桥，桥下种满了翠竹。桥西建一方亭名曰：谈雅亭。桥东又有一小亭名为：茗香亭。小池里种满了荷花，题名：蓉镜船庐。

　　此园之景不能尽述，亭榭台阁、假山回廊、小桥流水、竹树花卉。更有笛韵悠扬、曲声婉转。都说昆曲是可以听的园林，园林是可以看的昆曲。徐昆在这座标准的苏式园林里，听着苏吴昆腔，轻划桨楫，遐想着杏花烟雨的江南，营造着一种悠然尘外的生活情趣。

　　乾隆五十年（1785）四月十一日，徐昆的两位母亲、妻儿和弟弟徐尚一家以及家仆一行人马从平阳老家来到了北京。

　　这一天，是徐昆最难忘的日子。因为第二天，四月十二日，正是徐昆四十八岁的生日，不用说，为了赶上这个特殊的日子，这一行老弱妇孺，一定是日夜兼程，非常辛苦的。

　　因为难忘，所以牢记。十几年后，徐昆仍能准确地记住这个日子："乙巳夏四月十一日慈亲入都。"⑥

　　乔迁之喜为一喜，举家团聚为二喜，这双喜临门的好日子自然少不了朋友们的捧场。一连几日，徐昆的豪宅里高朋满座，宾客盈门。

　　这日，宴席散后，徐昆和几个好友聚在"读易山堂"闲聊，有友人问及这座园子的名字，徐昆说还没来得及取，正待各位赐名呢。座中宾客个个都是诗中高手、词场精英。于是，你一句我一句，有陶淑性灵的，有悦逸风情的，有冲淡清远的，有深邃幽远的，不一会就拟了一大堆的名。

　　这时，徐昆四岁的小侄儿阿彤，正独自在园子和厅堂之间来往奔跑戏耍，听到大人们的谈话，他忽然安静下来，走到伯父跟前，用手摹着额头，奶声奶气地说："园中径小而曲，似儿之眉，何不名曰眉？"

　　徐昆一听，大喜：眉园！这个名字既形象又有新意，如同这个四龄稚儿：简单、新鲜、回味深长……

　　有人问其义，徐昆回答说："眉，一也。得水则湄；得山则嵋；得木则楣。皆取其缭曲而小，得名于湄、涯、峨、崿、筇之间。至于街名香室,巷号夕阳,春初景阳,韶媚万状,则又谓之媚。吾不以能于长安市上,做薛鹤野三分水、二分竹、一分屋之说;又不能如老莱子之莞葭为墙,蓬蒿为室。学吾家勉公穿池种树,少寄情赏,因花鸟之媚兹豁,云林之眉月,名之曰眉,以印阿彤抚额之语亦可乎?"⑦

正说着,听到母亲命人召唤他说:"取义不必旁通,春酒介眉,此正解也。"

徐昆一听乐了,识字不多的老母亲更简单明了,她大概是嫌儿子旁征博引太啰唆,直接将《诗经·七月》里的"为此春酒,以介眉寿"简缩成"春酒介眉"。徐昆这么大费周章地在京城置房屋修园子,不正是为了两位母亲能怡情养性,健康长寿吗?

经老母亲这么一提醒,他忽然觉得这园子中的山石池水、花草树木皆有寿意了。

于是,徐昆便将这园子命名"眉园"。

注释:

①袁枚——乾隆、嘉庆时期代表诗人之一,与赵翼、蒋士铨合称为"乾隆三大家"。著作有《小仓山房文集》,《随园诗话》16卷及《补遗》10卷,《新齐谐》24卷及《续新齐谐》10卷。

②见《柳崖外编·炼石》.

③通籍后,入居薇垣——"籍"是二尺长的竹片,上写姓名,年龄,身份等,挂在官门外,以备出入时查对。"通籍"谓记名于门籍,可以进出官门。薇垣:元代称行中书省为"薇垣",明清时常以薇垣称相当于中书省的中枢机构或布政司,此处指内阁中书。

④⑤⑥⑦均摘自《邓云乡丛稿·眉园日课书后》。

第十二章 腹有诗书气自华

乐极潜悲辛　无处不『眉园』
纵情山水间　咏《春花秋月》
无意宦海事　刊布乡贤书

乐极潜悲辛　无处不"眉园"

徐昆在"眉园"度过了一段他一生中最幸福、最完美,同时也是最短暂的时光——

在慈亲膝下承欢,与妻子儿女日夜相伴,和弟弟一家朝夕相处,陪孩子们在园子里嬉戏玩耍,在书塾里教子侄们读书作文。

出入"眉园"的,不是名公巨卿就是鸿儒大家,谈笑声、觥筹声、吟诵声、丝竹声,充盈着"眉园"的每一个角落。

园中六间书塾除了子侄读书外,剩下的就是徐昆与学者们讲学的场所了。据《眉园日课》序中徐昆自述:"余薇省需次①时,退食②之暇与四方来学者讲学于眉园家塾中,课以生平所选时文,日讲一艺,共四百篇,以为揣摩之具。"

这时的徐昆虽仍在候缺，但优裕的生活条件让他能心静平和地享受着难得的悠闲时光。他在家塾里设坛讲学，来的是四方学者，讲的是应试的八股文章。并不求进度，每日只讲一文。

然而，仅一年半后，徐昆富足闲散的生活便戛然而止——

先是"亲慈见背"，嫡母卢氏在眉园去世了；紧接着"家事中落"，济南的生意出现了重大危机。我们从他的著作中没有找到这次变故的原因，只知道，这是一场足以使这个巨商大贾顷刻之间破产的大灾难。

大约在1785年年底或1786年年初，徐昆不得不卖掉了"眉园"，从此一大家四分五裂。徐昆租住在东城的通惠河畔。

他租住的地方"陋巷屏骑"，车马无法通过，好在他现在无车无马，倒也无碍。租住的房子"虽窄逼"，但"尚雨大不漏"③。昨日鲜衣怒马、园林豪宅，一夜之间变成了布衣陋巷；昨日旧友新朋高满座，今日"故交一半音希"。徐昆的满身繁华突然瘦减成一贫如洗，在巨大的落差下，他伤心迷茫，无所适从。

徐昆生性高傲，从来是报喜不报忧的。因为他明白，自身的伤只能靠自己来抚平和治愈，坦露伤口给别人看只能换取一些廉价的同情和无益的怜悯。所以，他留给我们的文字中没有哀怨愁叹，没有沉郁悲观。但他内心的痛苦我们或许可以从他的《柳崖外编·王刚哥》中窥视一二：

相传古代有二友相伴来介山④游玩，其中一友忽然失联，另一友人寻之不得化为鸟，日夜呼唤"王刚哥、王刚哥"，其音凄楚哀怨。文后，徐昆有诗曰：

尔友归何处，思深竟化鸟。
昼夜空山中，寸心总未了。
隔世记刚哥，哀鸣何日息。

> 世人应愧此，反眼不相识。

一句"世人应愧此，反眼不相识"，道出了徐昆家道中落后，瞬间"故交一半音希"的隐痛。一场人生变故，让他看透了世间的冷暖炎凉！

他租住的房子不远处就是二闸码头，白天人声喧闹、杂乱纷繁，令他心烦意乱。他几乎足不出户，只在家中听曲、写字打发时间。

这晚，被失眠折磨得痛苦不堪的他索性起来，穿好衣服独自沿着河边散步。

白天繁忙的码头、商铺，此刻却是出奇的安静，就像是个顽皮的孩子，闹腾了一天筋疲力尽地沉沉睡去。唯有白天听不到的流水声，仍在以它原来的分贝、原有的速度，不受任何外界干扰地继续向前流淌着。

这世间，最能顺应又最不知疲倦的物种就数江河了，无论前途多么曲折坎坷，无论有山阻窄了道，或有礁隔断了道，它只是或吟或唱地照样前行着。"行"，是它倾尽生命所要进行的事业，是它存在的理由，向江河而行、向大海而行，以义无反顾的流动向世人昭示最柔软的坚韧，向天地证明最寂寞的喧腾！

站在河边的徐昆望着奔腾不息的河水，心里一下豁亮了，那纯净的流水，在瞬间将潜伏于心中的浊气掀挤而出——

想自己出身富贵，从小锦衣玉食。以后，从童试到廪生到拔贡到举人到进士一路高歌猛进，这已经是上苍给予自己的莫大恩惠了。连小民百姓都明白"水满则溢，月满则亏"的道理，而自己研习《周易》多年，怎么就参不透"盈不可久"之理呢？想想有多少读书人，一生都在乡试的门槛里挣扎，终以苍间布衣了了？再看看周围这些贫苦之人，有多少白发苍苍的老者仍在为衣食之虞而操劳？

平静了，释怀了，他开始以平常心态观察周围的人、周围的事：秋雨绵绵的清晨，当他坐在书桌前品茗读书时，而邻居大哥却冒雨出门卖菜，

"一肩青翠压时蔬,凌晨战慄沾濡雨,两际单衣,哪得安居?"

自己的房子虽简陋逼仄,但至少还能遮风挡雨,而邻家的"茅屋多有上漏下湿寒不能眠者"。

徐昆能够迅速地走出困境,一是得益于他身处贫民之中,无形中弱化了自身的苦难;二是得益于他的生母任氏,这位出身寒微的母亲,对于苦难有着天然的免疫力,是她的乐观和镇定给了儿子极大的心理支持。

这一天,徐昆驾着小舟陪老母亲游弋于二闸间,母亲满面笑容地对儿子说,你看这河两岸,杨柳拂岸,花草如茵,河上画舫如织,亦是"眉园"啊,何必囿于那小小的宅院呢?

老母亲的一番话令徐昆羞愧,自己饱读诗书,怎么到了真正践行之时,竟连一个目不识丁的老太太都不如了呢?

"一箪食、一瓢饮,在陋巷"的颜回曾经也是贵族世子,也有"闻一知十"的天聪,却"贫而好学""人不堪其忧,回也不改其乐"。

于是,徐昆在感叹"绣衣箪蓑同调"的同时,也豁达自况:"陋巷寒室,到处竟当眉园。"

他开始用心去体验生活中的点点乐趣,随时随地自得其乐——

虽身居陋巷寒室,"诗酒"二字却丝毫不减,他给寄所取名"饮醇汲古之庐";

没有了奇花烂漫的园林,他的瓶中芍药,同样有"相才仙格盎盎精神,得帘外梅黄烟雨湿"的清丽;

失去了"听莺馆",笼中的八哥也能"燕婉柔言慰寂寥,解得与人情语";

没有"望东楼"的珍馐美馔,在家中,小小一条黄花鱼经过女主人"雪肥云簌细烹调"后,"烹鱼佐酒便消得眼前纵然是朝饔夕飧皆有不厌";

没有了宾朋满座的豪饮,邀上三五知己,酌上一杯女主人自制的玫瑰茶,"细把韶华度,芬苾谁制?又将玉茗新论"。

看到儿子终于走出了阴影，母亲放心了，她说她想念家乡了，要回山西老家。其实，老人心里很清楚，京城居不易，她不想给儿子增加负担。徐昆也没阻拦，他明白，回到家乡母亲的生活质量要比留在京城好得多。毕竟在平阳上村，还有一座大宅院，还有足以保证一家老小衣食无忧的田地和商铺。

乾隆五十二年（1787）秋冬时节，母亲和徐尚一家踏上了返乡之路。

徐昆心里非常难受，长亭更短亭，送了一程又一程。"相见时难别亦难"，他们一家从来就是聚少离多，好不容易才团聚，谁知这短暂的团聚之后，又将是长久的别离！

母亲虽然七十多岁了，但身体很健康，徐尚又是个孝子，对母亲他很放心。真正让徐昆放心不下的是他最钟爱的小侄儿阿彤。

阿彤非常聪慧，教他读书识字，每每几遍便可成诵。而且十分的乖巧，只要看到徐昆有空闲，便爬到他身上，非让大伯给他读诗词、讲故事。徐昆对这孩子寄予了很大的希望，认为将来能"青箱托付"的非此儿不可。而"眉园"优越的学习环境和京城得天独厚的教育资源，也为阿彤提供了极好的机会，可如今……想到这里徐昆不由得流泪了。五岁的阿彤好像明白发生了什么，他不吵也不闹，静静地偎在大伯的怀里，眼睛里含着泪珠。这让徐昆更加伤心难过了。

母亲和弟弟一家返回了家乡，徐昆也离开北京前往济南，那里还有许多事情需要他去处理。

第二年的二月徐昆从济南返回北京。初春的北京寒意未尽，从他租住的小院向外望去，通惠河两岸杨柳新绿初绽，河滩的小草似有若无，桃花尚含苞未放。他笑了：春，未晚！

是啊，他策马扬鞭地赶回北京，不就是怕错过了这通惠河畔美丽的春色吗？欣喜之下，临窗提笔：

返京师寄舍示广寨氏

　　陌柳未生芽，去去天涯。兰襟尘浣梦飞霞，花信风催香冉冉，春入谁家？

　　二月返京华，芳草阑珊。燕帘莺户景交加，小院看春春未晚，才放桃花。

　　回到北京不久，徐昆被补为内阁典籍厅，为内阁中书最后一名。

　　"内阁中书"，这是个没有实权的闲职。曾有人咏之于诗曰："印床高阁网尘纱，日听喧蜂两度衙。"可见其闲寂的程度。但对于此时的徐昆来说，却是最好的了。薪俸虽薄，尚可保障他的基本生活，更重要的是让性喜天然的徐昆有了很多的空暇时间，纵情山水、吟诗自适。

　　徐昆当初卖掉"眉园"后，在当时京城著名的休闲游乐地"二闸"附近租了这座小院。

　　"二闸"，是徐昆的文章中经常出现的一个地名。那么，这个地方在乾隆时期到底是个什么样的所在呢？

　　"二闸"，也叫"庆丰闸"，位于北京城东的通惠河上。通惠河出东便门向东后汇入通州的北运河。从东便门到北运河全程21公里，经明初几次修建，到明嘉靖时共建成五座船闸，"庆丰闸"是第二个船闸，俗称"二闸"。

　　二闸码头人烟稠密，商贸繁荣，四周酒楼、茶肆、旅馆、商铺众多。两岸树木葱茏，杨柳依依，芦苇婆娑，水草丰盛，一片诗情画意。长河远眺，千帆竞泊，碧波映舟，风光迤逦，是京城的文人墨客春秋两季踏青聚会的首选之地。

　　清代完颜麟庆在《鸿雪因缘图记·二闸修禊》中描述道："……其二闸一带，清流萦碧，杂树连青，间以公主山林，颇染逸致，故以春秋佳日都人士每往游焉，或泛小舟，或循曲岸，或流觞而列坐水次，或踏青而径入山林。日永风和，川晴野媚，觉高情爽气，各任其天，是都人游幸之一。"

清代震钧在《天咫偶闻》中写道："青帘画舫，酒肆歌台，令人疑在秦淮河上。"他把北京与南京相对接，通惠河与秦淮河相照应，所以，通惠河也因此被称作"北方的秦淮河"。

这里还是曹雪芹的喜爱之处。曹雪芹和好友敦敏、敦诚等经常到这里泛舟、饮酒、赋诗、题壁。他们有很多关于通惠河和庆丰闸的诗作。如敦敏的《咏庆丰闸流水》：

> 石坝束急流，奔涛素练长。
> 寒飞千尺雪，白挂一帘霜。
> 喷雨珠不逆，悬秋月倍凉。
> 滔滔惊逝水，欲笛满沧浪。

曹雪芹去世后，敦敏来到他们以前经常来的"望东楼"酒楼凭吊好友，并写下了《河干集饮题壁兼吊雪芹》：

> 花明两岸柳霏微，到眼风光春欲归。
> 逝水不留诗客杳，登楼空忆酒徒非。
> 河干万木飘残雪，村落千家带远晖。
> 凭吊无端频怅望，寒林萧寺暮鸦飞。

这就难怪徐昆要选择在这里租住了。即便是在"冬乃质衣，夏或典冠"的艰难日子里，他仍常常与友人在这里聚会小酌，或放舟于二闸，或吟诗于花间。在他看来，只要眼中有景，心中就有诗。有诗、有酒，生活便有了无尽的乐趣。

这一日，他清理书箧，忽然发现箱底有一些不知什么时候放的碎银子。在从前一掷千金的日子里，这点散碎银子他当然不会记得的。得到这笔意外之财，他欣然雇了一只小游船，约上二三好友，乘兴放舟一直向南，来到了位于广渠门外的神木厂⑤。

神木厂，原名"皇木厂"，是明永乐皇帝朱棣营建故宫紫禁城时，存放从全国各地采办来的木料的地方。原本是个无名的码头，只因一株神奇的巨木和一个传奇般的故事，让它从此与众不同——

相传永乐皇帝营造紫禁城时，曾派工部尚书宋礼前往四川采办木料，回来时带回了一株长达六十余尺的巨木。这株巨木已经让永乐皇帝惊叹不已了，接下来他向永乐皇帝讲述这株大木出山时的景象更是令人啧啧称奇：有一天山洪暴发，一株大木顺流而下，遇到巨石拦路，大木发出雷鸣一样的巨响，撞击巨石，巨石裂开，而大木完好无缺。永乐帝大喜，立刻下令将出大木的那座山命名为"神山"，将这株巨木称为"神木"。既是皇帝钦定的"神木"，当然就没人敢用了，便一直存放在那里以应"东方甲乙木"⑥的五行之镇，作为镇城之宝。乾隆皇帝在乾隆二十三年还特制了《神木谣》，并建亭立碑。从此，皇木厂改名"神木厂"。

徐昆一行来到神木厂，那株巨大的"神木"还在，虽经历了四百余年的风吹日晒、虫蚀雨浸，枝干剥落消瘦了许多，但横卧在地，树围仍有一丈多高，骑马而过，隔木不能见人。

"神木"西则的御碑亭内，刻有乾隆皇帝的《神木谣》：

天三巽一含精脾，深山大泽连林扶。寿突灵椿忘荣枯，所乐不存庬弃渠。远辞南海来燕都，甲乙青气镇权舆。是称神木众木殊，春明旧迹久闻予。便中一览城东隅，长六丈余卧通衢。围乃不可规矩模，岿然骑者能蔽诸。四百春秋一瞬夫，雨淋日炙风吹敷。枝干剥摧皮肤，隙孔瞋菌郁缪纡。为想怀材昔奥区，凌云概日垂扶疏。翩集不胫曰人乎，天也将以为贞符。试看虚中巨查如，尧年贯月历劫余，生育盛德鳌皇图。

他们立于神木前，酹酒祭木。徐昆感慨着大自然的神奇，更感叹于人不如木的悲哀！这株巨木四百年间竟得到了两位帝王的垂青，而世间多少才子空怀报国之才却终生不得一遇？想想自己，从弱冠到中年三十年来虽饱读诗书，高中进士，也入仕做了官，却只能"不问苍生问鬼神"。感慨之余，提笔填词：

偶游二闸观神木 （调 浪淘沙）

囊底偶存钱，便雇游船。一生爱好喜天然，欧自忘机鱼自乐，兴集嗟边。

行到木神前，酹酒观天。飘零了四百余年，不作栋梁非不遇，甲乙神全。

一句"不作栋梁非不遇"，道出了他怀才不遇的内心伤痛！

六月的一天，徐昆在地安门外偶遇一位叫孙亦台的友人，孙再三挽留，请他月下赏荷花。因已经约了朋友第二天游二闸，徐昆只得婉然谢绝，他感谢孙亦台的盛情，特赠词一首：

滚闸浮萍 （法曲献仙音）

滚闸浮萍，夹堤垂柳，略约中间横渡。出水芙蓉，千茎万柄，指引酒豪诗侣。喜水面孤亭竽，香围阁杯处。

正流目，有清芬，飘凝襟袖，似倚栏，含笑隔浦微语。月上不多时，感长情，留我延伫。妙境花香，我亦愿，花间径住，奈明朝定约，别处花须我去。

诗，同样也是徐昆苦难中最好的解语花。吟诗赋词，酬答唱和，是徐昆失意的日子里最得意的事了。

乾隆五十五年（1790）的深秋。有一天，在刑部任职的好友郭伊斋带着一本装裱好的诗册来找他和章。打开诗册一看，只有寥寥四首，其一[7]：

> 从夫十载客天涯，暂许归宁感岁华。
> 翠袖障来寒日影，高鬟倚待晓风斜。
> 怀人古驿梅无信，忆别山城菊自花。
> 借问春明何处是，计程争似客心赊。

这显然是一首用女性口气写的诗，再看其他三首，也同样充满着浓浓的脂粉味，应该是出自一位女性的手笔。

看到徐昆诧异的眼光，郭伊斋讲述了这四首诗的来历：十四年前，他在滹沱河岸一旅舍的隔扇上看到了这四首诗，其款云：丙申小春月上浣清河女史云茜氏偶题，从行弱妹云淳氏书。他揭下来放入书箧，回来装潢成册，索和于各位诗友。

徐昆一听，也兴趣盎然。俩人反复推敲，琢磨这四首诗的内容和题款。谁知，这一推敲不要紧，推出了一个令人惊喜的结论：这位叫云茜的才女，娘家应该是山西平阳的，年龄当时三十岁左右，或夫家或母家姓张，丈夫在京城为官，这次是回娘家探亲后返回京城时过宿滹沱河的。

继而再推断，云茜应出自名门望族，且婉娩柔嘉。徐昆从他所知的晋南望族中细稔一遍，遗憾的是并没有找到这位云茜女士到底出自何家。但他还是非常欣慰地对郭伊斋说："虽不知为谁何氏之秀……吾晋上承娲首遗徽，闺中之秀当不乏人，此四章诗即以当《葛生》篇中角灿锦烂之句。伊斋之采取，我辈之赓和。"

于是，他以次韵和之[8]：

> 宝剑壮游天一涯，马蹄随意注南华。
> 寻诗雁塞霜桥迥，怀古秋风驿路斜。
> 弱质何来迹何往，丽词如锦署如花。
> 多君到处垂青眼，面壁微吟意倍赊。

这就是徐昆！贫寒清苦的日子也能过出贵族的感觉。虽"粗缯大布裹生涯"，但"腹有诗书气自华"，那股傲气、大气、浩然之气，早已嵌入到骨子里，融化在血液中。

纵情山水间 咏《春花秋月》

乾隆五十三年（1788），从春到秋，半年多的时间里徐昆一共写了五十九首词。徐昆在自序中称："此余戊申年作，始于春三，迄于秋半，故名之曰：春花秋月词"。

《春花秋月词》咏的是徐昆移居东城后，和友人们填词作赋、相约交游、煮酒闲话的生活。从词中我们能够感受到徐昆虽生活困顿，却生趣未失，仍然保留着美好的生活态度和精致的生活艺术。

从第一首的标题："反京师寄舍示广寒氏"来看，这时徐昆的身边有一位不离不弃的红颜知己，徐昆称她为"广寒氏"。

很显然，这位"广寒氏"与徐昆并没有正式的婚姻关系，从徐昆的词中记述来看，她应当是位昆曲艺人。因为出身卑贱，才让极看重门第出身的徐昆一直没有给她一个名分。

徐昆正处在人生的低谷，一颗寂寥的心非常渴望有柔情抚慰。这时，"广寒氏"走进了他的生活。她精心照料他的生活起居，伺候他的笔墨文章。对广寒氏，徐昆是心存感激的。这五十九首词中，专门为"广寒氏"写的就有十几首。有《雨中广寒氏摘榴花置笔砚间》《广寒氏制花椒酱烹玫瑰茶》《人月圆》等。

看得出来，这位广寒氏是个极富生活情趣的女子。在春光逝去、花事阑珊的时节，她会在徐昆的书桌上放置一朵红艳的石榴花；在徐昆读书作诗时，她会静静地在一旁翻看曲谱；秋雨萧萧时，她会和徐昆一起抚琴弹唱。

她有着优伶的生活情调，也有着普通女人的生活技巧。她自制花椒酱、烹制玫瑰茶，餐桌上总有一盘精心料理的、徐昆"颇嗜之"的裙带菜。她极善烹饪，徐昆夸她"细理盐醯菜根香"。他觉得，与这样一个懂生活、会生活的女子在一起，即便粗茶淡饭也是一种幸福。

这个温婉安静的女子，让徐昆重新燃起了诗意激情。他读书作字、写诗填词，用文字修补着内心的伤痕。

他在回忆起写这部词的情形时说："如是时，家初凋落，迁地东城，多徜徉于岸柳水蒂之旁，以节序时物为经，以三二知交往半情事为纬，虽食贫处散，而花边月下，又借广寒氏慰我寂寥，发为咏歌，自抒情性。"

从"知交往半""食贫处散"这两句中我们得知，这时徐昆昔日的朋友有一半都不往来了，家人也已经分散而居。母亲和弟弟徐尚一家回了老家，已经成家立业的儿女也分门立户了。留在东城出租屋的只有他和广寒氏了。

读到这里，有人不禁会问：这个时候徐昆的正室高氏在哪里？我们在徐昆留下的著述里寻找不到确切的答案。但从《春花秋月词》里也许能寻求到一些线索——

八哥（齐天乐）

舌尖经剪音圆细，解得与人情语。花槛春闲，香梢月冷，都是挂雕笼处。有人凝伫，正活火烹茶，云笺掬谱，燕婉柔言，慰寂寥多少情绪。

长安客风客雨，闲愁无可寄，凭他尔汝，吉了⑨书来，雪衣⑩

经熟,应忆故山伴侣,傍倚门户,恁迎送时光,几番鸲⑪舞,不为依依,便开笼放去。

上半阕写的是他听着八哥圆润的鸣啭,看着广寒氏一边烹茶煮饭,一边在纸上谱曲吟唱,那燕婉动人的声音,慰藉着他心头的愁苦。

下半阕笔锋一转,想到自己客居京城,闲愁无可寄,只得"好闲逗鸟"。不由得想起留在家乡侍候母亲的妻子,她一定在"傍倚门户,恁迎送时光。"自觉愧对妻子,于是,打开笼子,放鸟儿飞去。

原来,在家遭变故之后,正室高氏也回到了故乡平阳上村侍奉婆母。

乾隆五十三年(1788)初夏,就在徐昆补缺内阁中书,生活刚刚有了起色后不久,他的家庭又遭遇了一次灾难:徐昆年仅六岁的小侄儿阿彤不幸夭折!

阿彤的夭折给了徐昆沉重的打击。他一直视阿彤为自己的接班人,尤其是家道中落后,他甚至把重振家业的希望都寄托在这个小侄儿的身上。回忆眉园时阿彤的聪明伶俐、离别之时的乖巧懂事,他哀痛不已。

那一夜,他辗转难眠,独自沿着空旷的河岸踽踽而行。远处黑黢黢的山阻断了远望的视野,就像他渺茫的人生前景。蜿蜒的通惠河百转愁肠,就像在他面前强化了一幅感伤的画面。回来静坐桌前,含泪写下这首词:

与泪送(声声慢)

识人心意,绝世聪明,四龄见尔如此,似画修眉新筑,名因尔起,怀中掌中一载,别余时偷含珠泪,方指望,把青箱托付,而今已矣。

今日空悲往事,那得在高堂承欢献媚,长叹儿迟,所慰庭多犹子⑫,凄凉翘首伤萎,一思量,一宵不寐,弱骨埋处,故园翠柏声里。

徐昆是个纯孝之人，悲痛之余，更是为老母亲担忧。阿彤的夭折，对老人更是一个致命的打击。而自己远在千里之外，只能翘首伤萎。聊以可慰的是，在家乡还有众多的侄儿侄女，有他们承欢膝下，可以稍慰母亲的心。

这首词也给我们提供了一个信息，家事中落后，弟弟徐尚一家陪着母亲住在家乡平阳上村，他有众多的子女。

仲夏时节，徐昆租住的小院中一年一度的萱花盛开。萱草，也叫金针，是多年生宿根草本植物，传说可以忘忧。古人以"萱堂"代母亲。当初徐昆种下这一片萱草是借"花灿金萱、萱花挺秀"之意表达对母亲的祝福。当然，也是希望借"萱草忘忧"的花语，放下眼前的一切忧愁。

看到这一片绿叶萋萋、黄花灼灼的萱花，徐昆不由得想起远在故乡的母亲，想到家事凋落的现状，想到并不乐观的未来，便将这郁结于心的满腔的惆怅宣泄于纸上：

观萱花有感

余旧筑眉园于京邸，起寿萱堂为迎养两慈帏计也，膝下承欢不及半载，嫡慈见背。阅年余，生慈思乡之甚，命舍弟奉板舆归里，睽违晨昏，节序屡迁，重见萱花，风木之悲，望云之感，不觉交集。

眉园已属他人，华堂春忆称觞地。板舆双捧，莱衣新舞，锦萱呈喜。竹外丛香，花间层石，都含寿意。叹承欢旧事，花开几度，悲风木，空垂泪。

回首南陔千里，料萱开，依然云丽。手中针线，身边衣履，春晖远被。梦里乡关，半帘花草，千重山水。望白云飞处，群儿环笑，慈帏早起。

《春花秋月词》的最末一首《人月圆》当作于中秋节后，当时徐昆人在济南。词前作者标注："中秋得广寒君来札，有'今宵看月，君在济南，妾在燕北'之语，梦中足成之，醒翻旧谱并无此曲，拈笛作调，名曰：人月圆。"

人最伤感的莫过于两地相思。只身在济南的徐昆本就有"独在异乡为异客"的孤寂，而中秋之日又接到广寒氏寄来的书信，更是"每逢佳节倍思亲"了。他反复读着广寒氏信中"君在济南，妾在燕北"之句，梦中吟咏许久，醒后却发现并无此旧谱，于是，依梦中之句，写成一支完整的曲词，拈笛作调：

人月圆

君在济南，妾居燕北，遥看月，人千里，破旧愁，迎新喜，两人都在明光里。今夜团圆月，谁能别离此，愿繋圆月向心头，莫逐圆月影儿尾。

这部词集中，还有三首专门标注着"余侨寓海岱门下"。海岱，是指山东渤海至泰山之间的这一地区。由此推测这"海岱门"可能是一个宅第名。徐昆来到济南时住在"海岱门"的友人家里，说明这时徐家在济南经营惨淡，已经没有了自己的住宅，只得借住在朋友家。

至少在这一年里，徐昆多次往返于山东和北京之间，他在竭尽全力、最大限度地保护父亲辛苦一生创下的家业。但从后来的情形看，徐昆的努力似乎并没有阻止徐家继续衰落的脚步。

我们在徐昆以往的著作中，看到的是一个豪放豁达、孤傲率真、超凡脱俗的徐昆，而在这部词集里，却让我们看到了一个细腻温婉、多愁善感、浪漫多情的徐昆。

昂扬是一种力量，低回是一种精神。徐昆留下的《春花秋月词》，是到目前为止我们看到的徐昆唯一一部记录了他个人生活轨迹和家庭生活情况的作品。虽然只有五十九首,记录的也只是从春到秋半年来的生活和交游,却是弥足珍贵的。它为我们全面深入地了解和认识徐昆,提供了最原始、最真实、最直接的文字资料。

正如徐昆自述的那样,这些词不过是他在困顿之中"发为咏歌,自抒情性"之作。当时并没有出版的想法,写完也就收进了书簏。直到十年后的嘉庆三年(1798)正月,他的长子徐蔼谦在收拾书箱时,偶然发现了这部词稿,便精心整理编撰出来。

这年重阳节后,徐昆的好友张锦从新疆赦归,来京拜访他。

张锦,乾隆四十六年(1781)大挑入选,第二年便授直隶清河县令,仅三个月后"即谢事"。不久,改任清丰县令。

据《清丰县志》载:"(张锦)待士庶如家人父子,以清河之治治清丰"。可见他在清丰任上素有善政,且口碑极好。真正做到了他当初立下的"为政无才拙补勤,此邦贤士足吾欣。苞苴每惧绳其过,教养尝从证所闻"的为政誓言。

然而,就是这样一位"清苦为官,节用自省,守职敬民"的好官,只因为民请命"屡忤上司",便被革职流放新疆长达十几年。一直到嘉庆元年,新皇登基大赦时才得以归籍。张锦的不幸经历,也让徐昆更看透了官场的黑暗,强化了他无意官场事,但作翰墨游的愿望。

看到张锦的到来,徐昆非常激动,他紧紧地握住张锦的手:十几年不见,青春换苍颜!西域的风沙、精神的摧残,使这位昔日风流倜傥的张大公子形容憔悴,羸弱不堪,心里不由得一阵心酸。

张锦虽身在边戍,但他与徐昆的通信并未中断过,对徐昆这些年的遭遇也有所了解。看到徐昆外表虽然平和依旧,但眉宇间终究隐藏不住失意和不平。想想彼此的人生际遇,俩人都泪水纵横。

这一日,他们脱尽形迹,把酒尽欢,无所不聊,无所不谈。很快他们就谈到了诗词。这时,徐昆随手将儿子整理好的《春花秋月词》稿递给了他。刚读几首,张锦就欣喜言道:"我谪居边塞多年,久不闻韶音,今日开卷,读来便得词家之味啊!"于是自告奋勇,为词集作序:

  ……今年秋,予入都门,先生适官礼部,事简曹闲,公余退食,檀板金樽,风流自绝人也。予与先生十年不见,痛饮快谈之余,出近稿《春花秋月词》以示予。予读之,而如对春花也,如坐秋月也,涤我尘秽,清我神明,其快何如?因题数语,以弁之。

嘉庆午年重阳后五日 愚弟 张锦顿首

  嘉庆三年(1798),由"男蔼谦校存"、张锦作序、徐昆自序、"贮书楼"刊刻的《春花秋月词》出版。因是家刻版,当初刻印的就不多,目前仅存一册收藏于中国国家图书馆善本部。

  张锦这次来京找徐昆,主要是为了出版他在谪地伊犁刚刚完成的传奇剧本《新琵琶记》。之前,乾隆六十年(1795),徐昆还为他刊印过另一部传奇剧本《新西厢记》。

  第二年,张锦的《新琵琶记》亦由"贮书楼"刊刻出版。

  目前,有些研究徐昆的文章,错误地把"贮书楼"理解为徐昆家在平阳城里开的印刷作坊。这里需要做一点说明,"贮书楼"并非是营业性质的书坊,而是徐昆年轻时在家乡所建的一座藏书楼。年轻时,他家境富裕,购置有一套完整的刻版印刷的工具(这套印刷工具一直保留到"文革"时,后被当成"四旧"毁掉了)。徐昆晚年时热衷于为友人刊刻文籍、为前辈乡贤们整理重印典籍,凡是他刊刻的书籍,都冠以"贮书楼"或"贮书山房"的字样,以示为徐昆的家刻版。因为这套刻版一直是徐昆随身带着的,他的中年、晚年基本上都在北京,所以,刊刻的地点主要是在北京。

徐昆虽然取得了科举的最高功名，仕途却不通达。从乾隆五十三年（1788）进入内阁到嘉庆三年（1798）的十年内都没有变动职务，更不要说升迁了。而他的好友，同科进士王友亮就要比他幸运得多。辛丑科考中进士后，便钦点主事补礼部精膳司主事，为正七品；后转山东道监察御史，掌京畿道、山东道、河南道监察御史；如今又转礼部给事中，为正五品。王友亮与徐昆是煮酒论道的朋友，他对徐昆的才华学问非常赏识，也为徐昆的仕途蹇滞而遗憾。

乾隆五十九年（1794）三月六日，由王友亮做东、徐昆组织，在"二闸"举行了一次盛况空前的春游。

说"盛况空前"，是因为这次邀请的都是当时京城的文化名流。其中有与王友亮齐名的诗人吴锡麒（字，谷人）、法式善（字，梧门），有被称为清代"四川三大才子之首"的张问陶（字，船山），有扬州八怪之一的著名画家罗聘（号两峰），有清代著名的藏书家赵怀玉（字，味辛），真可谓"群贤毕至"。

另一个原因是罗两峰专为此次春游作"大通春泛图"。张问陶为图作题记，写了一篇著名的游记散文。这篇游记是张问陶青年时期的代表作，文前有序称："三月六日王莳亭（王友亮）给谏招同罗两峰山人、吴谷人编修、法梧门祭酒、董观桥吏部、徐后山、赵味辛两舍人、童春厓孝廉、缪梅溪公子，载酒游二闸遇雨，醉后作歌，即题两峰所作'大通春泛图'。"

五年不到东城东，梦中烟水青濛濛。城南饮酒亦殊苦，酒入深怀杂尘土。酒户本无多，此口都尝遍。知我还推王给谏，独买扁舟作春泛。今年旱极风如虎，游人气与沙吞吐。好雨刚随我辈来，蛟鱼也欲冲波舞。大夫有方舟，一双画舸乘中流。人心作奇

气，水面如清秋。举觞一笑十人起，推桡竟作江南游……⑬

除了这样的大型聚会，徐昆最热衷的还是约上三五知己，吟诗煮酒，放舟二闸。

据朱珪在《眉园日课》序中记述："后山邀余同范叔度剧谈于二闸舟上。"

时间大约在乾隆五十二、五十三年（1787—1788）的仲春。朱珪刚回京不久，擢任礼部侍郎。徐昆邀请朱珪和范叔度一起游二闸。范叔度，顺天大兴人，入值军机处，后官至光禄寺卿。与朱筠、朱珪同为大兴老乡，徐昆和他是"椒花吟舫"时的老相识。

那日，他们泛舟于通惠河上，河水一碧如染，夹岸桃花纷纷，落英随流水飘荡，往远处看，白云依偎于山巅，山峦半隐半显。

他们这次谈话的主题是八股文。朱珪和范叔度都是少年进士，谈起八股制艺来都颇有心得。看到徐昆若有所思，似有心得的样子，朱珪谈兴更浓了："汝知之乎？神仙多矣，何以称圣称祖、成佛升天？何以分先后？为文亦然。"

也许人们会感到诧异，他们一个是礼部侍郎，一个是军机处御史，徐昆作为一个新入内阁的中书舍人，应该向他们讨教治国理念、吏治民生啊，怎么和普通的士子一样也大谈起制艺文章来了呢？

其实，徐昆心里很清楚，他虽进入了内阁，做了朝官，外人一听似乎是离仕途腾达越来越近了，但知晓内情的都明白，"内阁中书舍人"只是一个从七品官，这个品级在冠盖如云的京城可以忽略不计，而且是最后一名，这意味着等待擢升的时间会更长。今年他已经五十有二了，还有多少时间可以等待？

官场无望，学问也未见卓著。徐昆不由得反躬自省：自己一生都围绕着科举、仕途、学问，在坚持、在努力、在追求，然而，却一直纠缠不清,文人耶?官吏耶?均无以定位,皆不着边际。一天天的琐碎掩埋着曾经的壮志豪情,既然"大济苍生"的理想无法实现,何不专心学问,做个纯粹的文人呢?

徐昆的这种思想也充分体现在他的志怪小说集《柳崖外编》中。他在《杜于皇》这篇文章中为我们描述了一个不羡功名,"闲居事业,与达官无异"的诗人形象:

杜于皇与刘克猷是少时的同学。后来,杜于皇弃举子业,专情风雅。再后来,刘克猷高中状元,奉旨还乡时"乘大舫,仪从甚都。舫上树列标帜,帆樯间有'状元及第'牌。所至两岸,观者如堵",好一幅"衣锦还乡"图!

到家乡的这一天,正遇大风雪,刘克猷隔岸望见对面山上有一人头戴斗笠,身披蓑衣,正倚树看雪,认定此放浪形骸的一定是他的同学杜于皇,于是舍舟登岸。上山一看,果然是于皇!"大喜。携手至舟对坐,谈至得意"。而杜于皇自始至终也没有问一句他在京为官的事,甚至对他中状元连一句道喜的客气话都没有,"所言惟诗、古文进境而已"。

徐昆在文后的"柳崖子曰"道:"闻吴缃云鸿殿撰(状元)督学三楚时,偶谓幕友某曰:'自前明开科三百年来,殿撰可屈指全数乎?'曰:'不能'。又曰:'自国朝开科以来,殿撰可一一数乎?'曰:'亦不能'。"

自隋开科以来,中国读书人的理想就是"一唱头名天下知"。而徐昆却以为,即便是三年一人的状元郎,仅本朝以来也是不可全数的。而只要心里有诗,手中有书,心中就自比状元,就像杜于皇一样,无拘无束,自在"如皇"啊!

无意宦海事 刊布乡贤书

乾隆五十五年(1790),徐昆和山西同乡乔人杰、张铚一起,整理和刊印了《吴雯先生莲洋集》和《司马文正公文集》⑭。

吴雯，字天章，蒲州人，清初著名诗人。一生布衣，诗名高妙，曾名动京师，被当时的诗坛誉为"仙才"。连一代"诗宗"王渔洋对他的诗也"吟讽不绝于口"，俩人诗赋唱和不断。可惜，天不怜才，年仅五十岁就去世了，留诗两千余首。吴雯去世后，王渔洋不但为这位布衣友人作了《墓志铭》，还亲自删定了《莲洋集》。

刘组曾，字绳远，临汾人。乾隆初由礼部员外郎授陕西凤翔知府。乾隆九年（1744）刻有《司马文正公文集》八十二卷。因仰慕乡贤吴雯，又惜其诗结集甚少，于是，花费十余年时间四处收集吴雯的诗集。于乾隆十五年（1750）整理刊行了《莲洋集》。

徐昆曾自述说："当余束发受书时，见刘氏本《莲洋集》。"乾隆十五年，徐昆十四岁，这是徐昆初学诗时接触的第一部诗集。他"吟之、咏之、味之、思之"，可以说，徐昆是读着吴雯的诗启蒙的。

仅几十年后，刘组曾刊行的《莲洋集》刻版便失传了。一次偶然的机会，徐昆在"燕市旅舍""西河荒店"中，无意发现了一套刘本《莲洋集》的刻板。其板破败不堪"或半缺，或中断"，他却如获至宝，珍藏起来。

刘组曾的这套《莲洋集》对徐昆来说，除了少时的启蒙缘故外，还有另一份情结在里面。

徐昆的好友杨山夫有一本家藏的、从吴雯的侄子吴秉厚处得到的《吴雯诗集渔洋手评本》，得知刘组曾要刻印吴雯诗集，杨山夫慷慨献出了这本藏书。

刘本的《莲洋集》刻版失传后，杨山夫深感痛惜，他的学生，也是徐昆好友的张菊坡一心想将刘本的《莲洋集》重新刻印，却"遍索之不可得"。几年前杨山夫去世，徐昆希望重新刻印这部书的愿望就成了一种使命和责任，只因为经济拮据，刻印一事便拖延下来。

事有凑巧，乾隆五十四年（1789）的一天，友人张锦的弟弟张銶找到他，说他的朋友乔人杰，现任顺天府南厅同知府⑮，太原清徐人。一次偶然的机会，发现了刘绳远的《司马文正公文集》刻板，板片破败残缺，深为叹惜。正有将其重新刊印的想法，只是对于刻印他是外行，有心无力。

张銶说："后山兄，我看这事非你莫属。当年在阳城，正是兄的鼎力而为，才使陈相国的《午亭文集》得以完好保存，并广泛流传。陈氏族人和阳城的士子们至今都不忘你的功德呢。"

徐昆有些尴尬地摆摆手说："惭愧！惭愧！可今非昔比啊。"

张銶当然清楚，此时的徐昆，已经不是当年一日之内散尽千金的时候了。他笑着说："兄长放心，资金不是问题，主要是整理、印刷之事得仰仗兄长，我们都是外行。"

话说到这里，徐昆也就把他希望将《莲洋集》和这部《司马文正公文集》一同刊刻的愿望说了出来。

张銶一听非常高兴："有何不可？后山兄，如此慷慨之义举，家乡父老得感谢你呢。"

于是，徐昆和乔人杰、张銶达成协议：由三人共同出资、整理和出版刘组曾太守的这两部书。

乾隆五十五年（1790）四月，《司马文正公文集》的重印工作完成。

据徐昆在序中所述，他们购买的这套刻板："无序无跋，其板片残缺更甚于《莲洋》板，以沈确之先生《莲洋诗序》考之，盖亦刘太守绳远所刻也。"

徐昆他们的新版是在刘组曾原版的基础上增补重新刻印的。新刻印的《司马文正公文集》分上下两目录，在《司马文正公文集目录（上）》的下面，增加了"平阳徐昆后山、涂水乔人杰汉三、濩泽张銶心镌重订"的字样。在《司马文正公文集目录（下）》的下面有"临汾后学刘组曾镌"的字样，保留了原来的版板。正文的内容基本上保持了原貌，只是在前面增

281

加了徐昆和张鋐写的两篇序。

紧接着《吴雯先生莲洋集》的整理重印工作也一气呵成。

考虑到刘本《莲洋集》的残缺严重，徐昆决定以宋弼本为参照，对刘本原版进行增补。这里需要做一点说明：乾隆十七年（1752），就在刘组曾的《莲洋集》出版两年后，山东的宋弼就在刘组曾本的基础上增补刊印了《莲洋集》。

所以，这次徐昆虽然用宋弼版为参照，实际上依据的仍是刘组曾版。而后，他又将家藏的赵秋谷评本与渔洋先生圈点本合为套板，修补完整。

徐昆的新版将原来卷一首页的"后学刘组曾、王藻同校订"挖去，改嵌为"蒲坂吴雯天章手著 渔洋山人评定 平阳徐昆后学 涂水乔人杰汉三重订 濩泽张鋐心镌"。并在原序前增加乔人杰的一篇跋和徐昆的一篇序。徐昆的序中记载了这次重印的原因和过程：

> 渔洋手订莲洋诗向无刻本，吾乡刘绳远（组曾）太守初刻之……不数年，太守远宦丹崖，委其板于燕市旅舍，鼠矢蛛网、霉湿渔蠹、不暇顾及……张观察重刻莲洋诗时遍索之不可得。余乃因无意中遇败箧于两河荒店，或半缺，或中断，珍而惜焉。商诸同年乔人杰（汉三）观察，及张鋐（心镌）孝廉（阳城人），慷慨好义，一诺而成。补而修之，重为完善。

除了刊印前辈乡贤们的典籍外，徐昆还为好友张锦先后出版了《办差日记》《清草诗集》《归田偶兴》和两部传奇剧《新西厢记》《新琵琶记》。

"贮书楼"虽然只是徐昆的私人家刻，却使得上至古代圣贤、前代名相，下至故里名人、当代乡贤们的大量经典文著得以保存，对于山西文化的传播、山西文化名人的研究做出了积极的贡献。

也许徐昆并没意识到，正是他的官场失意，才使得他的文化行为更加纯粹，文化精神更加真诚。倘若用他的满腹经纶去读朝报、写文告，用他疏朗的胸襟去揣摩上官、虚委同僚，那才是真正的"屈才"呢！

注释：
①需次——旧时指官吏授职后，按照资历依次等待补缺。
②退食——退朝就食于家或公余休息。相当于现代的下班、休假。
③见《春花秋月词》，徐昆著。（作者注：本章中所引用的诗词、文句，如无特别的注释，均摘自《春花秋月词》）
④介山——即绵山。在今山西省介休市境内。相传春秋时期晋国大夫介子推携母隐居被焚于此，故称"介山"，寒食节也源于此。
⑤神木厂——在今北京市朝阳区黄木庄。
⑥东方甲乙木——天干方位中，甲乙对应的是东方，五行中，木对应的方位是东方。而东方代表着升发和希望，以巨木作为镇城之宝，有祈求兴盛长久之意。
⑦⑧——均见《柳崖外编·云茜》。
⑨吉了——一种鸟的名称。
⑩雪衣——指吉了鸟白色的羽毛。
⑪鸲——八哥的别称。
⑫犹子——兄弟的儿子。谓如同儿子，指侄子或侄女。
⑬见《张船山书画年谱》，《四川职业技术学院学报》，2009年01期。
⑭《吴雯先生莲洋集》和《司马文正公文集》——现均收藏于山西大学图书馆。
⑮顺天府南厅同知府——明清两代的北京地区称为"顺天府"。顺天府辖区分东、西、南、北四厅。南厅驻黄村，分管霸州、保定、文安、大城、固安、永清、东安。同知府，相当于副知府。

第十三章 君自闲人堪说鬼

搜奇闻逸事　结《柳崖外编》
写虚幻之景　道世间之情
阅后山山色　赏留仙仙气

搜奇闻逸事　结《柳崖外编》

乾隆五十七年（1792），徐昆的《柳崖外编》九至十六卷整理结集。由"霍郡郭景融兰圃、桐乡陈尔炽炯斋校正"①，"贮书楼"刻版。次年春，与原来的一至八卷一起，完整地刊印了这部十六卷版的《柳崖外编》。他的好友王友亮为书作题辞：

> 乾隆戊戌春，余来京应礼部试，学士朱竹君先生招饮，座遇一客，气豪谈伟。先生指以告曰："此徐后山孝廉，山右之名士而蒲留仙后身也。"……辛丑夏，后山与余同得第。叩其文集甚富，不轻示人。今年春，以所梓《柳崖外编》遗余。余呈家母览

之，亟为叹赏。问曰："徐舍人汝之同年乎？吾见时贤说部多矣，非太俚即太奇。是编以文言道俗情，又不雷同与古作者，无愧聊斋再世矣。"余间语后山，后山甚喜，乞为题辞。因述老母之言，并叙余两人订交之始以见。

  后山才望，自翰苑以及闺帏，咸知称道。且著书满家，出其游戏一端而已驰声踊价若是，又况彪炳之文藏名山而传奕世者乎？

乾隆癸丑仲秋五日 年愚弟王友亮拜手

  由此而知，《柳崖外编》一经问世就"驰声踊价"而受到时人的追捧，从此名声大噪，"自翰苑以及闺帏，咸知称道"。此后，便在坊间广泛流播。

  《柳崖外编》十六卷，共计二百九十二篇，基本上是根据写作的时间顺序编辑的。

  关于徐昆是从何时起开始创作志怪小说的，李金枝所作的序中说是始于十五六岁时，这个时期大约只是游戏而已，随写随扔，无意保存。现存的作品，应始自二十五六岁蹭蹬于乡试时。乾隆四十六年（1781），徐昆四十五岁时，李金枝为《柳崖外编·上卷》所作的序中也证明了这一点："其奇见异闻，随笔偶录者则为外尔，余讽诵之二十年矣。"

  以后，他一直保持着高亢的创作热情，直到徐昆五十六岁时全书十六卷完成。这部《柳崖外编》的创作历时三十年，倾注了作者半生的心血。

  有意思的是，从小读圣贤书、立圣贤志的徐昆，本该宣扬"纲常礼教"的笔却偏偏写了一部圣人禁言的"乱、力、怪、神"。对此，今天研究《柳崖外编》的学者们，往往用"继承《聊斋志异》的创作传统"来作解释。然而，如果真正读懂了徐昆，你会发现，徐昆并非刻意地去模仿、去继承某一家一说的创作风格，他创作《柳崖外编》的动机，一是因为当时的志怪风气，二是性格使然。

中国文人谈鬼说怪之风由来已久。鲁迅先生在《中国小说史略》中说道："中国本信巫，秦汉以来，神仙之说盛行……自晋迄隋，特多鬼神志怪之书。"志怪原本是一种艺术形式，到了清代，借谈狐说鬼来反映现实社会就成了一种风气，这与清代特殊的政治环境有关。

满清入关后，清政府为了遏制反清复明的思潮，在文化领域采取了严酷的文字狱。如何躲过文网，避免遭受迫害，是当时的文人首先要考虑的，而谈狐说鬼的志怪形式，自然就成为既能抨击现实又能全身远害的理想形式了，这也促成了清代志怪小说的迅速发展。

其中最具代表性的当推蒲松龄的《聊斋志异》和纪昀的《阅微草堂》。他们实际上代表了清代文言小说的两大流派。《聊斋志异》取径唐代传奇，"用传奇法而以志怪"[②]；《阅微草堂笔记》追踵六朝志怪，用笔记体记录异闻奇事。两书行世后，大量的文人追随仿作，谈鬼狐妖魅的风气更浓了。

文学上的浪漫主义，往往是与作者性格上的浪漫精神相通的。徐昆豁达豪放的性格，本身就是浪漫情愫滋生的最好土壤。

他出生在古老的尧都，这里是中国神话传说的摇篮。他是听着尧、舜的传说启蒙的；少年时代，他又随父亲到山东济南求学，而山东自古就是所谓"神仙方士"的发源地。这些浪漫主义的文化种子早早就根植在徐昆的血液里了。稍长一点，他开始对昆曲传奇充满了兴趣，剧情的侈陈怪异更激发了他的浪漫主义情怀。成年后，他便将这种浪漫的情感倾注于笔端，用传奇剧的形式来表现友情、爱情、爱国之情。而传奇剧与志怪小说本来就是一脉相承的。

乾隆中期，志怪小说风行一时，这时的徐昆正处于科场困顿、前途无望之时。中国文人历来就有愤而著书的传统，于是，他将这胸中郁结的不平之气，恣意地宣泄在异域世界的狐鬼花妖里。

徐昆的创作形制呈现出多元化的倾向。

《柳崖外编》近三百篇，很大部分是记录奇人异事的笔记体小说。如：《曲沃妇人》《血怪》《邹氏异事》《水妖》《柳翁》《改中第七》等。这一类作品篇幅短小，语言质朴简练，没有想象的成分。记述怪异非常之事，如记世间平常事一样，不作装点，用学者之笔，而非才子之笔。正如鲁迅先生所言，这类笔记体"则缘事极简短，不合传奇之笔，故数行即尽，与六朝之志怪近矣"。

有一部分是为奇人异士、侠客、义仆、动物作的小传。如；《贾焕 林义》《张方海》《葛衣仙》《水生》《匀隐》《山魈》《地鼠》等。这种创作形式始于明代，鲁迅先生在《中国小说史略》中说："盖传奇风韵，明末实弥漫天下……文人虽素与小说无缘者，亦每为异人侠客童奴以至虎狗虫蚁作传，置之集中。"

还有一部分是作者虚构的短篇小说。如：《巧巧》《圆实》《素素》《钮应郎》《王秀才》《俞俊》《灵川女郎》等。这是最显作者才情的一类作品。徐昆用传奇手法，有意识地编撰这样的奇异故事，或寄托情怀、或自抒心声、或针砭现实、或弥补缺憾。他将仙界异域当成一个可以实现他人生目标的理想世界。

还有一些是叙述真人真事的。如：《王再来》《张生》《青主先生》《曲状元》《三绝》《吴伶》《醉汉》《杨山夫》《李宫李》等。这类文章多数是直写现实人生的，少用幻化之笔。完全可以当成作者的自叙性散文来读。因为写的都是真人事迹，很多篇目的内容为地方志提供了非常珍贵的资料。例如：《醉汉》记述的是山西沁水县窦庄的主人公窦铤的故事；《杨山夫》讲的是山西襄汾才子杨维栋的故事；《张公子》讲述的是山西文水怪才张赤夫的故事。

还有很多篇目是记述作者自己生活经历的。如：《曲状元》《花落余芳》《大虾蟆》《吴伶》，为我们了解徐昆的生平行状、研究徐昆的文学思想提供了最可靠的第一手资料。

另外，还有记录风物人情的说明文。如：《冬虫夏草》《断肠草》《产翁》《铁》《炼石》《三白瓜》《獞人》《脆蛇》等。这类文章篇目不多，且篇幅短小，有的仅寥寥数行，内容却覆盖广泛。地域从山西、陕西到云南、贵州、广西，从物产到民俗，从动物到植物，显示出作者丰富的人生阅历和广博的见识，有的还具有深刻的人生哲理。比如：《我有油》，出自滇南的竹鼠，稍肥就自鸣："我有油、我有油。"于是人们拿木板压而取油。等到稍肥又有油时复叫。多么诚实的小动物啊，"有则为有，无则为无"。实际上，我们知道现实中的竹鼠是发不出这样的声音，作者这么写，意在肯定这种实事求是的精神，实在讥讽当时道德沦丧、虚伪之风盛行的社会现实。

作为一部志怪小说集，《柳崖外编》几乎无怪不记、无异不录。故事的发生地从京城到边陲、从城市到乡村、从沙场到闺阁，无处不有。这么丰富而广泛的小说素材，主要得益于徐昆广泛的人脉资源。

中国古代的文人似乎对谈鬼说怪情有独钟。传说苏东坡被贬黄州时曾逼着别人讲鬼怪故事给他听，别人说没有，他便求人家"姑妄言之"。民间传闻说蒲松龄作《聊斋志异》时，在大道边上置烟茶，"见行道者过，必强执与语，搜奇说异，随人所知，偶闻一事，归而粉饰之"③。而徐昆，也正是仰仗着他众多的老师、同学、同门、同乡、故交为他源源不断地提供着创作素材。

在《柳崖外编》中，常常可以看到作者标注有某某同年言之、或前辈某某说。粗略一算，光是有名有姓的官宦、名士就有几十个。有：刑部的郎醒石、侍御王卜崖、徐沟县令蔡予嘉、友人郝毓英、友人苗季黄、年伯曹太仆……

如在"贵州友人谓"下有：《费忠》《黄祐》《猴尼》《产翁》《张钧者》篇，讲述发生在黔地的奇异故事；在滇南"郎载华谈"下有：《缠布》《顺当井》《㺍》《蛊》等发生在滇南的奇闻趣事。

当徐昆恣意地记述怪异故事时,他的朋友们已经不满足于作为一个读者或素材的提供者了,他们常常以亲历者或见证者的身份出现在读者面前——

《张方海》篇的张方海身负奇气,能"大饥不死、入水不濡、悬窦不沉"。相传他和友人游恒山时,曾纵身深渊,"众人相顾失色。俯视之则有云气蓊郁捧之而出";又传他曾在游曹娥江时,乘鲤而顺流十里,与仙人唱和诗酬。

张方海与朱竹君先生是多年的朋友。竹君先生曾以诗记述这两件事:

> 北征到恒岳,元洞无底漏。
> 抽身欲下探,从游骇相救。
> 皆言试鸡犬,直下失骨肉。
> 羽毛尚飞飞,恐有妖物守。
> 先生笑而答,此是阳气凑。
> 吸实吹其虚,至道安得谬。

此咏恒岳探穴事也。

> 独身上禹穴,窆石辨理塍。
> 下饮伯阳井,丹入水可寿。
> 最奇美女山,俛首曹江溜。
> 夜中登其髻,星月倒景透。
> 自喜一试身,清妙绝人觏。

此咏曹娥江事也。

为了让读者觉得真实可信，徐昆在文末的"柳崖子曰"写道："予见先生貌甚癯，乃大饥不死，入水不濡，悬窦不沉。"作者干脆把自己也加入进来了，进一步强调真有其人、确有其事。

《蔡判》篇，写友人蔡予嘉白天为阳间县令，夜晚为阴间判官的故事。

很明显，这取材于《三侠五义》中写包拯"日审阳间，夜审阴间"的故事。徐昆将包拯之才赋予了他的朋友蔡予嘉。虽为游戏之作，却表达了他对友人"作生民吏，望其仁而善断矣"的殷殷嘱托。

《赵小姐》篇，写徐昆的恩师徐飞山为冀宁观察使时，与公署后园的女鬼赵小姐斗智斗勇的故事。徐昆在文后的"柳崖子曰"中特别注明，飞山先生这次能提前知道他要来太原，"盖亦赵小姐前夕所言也。"

除以上几篇外，还有《鹰雀》《鬼听经》《何氏》《范氏妇》等。在这些鬼怪故事中，他和他的朋友们都是亲临者和亲历者。当然，这是随意虚构的，作者和友人们都不会信以为真，只是借以戏谑，寄托一种情趣而已。

写虚幻之景　道世间之情

在徐昆看来，异域鬼狐只是一种意象。既然能编撰这些狐鬼神道以"游目娱情"，当然也可以用狐鬼故事寄托严肃的主题。

于是，他借鬼狐世界道人间万象，表达他对现实社会的愿望和诉求，表达他的人生感受、价值取向和对生命的咏叹。

《柳崖外编》不但体制繁杂，而且主题多样。这与作者丰富的人生阅历、广泛的人际关系和深厚的学识有关。

《柳崖外编》的主题内容大致可以分为四大部分：

一、颂扬高尚纯洁的爱情

描写爱情的文章是《柳崖外编》中篇目最多的,也是写得最精彩的。这一部分题材十分丰富,有单纯的人与人之间的爱情,也有人与鬼、人与神、人与妖怪之间的情爱。

在这些充满着奇幻而美妙的故事里,徐昆表达了他严谨的爱情观:"惟爱其才,故勉其志""乾坤咸恒,天地以正,男女以时"④。

在徐昆看来,功名是读书人的头等大事,爱情只是助推器。真正的爱情是有助于功名事业的。

《圆实》篇,写的是尼姑圆实与陵川(今山西省晋城市陵川县)书生文价堂相爱的故事。文生在圆实出家的庵堂旁的闲舍里读书时,与圆实相识,二人"各道慕悦之意"。一天,文生趁老尼不在之时,偷偷与圆实相会。欲狎,被圆实拒绝了:"我与子俱年少,前途有余,目今情况,适愿足矣。何必学浪子淫妇,夜夜阳台⑤哉。"勉励文生以读书为要务,以功名为要事,不要学浪子淫妇,沉溺于情欲之中。

文母得知圆实的贤德,想为儿子纳为妾,被圆实谢绝,她对文母说:"我与公子友,非私也。"用现代的话说就是我与您儿子只是普通朋友,没有男女私情。这样的语言放在今天是再平常不过、再正常不过了。但在二百多年前那个"男女授受不亲"的时代,徐昆能用这样的语言来表述男女之间的关系,是极难得的。

文生两次乡试皆落第,回乡看望圆实,她不肯见,让母亲转告说:"我无颜见子矣,琼爱郎君,人知其迹,不知其心也,郎之不第而来此,且不能自守其心,况能心予心乎?"又托母亲送给他一方白纸,转述其语:"此菩提心境⑥也,读书人贴面前,勤读则圆光⑦明如鉴,少间则圆光暗如铁。"文生感其言,发愤读书,终于得中。二人也终结成夫妻。

此等女子,何等贤淑,何等正派!简直就是那个时代女性的楷模啊!

在《阿巳》篇中，徐昆极力颂扬了一个"虽不谙诗书"却严谨自律、坐怀不乱的下层劳动者。

车夫刘，性戆而仁，"日一落则不行，唯恐伤物命也。"蟒蛇精阿巳因"感其仁厚"爱上了车夫刘，愿自荐枕席。刘"坚谓不可"，而刘妻因其"贤且巧"反倒劝丈夫把阿巳留下来。刘大怒，强迫妻子将阿巳赶走，妻子假意答应。夜晚，阿巳变幻成刘妻的模样"展衾而眠，枕席之余，备极绸缪。"刘以为是妻子，抚之曰："我固有室，乱匹胡为，不守吾身，几为阿巳惑。"一转盼间，才发现是阿巳。木已成舟，刘只得纳为妾室。

显然，徐昆以一个平民的视角，敏锐地发现了在下层劳动者身上所表现出的就连士大夫们也无法企及的道德高度。

《柳崖外编》从写作之初到结集成书，前后长达三十多年。随着年龄的增长、身处环境的变化、见识的增多，对事物的理解和认识也有不同。比如爱情中的门第观念，在《柳崖外编》中就有很多矛盾的地方。

《巧巧》篇，写于作者年轻时期，浦四郎是作者极力塑造的理想少年形象。在浦四郎的身上，有着作者少年时的影子：富家子弟、少聪慧、美丰仪、院试标夺第一。

四郎与寒门少女巧巧一见钟情，相互爱恋。然而，两年之后，当这对少男少女到了谈婚论嫁的时候才意识到，他们之间有一道不可逾越的沟鸿：门第。后巧巧被强聘别家，得伤寒病死，葬于梨花坪。四郎中举后回到家乡，得知这个噩耗后，"大戚，至晚独至梨花坪哭之，取钗钏等列于前，旋风刮钗钏去"。几年后，四郎有事乘船渡海，突遇大风，樯桅欲倒，船上号呼震天。这时"忽有青鸟翅金钗，飞绕帆间，舟遂无恙"。是夜，巧巧托梦给四郎，说自己就是那只青鸟，感君情深，特来相救。

这是一个凄美动人的爱情故事，然而作者在"柳崖子曰"中却冷漠地写道："上品无寒门，下品无贵族，选法古人所叹。余谓男女婚姻，终身大关，相如文君而外罕得偶者，安得破尽门户成格，妙配人间女士也？至巧巧谓一着之错,夫此一着可错乎哉?"指责巧巧"分位相差"不该存有这样的非分之想。

而《柳崖外编》另一篇《冯郎》却讲的是一个皮匠的儿子冲破门第,招为驸马的故事。

冯郎,山西汾阳人,随父在京都开皮货店。年十六,美如冠玉,能诗善书,倜傥有气概。时在明中叶,旧例,公主及年,从公卿至庶民子弟,未成家的都可以参加选驸马。公主虽出自深宫凤殿,却不弃庶民,在大浪淘沙般的反复筛选后,选中冯郎为驸马。婚后,公主孝敬公婆,与冯郎感情日笃。

从这两篇文章不难看出,徐昆始终都在"礼法"与"情感"中挣扎。他爱广寒氏,在他"家道凋落,食贫处散"时,是广寒氏陪伴左右,为他卷袖煮茗,为他唱曲掏谱,给了他极大的安慰。他一边享受着广寒氏的"燕婉柔言",又一边愧疚于"故山伴侣,傍倚门户,恁迎送时光"[8]。这种情与礼的矛盾心理昭然纸上。

徐昆最终也没给出身卑微的广寒氏一个名分,甚至没有留下广寒氏的真实姓名,这不能不说是个遗憾。

徐昆虽在现实生活中没能摆脱封建礼教的束缚,但他内心却有着追求自由爱情的强烈愿望,这种愿望在他的《柳崖外编》中得到了实现。

《灵川女郎》中的灵川女郎与书生本是姑表兄妹,两小无猜,自总角起俩人"笑则双,手则携,意则投,神则洽",待年稍长,俩人"彼此爱逾挚"。女郎对书生说:"归必告父母,终偕淑俪,同袍同衾,以慰此夙昔。"可是,他们的愿望遭到了书生父亲的强烈反对,为书生另配他氏。女郎抱怨而死,死后变成鬼,与书生冥会。为了保护自己的爱情,女郎与人、道、僧等恶势力进行了坚决的斗争,终与书生结合并生下一子,三年后自道缘尽,抱子洒泪而去。

如果说《柳崖外编》里人与人之间的婚姻自由,男女主人公还不得不背负着沉重的封建礼教的压力，甚至付出生命代价的话，那么在作者所幻想的鬼狐花妖的世界里，爱情则充满着浪漫自由的气息。

《小年》篇中的狐仙小年爱上了旧家子王偁，遭到了其兄长王修的阻挠。小年巧而慧，中馈事㉑无不能助，一家俱喜。唯王兄固执己见。后来，在狐嫂的帮助下，小年与王偁得成夫妻，并生下一子。王兄最终被小年的贤惠所感动，主动"令迎狐女"。

《俞俊》是比较有特色的一篇。通常的文学作品中，虎是凶猛和残暴的象征，而徐昆在这里却写了一只幻化成美女的老虎。她宽厚柔媚，能曲尽妇道，与俞俊生三子二女，缘尽而别。俞俊感念虎妇之情，遂终身不再娶。

二、对世风社情的褒扬、劝诫

这是《柳崖外编》中题材最广、内容最深刻、最有成就的部分。他写作的对象上至达官显贵、社会名流，下至寒门学子、市井小民。其中以写下层百姓的篇目最多。这些来自民间的传说故事，具有浓厚的生活气息，与之前他在书斋中浮想联翩的浪漫故事有很大的不同。有些文章有着相当的人性深度和思想深度，这得益于作者在家道中落后与下层劳动人民的广泛接触。

中国文人始终以守望道德堡垒为自己的责任。徐昆用儒家的忠、孝、节、义去衡量人们道德的善恶，用因果报应的神道观去惩恶扬善。他的笔触及到主仆之忠、家国之忠、孝悌之义、男女之情、世风民情等社会诸多方面。

"忠义"是中国传统文化的精髓，大至邦国、小至家庭，是凝聚人心的磁场。

《义仆》中的仆人六斤，是作者精心刻画的忠义楷模。六斤的主人去世后，家无长物，只留下一个不满周岁的婴儿。为抚养主人的遗孤，六斤将妻子于氏典于亢家为妾,得金一百六十两。他昼夜谋划,为孤延师、袭职、婚娶,又将数年营运本息另缮清单以呈。六斤感于氏卖身为主,誓终身不娶。亢家夫人得知后,赞叹不已,将于氏送归六斤。

《周将军墓山》,将军周遇吉,今辽宁锦州人,明末山西总兵官。李自成攻克宁武时,曾派他的舅舅来劝降,周遇吉下令将其立斩。城陷后周遇吉誓死不降,被乱刀砍死。当地百姓将他葬在其慷慨赴死的南关演武厅前。福王时谥"忠武"。

乾隆五十年(1785),周将军墓前的一条河发大水,当地人在未发水前听闻风雷摩荡,寻声而去,只见周将军墓前的地忽然隆起,形成一道高三丈、长二三里的屏障,次日山水发,而墓无恙矣。

徐昆在文后"柳崖子曰"中感叹道:"忠孝节义,宇宙之四维也。天爱忠臣孝子,至势危时,天亦穷于数而不能救,忠臣之死岂天心哉?周忠武公死已百五十余年,血不灭于石,墓犹障以山,夫天心之保护忠灵不可见也耶?"

孝,是中国儒家伦理的核心,也是维系中国社会的道德准则,所谓"百善孝先行"。孝,能感动天地,能感动神灵。

《孝牛》篇写的是一王姓屠户,买得母子两头牛,欲杀母牛,因有事暂出,他将刀放下,小牛犊趁机将刀衔至邻居家。邻人见牛犊口衔刀,须臾吞毕,着实被牛犊吞刀救母之举所感动,便将其母牛买回。犊见之,跪地而号。更奇怪的是,这只吞刀的牛犊竟无恙,为邻家耕田二十多年后老死。

徐昆感牛犊之孝心,也悯牛力耕之辛苦,从此后不忍再食牛肉。

《孝匄女》中的丐女李氏,自小随母行乞,事母至孝。人们被其孝心感动,称她为"孝匄"。李氏五十多岁时,忽患疮,周身溃烂,在破庙里奄奄待毙。遇八仙至庙阶前,遗仙桃和仙酒。李氏闻香食之,第二天,疮痂尽落,痛痒俱消。阅年余,变成了一个如二十多岁的美女,被一山西布客聘为妾。

关于男女关系，徐昆认为"情若不正，便是孽情""苟非其偶，明神诛之"。男女之间不可苟合、不可淫乱，否则就要受到神明的责罚。

《花仙姑》篇中的崔生"家赤贫而多妾"，他向人借了新的衣冠靴带，去拜访狐仙花仙姑。心中暗忖：狐性好淫，又有钱财，我和她相好，既能与之淫欲，又能取她钱财，真是财色双收的好事。谁知花仙姑早就知道了崔生贪财恋色的邪念，便用计戏弄了他。最后，崔生是既破财又遭辱。

《少妇》篇中一沈姓男子赴京途中，见一少妇，着一身素白，妩媚动人。沈心动，上前调戏，少妇亦喜。俩人同行至通州一旅店，以夫妻身份同宿。天明时沈姓男子发现怀中的妇人变成了"泥首而蒿衣，非人也"，大惊。从京城返回时，又见此妇人曰："当仍带我"，沈不敢言，至家不久病死。

《罪妇》篇中一罪妇因奸情杀死亲夫，将行刑时，刽子手见其肌肤白润而心存邪念：若嫁我岂不快？当晚，见妇人鬼魂现形于刽子手前："我来嫁你，必偕行。"刽子手跪求，妇人发誓："令汝终身鳏矣。"当夜刽子手的妻子暴死。

"爱人修己"是中国儒家道德观的基本内容。《柳崖外编》中，"仁爱"二字贯穿始终。

《周翁》篇，穷苦老人周翁，在野外救回一狐。狐仙为感谢他的救命之恩，几次三番给他送银子、送锦帛，都被他严词拒绝："毋污我，我不望报也。"后狐仙从老君炼丹处得来几个治病之方送予周翁，翁揖而受之，活人无数。

徐昆对这位贫寒老人的优秀品质和节操给予了高度的评价："翁固贫士，金不为动，帛不为动，其胸襟何等也！"

《侍卫》篇，写的是某侍卫路过一乡村时，向一老翁讨水喝，翁为其汲水时不慎坠入井中，侍卫恐累及自己，见四顾无人，便驰马而去。归家后,心憧憧不安。当晚,见老翁鬼魂前来索命,侍卫苦求,答应为其设灵位,每饭必酒饮,虔诚祭祀。

一年后的一天,侍卫和几个同伴再次路过那个村子时,忽见那老翁仍在井边打水,大惊。细问才知道,老翁那日坠井后被过路的行人救起。侍卫质问老翁:"曩虽有错⑩,然数年居我室寝,食我馨香⑪至矣,尚欲食吾肉耶?"翁骇然问故,听了侍卫的陈述,老翁决定随侍卫一起去他家看个究竟。到侍卫家,果见灵位和祭品。这时,忽见一物窜出,曰:"吾去矣,吾去矣,真鬼而人者来矣。"

这正是:"万事劝人休瞒昧,举头三尺有神明。"善恶之差,人鬼之别,只在一念之间!作者旨在警示世人:"鬼即从心生也。"行善毋行恶!《柳崖外编》中还有很多篇目是宣扬佛教中"六道轮回、因果报应"的。如:知道自己之前四世轮回于六道之间的《好人王怀》,医者以春药害人致死、导致儿子遭鬼索命的《春药鬼》,孤寡老人黄老因积善行德、晚年喜得一儿一女的《黄老》,前世杀人今世遭报的《冤家》等等。虽情节荒诞,目的却是力劝人们戒恶从善。

三、对科举制度的思考

从篇目上看,这类作品数量不多,质量也不高。但篇篇凝聚着作者深切的体悟,是作者三十年科场艰辛路的真实写照,其中不乏一些自抒心声的文章。

《王再来》,写山西榆次名士王再来,学识渊博却家贫如洗,"欲农无田,欲贾无资",只能带着两个弟弟"忍冻饿向诗书求生涯"。他对两个弟弟要求苛刻,文章做得稍不合程式就"痛楚之",弟不堪,母不忍。再来长跪在母亲面前泣声道:"与其不读书冻馁死,不如因不读书箠楚死……况箠楚不至死,终于冻馁必致死。不箠必不读,不读必不能终免冻馁。此慈母所知也。"一番话,说得椎心泣血。科考,是寒门学子求生存的唯一出路，关乎性命！

尔后，王再来的两个弟弟都读书致仕，他所塾的学生也有很多取得了功名。而他"学益笃，益不售"，到死也只是个副贡生。

这是徐昆早期的作品，几次乡试落榜的经历，让他对科举考试的公平性产生了怀疑："难道是练习揣摩的功夫未到？或者是这科第之文又别为一途？"

《屈公》篇，屈公乡试前曾梦一鬼求见，说他这一科必高中，明年春必联捷进士，选为他们县的县令。屈公自是高兴，然而发榜后却不中，"公恨为鬼所弄"。三年后乡试时，鬼又来重复前语，屈公很生气地说："嘻！吾索子不得，子复敢见我耶？秀才望举如农望年、贾望利，性命以之，梦魂随之。尔鬼头殆不知也？"鬼说："公休怒，公曾损小小阴功否耶？"屈公闻听此言很羞愧。原来，上次乡试赴京的路上，曾偷窥过一女子如厕。为此，神灵发怒，革去了他这一科的功名。公大悔，于是，谨言慎行，"是科公果售，联捷即选某县令"。

这时候的徐昆已经久困科场，虽意识到科举取士凭借的并不完全是学识文章，但对于科举制度的弊端并没有深刻的认识，很宿命地认为"吉凶悔吝，惟人的所召"，考不中是受到了神灵的惩罚。

《张生》篇，蒲坂张生，乃"苦心孤诣之士也。作文必十易腹稿而后佳"。蒲州太守周公景柱，深赏之。府试时，所有的考生都交了卷，周公独守张生至天明，文成，周公击节而赏，定为第一名。而学政蒋时庵案临蒲州时"阅其卷，大怒"，而"周太守持其卷怒而争"，不取。以后四试，均是周太守以为弘文名笔，定为案首，而蒋学政却认为张生文思迟钝而淘汰。最后，张生终身不得一第。

这篇文章写于作者考中进士之后。在科场扑腾了三十年，徐昆终于对科举有了更深层次的认识：科考虽是以制艺文章取士，但对文章优劣的区分，在很大程度上取决于考官主观上的好恶。因此，读书人不把精力用在研究诗词文章和制艺上,而是用在研究考官们的文风偏好和癖好上,实在是有悖于科举取士的初衷。

徐昆写这篇文章当然是有针对性的。他感叹道:"遇合之难盖如是"!

四、官场众生相

从古到今,官场的话题永远是社会的热点,这不仅是因为官场处于社会的特权地位,更重要的是官与民之间始终存在着的对立关系,时时都在引发社会的动荡。因此,文人的笔、社会的眼,都在一直关注着这里。

徐昆也不例外,有关官风吏治是《柳崖外编》重要的内容之一。涉及的面很广,从揭露政府赋税沉重引发的家破人亡到批判官吏的腐化堕落,从颂扬勤政爱民的好官到对庸官怠吏的讽刺。

《孽镜》,杭州梁书吏有十八个结拜兄弟。一日梁书吏梦到阴司招其对词,得知前世他们十八人也都是官场中人,因借掌司法大权贪赃枉法,草菅人命,冤鬼在阴司将他们告了。其中,年最少者周某被阴司索命,其他十七人也当治罪。梁醒后,两腿肿烂。

这真是"阳间不报阴间报,此生不报来生报",表达了作者对于贪赃枉法者的深恶痛绝。

《徐观察》,写湖南岳澧观察徐堂,赴任途中舟过洞庭湖时遇险,有一羽客[②]驾一小舟至,送来豆腐以解"悬磬忧矣"。先是送来几方腐败的豆腐,随从很生气:"胡以败腐?"羽客说:请允许我以豆腐喻今:

豆子的种和收都是有时节的,雨露阳光,那是天之功;土地滋养,那是地之功;朝夕耕耘,那是人之功。等到可以制豆腐时,要浸、洗、磨、过滤、煮、压,最后成形,可谓矫揉至极啊。制成豆腐后,虽然没有了豆的形状而豆的本性还在,如果放在一旁,不管不理,豆腐就会像这样腐败了啊!您身为朝廷命官应该为百姓着想,利民惠民。您知道吗?现在的州府县令,作为百姓的父母官,对于百姓浸渍者有之、荡摩者有之、约之束之者有之。您是观察使，如果您也懵懵懂懂地放任这些州县官员的所作所为，那可就真是腐且败啊！

作者借羽客之口，无情地揭露了官吏们对百姓的欺凌和压榨。这篇文章写在作者中举之后。作者长时间在京城候职，所接触的大多是京城的中下级官员，对官场的黑暗还是比较了解的。所以，徐昆这一时期的作品大都围绕着官场展开。

《屈公》，县令屈公，办事迂拙，人称"屈糊涂"，以后读了《花册》所录吕新吾先生的为官缄言，深得其要领。于是，据此施政，廉仁有政声，人呼"屈循良"。

这篇文章更像是徐昆的一个施政宣言，他非常希望做一个清廉正直、饱学明理的好官，使治下百姓"如坐慈母之怀，如含慈母之乳，一时不可离，一日不可少"。

另外，还有《缪臬司》，塑造了一个勤政为民、身先士卒、顾全大局、不计得失的好官形象；《杜生》，描写了一个爱才识才惜才，亲民爱民为民的好官徐步蟾。不难看出，这时的徐昆对仕途充满了希望。

然而，在仕途蹭蹬数年后，徐昆对官场由希望变成失望，对于官府的横征暴敛、贪赃枉法、狐假虎威有了更加深刻的认识。他后来描写官场的作品风格，与未仕时就有很大的变化。

如《永宁村民》，永宁村民李老汉欠官府税金十余两，因无力偿还，被"笞责已数次，两股糜烂，而室如悬磬，无所出"。李老汉反复思考，觉得实在没法活下去了："今不死，官必不能轻恕我，旦旦而糜烂之，不如一朝而决绝之也。"因至墓旁松楸下，将投缳自尽。这时，正遇到一个贩粮的小贩，将自己所有的钱粮全部拿出来，替李老汉交了官税。

真是"苛政猛于虎"啊！徐昆在文中毫不留情地对这种丑恶的现实进行了批判："为催科上考，因而糜烂其民，吾不知此老外共贼几命矣。"同时，又将当政者的凶残和百姓的善良作了一个鲜明的对比，更是对为官者极大的讽刺！

中国的百姓每当含冤负屈、求告无门时，往往寄希望于幽冥阴司，因为他们坚信，只有那里才是惩恶扬善的公正之所，所谓"不做亏心事，不怕鬼叫门"。然而，徐昆的《觉罗郎中》和《两城隍》，却将人们仅存的这一丝幻想也打破了——

《觉罗郎中》，写的是觉罗郎中主刑部时，因独断专行，冤判人命，被死者索命到了阴间。正巧，阴间主管阴阳往来的是他的好友周主政，于是，周主政忙四处请托、打点，贿赂通了勾死司，将觉罗郎中送还阳间。

《两城隍》，猗氏一寡妇因子幼将财产交由弟弟打理，因为没有写下文字的东西，弟渐起了霸占财产的歹意。猗氏旧城隍好食狗肉，因受了弟弟的狗肉祭，便帮助弟弟抢夺了姐姐的财产。

徐昆用他敏锐的洞察力，看透了这个社会的本质，他想告诉人们，在这个社会中是找不到一片为百姓申冤撑腰的地方了，即使是在虚幻的世界里也同样官官相护。

《柳崖外编》中，写官场最精彩的篇目当属《秦悦》。山西代州冯秋水先生在赴任广东布政使途中，住在一公署之中，半夜，忽见地板"砉然"开了，只见出来"青道旗二人，传锣二，金瓜、干楯（盾）、回避牌等，顶马庄前，轿继之，后有从人执垫及衣物。其人皆高二寸许，眉目须发备具。至冯公前下轿，蟒服朝冠，令从者递手本寸许，字如针。一行云：属下卑职秦悦。"冯公知是狐。天明后，公令家仆掀开地板，发现里面有狐无数。再看看昨晚狐送来的礼物，不由得哑然失笑："金腿鼠腿也，海参蛴螬肉也，烧鹅雀也，燕窝蜂窝也，笋蒲草根也，鱼翅蝴蝶翅也"。

读到这里，读者也当会心一笑了：仪仗威严、蟒服朝冠、前呼后拥的官威之下，却原来是一群异类！逢迎长官的礼物不过鼠腿、蛴螬、蜂窝、蝴蝶。作者对于那些狐假虎威、欺下媚上者的讽刺和挖苦可谓字字皆成斧钺，句句力透纸背！

可惜，这类揭露和批判封建吏治的作品在《柳崖外编》中并不多，像《秦悦》《徐观察》这样优秀的篇目就更少了，而且都集中在上册作者中进士之前的作品中。

值得寻味的是，自徐昆考中进士，进入内阁后，他的笔就再也没有涉及过官场，下册的八卷多是些纯粹"谈空"的游心娱目之作，或是劝惩世风民俗的。

我想，也许是作者进入内阁后，有些投鼠忌器，怕引起同僚们的对号入座吧；或是对官场的黑暗了解得太透彻，思深意苦，笔致难述，便"无声胜有声"，留下空白让人细细体会吧！

《柳崖外编》上至天国、仙界，下至冥国、鬼蜮，鬼狐神怪、奇闻逸事无所不及。这里就有一个问题：徐昆对于鬼神之说究竟是怎样的态度？他是有神论者还是无神论者？

通览徐昆的《柳崖外编》，不难看出徐昆矛盾而复杂的神道观。他承认人的心中有神，又不认为神是客观实有的。

《素素》，写的是《钟馗斩鬼传》的作者刘璋的儿子玉郎与女鬼素素相爱的故事。玉郎对素素说："先君子作斩鬼传，戏言耳。"明确地表达了鬼神之说不过是"戏言"而已。

《觉罗郎中》篇，作者直接丑化了冥府的官官相护，《丰润城隍》和《两城隍》更是无情地鞭挞了城隍的贪赃枉法，如此的不尊不敬，表明他根本就不相信有什么阎王和地府。在他眼里，所谓的鬼神只是作者写作时的一种表达方式而已，借神仙鬼蜮以观照现实人生。

《柳崖外编》有许多宣扬佛法和道教教义的。如：《鬼听经》《勾隐》《葛图肯》《秋水小姐》，但那只是他的一种精神慰藉，他并不崇道敬佛。

《刘惠圃》篇，写丹徒人刘惠圃，极善诗赋，僧友莲筏请他去为菩萨作海棠赋。赋成，"菩萨大鉴赏，时有散花天女在列，指而言曰：'无以润笔，以此乞汝'。"当刘惠圃与散花天女正交合之时，发现幔前候立的竟是莲筏和尚。

至崇至尊的菩萨居然以美女充润笔之资，四大皆空的和尚竟涉男女之事。这无疑是对持斋礼佛开了一个很不尊敬的玩笑。

徐昆是无神论者，却不是唯物论者。他相信六道轮回，相信因果报应。

他在《好人王怀》中说："猪能修则为人，人不修则为猪矣。一灵不昧，四生皆知。"他的《李宫李》《花落余芳》就极力宣扬这种观点。

他也相信天运循环论，相信一切皆有定数。

《丰润城隍》中，作者借青州城隍之口说："凡人衣禄、食禄皆有定额，额尽则死。"

《仙姑》中的仙姑在与绿营杨某共同生活了五年后，有一天，仙姑突然说："人生皆有定分，樽节一分则留一分；留福一分，则多享一分。缘已尽矣，我将去汝。"

徐昆很相信天命，认为人生福祸，都是命中注定的。

《传书》，写水乡一村民受水妖所托，请他捎书到龙王庙，以一把黄豆相谢。村民不以为然，将手中黄豆随行随洒，到家止剩一粒，趁光一看，乃金豆也。徐昆在文后的"柳崖子曰"中叹道："村民殆止一粒命耳。"

《驿丞》篇，薛敏被选为贵州杨老驿驿丞，因嫌地远穷苦，请人替他赴任。谁知三年任满后，仍选杨老驿驿丞。途中梦见一吏执一册，上写：贵州杨老驿，驿丞薛敏，于某年选用，因食京米未完，改至某年……

总的来说，徐昆的思想是复杂的，儒家思想构成了他的思想主体，又间杂着佛、道的宗教哲学；他不相信鬼神的实有，又希望借神道思想扬善惩恶，劝诫世人。这种复杂的思想也贯穿在《柳崖外编》的创作中，造成了这部作品内容的复杂性和多样性。

阅后山山色，赏留仙仙气

自乾隆三十一年（1766）冬《聊斋志异》青柯本问世后，迅速"风行天下，万口传诵""几于家有其书矣"[13]。一时洛阳纸贵，"效颦者纷如牛毛"，连名重一时的诗人袁枚和主修《四库全书》的大文人纪昀也动了仿效之心。当时比较有影响的除了袁枚的《子不语》、纪昀的《阅微草堂笔记》外，还有沈起凤的《谐铎》、和邦额的《夜谭随录》、长白浩歌子的《萤窗异草》、屠绅的《六合内外琐言》、俞樾的《右台仙馆笔记》等。

在众多名流大家的仿作中，唯有徐昆的《柳崖外编》以其落拓不羁的艺术才情和诗意趣然的才子笔致，赢得了"《聊斋》第二"的赞誉。

乾隆四十六年（1781），李金枝在为《柳崖外编·上卷》作的序中编撰了一个"蒲松龄再世"的故事，从此，徐昆有了"蒲氏后身"的身份。

此后，又有王友亮在《柳崖外编·下卷》题词中称徐昆的《柳崖外编》"无愧聊斋再世矣"。并提到朱竹君先生对徐昆的肯定："山右之名士而留仙之后身也。"

著名学者钱大昕在为徐昆所作的一首小诗中又赞赏道："闲中小试生花笔，补入《聊斋志异》编。"

嘉庆年间，专致于《聊斋志异》研究的四川涪陵人冯镇峦，在他的《读聊斋杂说》中述道：

> 是书传后，效颦者纷如牛毛，真不自分量矣。无《聊斋》本领，而但说鬼说狐，侈陈怪异。笔墨既无可观，命意不解所谓，臃肿拳曲，徒多铺陈；道理晦涩，义无足称……尝见近人有《柳崖外编》青林黑塞间别有其人乎？吾将遇之。

直到清代末年、民国初年，《柳崖外编》在坊间的翻刻或称为《真正后聊斋志异》或称为《聊斋志异外集》。

就这样，陈陈相袭，似乎成了一个公式：一提徐昆，就是"蒲松龄后身"；一说《柳崖外编》，就是"《聊斋》第二"。

虽然我并不赞同把《柳崖外编》当成是步趋《聊斋》的作品，但不得不承认，在当时的背景下，《柳崖外编》能获得这样的评价，实在是一种莫大的荣耀。而《柳崖外编》能得到这样的评价，除了作品本身的艺术感染力外，徐昆与蒲松龄、《柳崖外编》与《聊斋志异》，也的确有很多相同相似之处——

蒲松龄十九岁初应童子试，便以县、府、院三试第一进学，在家乡赢得一片赞扬；徐昆十七岁初应童子试，取得县试、府试、院试均为一等的优异成绩。此后，俩人都是科场蹉跎屡试屡败。

蒲、徐二人天赋都很高。蒲松龄"幼而颖异""天性慧，经史皆过目能了"⑭；徐昆自幼聪慧，"三岁识字，翁授以书，率一二遍可成诵"⑮。

俩人都学识广博，著作等身。除志怪小说之外，蒲松龄还有《诗集》《词集》，通俗俚曲《墙头记》等十四种，戏曲《考词九转货郎儿》《钟妹庆寿》《闹馆》三出，以及《省身语录》《怀刑录》《婚嫁全书》《日用俗字》《农桑经》《药祟书》等；徐昆身负异才，于经史子集、诸子百家无所不通，著有《柳崖内编》《眉园日课》《易说》《毛诗郑朱合参》《诗韵辨声》《诗学杂记》《古诗十九首说》《书经考》《春秋三传阐微》《说文解字长笺》，还著有传奇剧本《雨花台》《碧天霞》《合欢竹》三部。

不同的是，徐昆中年后时来运转，先中举人授教谕，后中进士入内阁。虽官不显，但毕竟是入了仕；而蒲松龄终了也是个穷困潦倒的布衣草民。

蒲松龄的父亲经商失败，家道很早就败落。蒲松龄从少年时起，就一直过着衣食不周的贫困生活;而徐昆的父亲经商有道,很快就成为巨商大贾。徐昆自小锦衣玉食,中年时虽家道凋落,但家乡仍有深宅大院,保持着一般富足人家的殷实。

徐昆少时就随父在济南求学,后又久居京城,足迹踏遍了山西、山东、河北、京师等地。在京城与当时的达官显宦、社会名流朱筠、钱大昕、朱珪、裴曰修、蒋时庵、沈初等有着深厚的师生之谊,这些无疑使他积累了丰富的人生体验,获取了广泛的创作素材;而蒲松龄的一生除在苏北宝应县做过短期的幕僚外,基本上没有离开过家乡淄博。他长期生活在农村,他了解农民,熟悉农民的生活,与下层人民保持了密切联系。

《柳崖外编》和《聊斋志异》都是以极生动、极精炼的文言写成的短篇志怪小说集。从形式上来看,《柳崖外编》完全继承了《聊斋志异》的写作体例。《聊斋志异》多数篇目后都附有"异史氏曰"的论赞,"其论赞或触时感事,而以劝以惩",表明作者的创作观点与态度。《柳崖外编》也模仿了这样的形式,在篇末设"柳崖子曰",发表议论,抒写爱憎,对于正文起到了画龙点睛的作用。

然而,平心而论,《柳崖外编》无论从思想上还是艺术成就上的确是不及《聊斋志异》的。

《聊斋志异》最大的成就是它的"孤愤精神"和"讽刺艺术",主要表现在对科举制度和封建吏治的血泪控诉上。正如郭沫若先生所说:"写鬼写妖高人一等,刺贪刺虐入木三分。"蒲松龄久困科场,终身不得一第,所以他的小说中充满了对科场不公、进庸才而黜佳才的辛辣嘲讽和肆意戏谑——

如:因照抄了癞蛤蟆、螃蟹、蛇的文章才得以中举的《三仙》;将平生糟糕的句子连缀成文,不料却"榜发,竟中经魁"的《贾奉雉》;写瞎眼和尚用鼻子品评文章,最臭不可闻的文章恰是高中之文的《司文郎》。

最惨痛的要数《叶生》了。叶生"文章辞赋冠绝当时",却久困科场,郁郁而终。但他并不知道自己已死，为感恩丁县令曾经对他的欣赏和奖掖，死后魂魄随丁县令而去。在他的教导下丁县令的儿子连中三元。后来叶生在丁县令父子的帮助下考中了举人。然而，当他衣锦还乡时却把妻子吓得半死。入室，"见灵柩俨然"，才知自己死去多年，于是"扑地而灭"。

"功名"二字，足可通神！它能令生者死，令死者生。这是蒲松龄对功名的极度渴望和极度痛恨的矛盾心理的痛苦扭结，很多篇目就是作者的自画像。

蒲松龄长期生活在社会的底层，对下级官吏为虎作伥、鱼肉百姓有着亲身的体会和深刻的了解，其揭露的笔法也是极端冷峻尖刻的——

如：《梦狼》篇中的白翁，梦见当官的大儿子变成了一头凶残的狼，杀人吃人，官署之中"白骨如山"；

《石清虚》中的豪强，发现邢云飞有一块奇石，便"踵门求观，既见，举付健仆，策马而去"；

《向杲》中向杲的哥哥被庄公子打死，因对方"广行贿赂"，向杲"隐忿中结，莫可控诉"。最后，向杲变成老虎才报了仇；

《席方平》中的羊姓乡绅，靠着钱财不仅在阳世飞扬跋扈，在阴间也大肆威虐，可以"贿嘱冥使"让席方平的父亲至死，可以"内外贿通"，即使席方平告到阴间也无济于事。

《柳崖外编》虽然也有揭露官场腐败和科场不公的内容，但他的批判力度和深度就远不如《聊斋志异》，他对科考取士不公的现象，宿命地理解为命运不济、因果报应。描写官场的文章也多以正面宣扬为主，对腐败现象的批判也显得很温和。

这与作者的家庭出身、生活经历不同有关。徐昆虽然早期科场蹭蹬，但终归两榜出身；仕途虽不畅，却也终于入仕。相比较而言，他对科场和官场的黑暗就有"只缘身在此山中"的视线盲区。

虽然《柳崖外编》在思想深度和艺术成就方面与《聊斋志异》相比的确存在着差距。但它反映的生活主题，思考的角度却比《聊斋志异》新颖，有些甚至超越了《聊斋志异》——

比如，蒲松龄描写爱情的作品，基本上是"文弱书生＋花妖狐魅＝有情人终成眷属"的模式，内容上很单一。而《柳崖外编》中有关爱情的文章内容就具有多样化。如：《圆实》《素素》，作者对男女之间爱情以外的关系进行了探索性尝试，从正面教育青年男女，不要爱情至上，爱情要服从于理想，激励青年人奋发向上；另外，《柳崖外编》中对青年男女敢于冲破门第观念，或反抗封建礼教的束缚，或争取美满婚姻的行为给予了高度的赞扬。如《冯郎》《灵川女郎》等，这在当时是很离经叛道的。这也充分说明了徐昆在思想认识上的进步性和超前性。

在艺术形式上，《柳崖外编》既继承了《聊斋志异》的传统，同时又有所创新。《聊斋志异》是很客观地把世俗社会的人情物理、人生价值寄寓到鬼蜮世界中，托鬼狐而言志；而《柳崖外编》却是从主观上把现实和鬼蜮融为一体。他以万物皆有灵的艺术灵感，携带着自己、家人和朋友穿越了生死、穿越了阴阳、穿越了物种与神灵对话。

蒲松龄是用传奇的笔法写传奇故事，而徐昆是用传奇的人生写传奇故事。这是《柳崖外编》在写作手法上与《聊斋志异》的最大不同，也是《柳崖外编》一个最显著的特点。

遗憾的是，这二百多年来，无论是小说史还是文学史，以及评论《聊斋志异》的专著中，却从未提及徐昆和他的《柳崖外编》。究其原因，是当时的仿作者如纪晓岚、袁枚、沈起凤等人或位高权重，或文名斐然，他们显赫的声名足可以让职低位卑的徐昆黯然失色，以后的学者们便陈陈相袭所致。

于是，徐昆在文学史上的贡献被湮没了。

写到这里，我不由得掩卷叹息：历史，欠徐昆一声：对不起！

注释：

①见《柳崖外编·下卷》封二，乾隆刻版。此书现存于山西师范大学图书馆。

②《中国小说史略》（鲁迅著，上海文化出版社）

③见《三借庐笔谈》，清邹弢著。

④见《柳崖外编·圆实》。（作者注：本章所引用的文字，除作特别的注释之外，均摘自《柳崖外编》）

⑤阳台——指男女欢合之处。出自宋玉《高唐赋序》：昔者先王尝游高唐，夜梦神女与之寝。神女曰："妾在巫山之阳，高丘之阻，旦为朝云，暮为行雨，朝朝暮暮，阳台之下"。

⑥菩提心镜——以菩提心为镜以戒。菩提，道、觉之义。

⑦圆光——佛教术语。本指放在菩萨顶上的圆轮光明，这里指的圆光为借用此名。

⑧见《春花秋月词·八哥》。

⑨中馈事——指妇女在家里主管的饮食等事。

⑩曩——昔日，以前。

⑪馨香——飘香很远，这里指酒食的香气。

⑫羽客——道士，又称"羽客"。

⑬见《读聊斋杂说》（清，冯镇峦著）

⑭见蒲松龄的长子蒲箬所作的《柳泉公行述》。

⑮见《柳崖外编·李金枝序》。

第十四章 一生沉浮尽归尘

摹八股精微 撰《眉园日课》
致仕归故里 恩泽及后人

摹八股精微 撰《眉园日课》

"学而优则仕"是古代读书人一生的理想和追求。无论他是居庙堂之高还是处江湖之远,无论他是金榜题名还是名落孙山,都念念不忘这句曾是他们精神支柱的名言。

徐昆自乾隆五十三年(1788)入内阁到嘉庆三年(1798),在内阁中书任上整整十年。虽然他一直表示"无意官场事",但内心仍没有放弃对仕途的追求。对中国古代的读书人来说,官居几品才是证明你成功与否的标准。

据中国第一历史档案馆馆藏《清代官员履历档案全编》载:嘉庆三年二月,已经虚岁六十二的徐昆在引见时的简历写着:"平阳府临汾县进士,年五十二，现任内阁中书。"显然，他把年龄少报了九岁，其原因就不言自明了。

也正是因为这份简历，让后世的研究者们对徐昆的生年又一次误读。其实，如果稍稍了解一下古代官场的"潜规则"就会明白，古代官员履历上的年龄是最不真实的。

中国古代的官员都有"官年"与"实年"两个年龄。

《容斋随笔》里就有宋代官员虚报年龄的记载。而明清两朝这种官年虚报之风更是盛行。作弊者并不以为耻，反见平常。而"朝廷不以为意"，"实年、官年之字，形于制书，播告中外"①。

读过《儒林外史》的读者肯定还记得那叫范进的老童生。他考秀才时广东学道周进看他都胡须花白了，便问他："你今年多少年纪了？"范进道："童生册上写的是三十岁，童生实年五十四岁。"可见，在明清时期，官年和实年不符已经是公开的，甚至是合法的了。

不知道是不是因为年龄的原因，也就在这一年（嘉庆三年）的秋天，徐昆补为礼部精膳司主事②，为正七品。

精膳司主要负责每岁元旦、皇帝、皇太后寿诞所设的大宴、大婚之"赐宴"，及公主下嫁以及其他庆典之事务，相当于今天的外交部礼宾司。由从七品到正七品，虽是升了半级，但仍是闲职一个。而七品官在朝中不过是下层官吏，这样的结果令他非常失望。

直到这时，徐昆心中仅存的那一丝仕宦希望也终于放下了：既然不能"显宦扬名"，那就在著书立说上体现其生命的价值吧。

在科考道路上跋涉了三十年的徐昆，深知科道一途对天下士子具有"几于性命"的重要作用。又有感于很多读书人"终身殁灭于仕其中，或不能出一头地"，他细心揣摩，将他在眉园家塾时与四方学者们讲制艺文章的笔记进行分门别类、条分缕析地整理成册，题为《眉园日课》。

书以"眉园"名，是徐昆对昔日盛景的缅怀，他在书后的《眉园记》

311

中写道："眉园一花一石，皆昆手植，以为娱亲之所，逮家事中落，眉园久属他人。"

《眉园日课》始作于乾隆五十年（1785），成书于嘉庆四年（1799），嘉庆八年（1803）刻印出版，共二十二卷。"前后统计历十五六年而后竣"③，可见这项工程之浩大。

《眉园日课》是八股文的选本，类似于今天的历届高考优秀作文选。所选的都是历次科考高中者的墨卷。

全书二十二卷：卷一入门；卷二论法；从卷三到卷十七是典制，分别为：天文、地理、人事、物类、礼制、乐律、兵刑、农桑、官制、政治、学校、衣服、饮食、器用、技艺，共十五部；卷十八理题；卷十九至二十二分别是"天、崇""本朝大家""墨卷""归宗"。

徐昆从入泮到拔贡、从中举人做教谕到中进士入内阁，前后几十年都在学八股、作八股、讲八股、评八股，真可以算得上"八股文专家"了。所以，徐昆的自序开篇写道：

> 八股非小道也，代圣贤之言，为士子立身，古今多少聪明人，或终身殁灭于仕其中，或不能出一头地，揣摩简练，盖可忽乎哉？朱子云：夫读书于不好者，固怠忽间断而无成矣。即好者，又不免贪多而务广，往往末启其端而遽欲采其终……

八股文这一文体，从明代成化年开始定型，到清代光绪二十八年被废除，一共延续了五百多年，是明清两朝唯一的教育、考试的文体。这种文体有固定的格式：由破题、承题、起讲、入手、起股、中股、后股、束股（大结）组成，一共八个部分，所以称为"八股"。

今天的人们对八股文都不太了解，只是人云亦云地批判它的落后和腐朽。一种文体能延续五百年，而且让这么多的学者穷其一生去研究、去揣摩，绝非是简单的"腐朽"二字能道尽的。

如今二百多年过去了，这套《眉园日课》已难觅其踪，只在著名的民俗学家、红学家、山西灵丘人邓云乡先生的《云乡丛稿》里有记载。

邓云乡先生于战乱时期无意中买到这套书，随着邓先生的去世，仅存的这套《眉园日课》也下落不明。值得庆幸的是，邓先生曾以《眉园日课·书后》为题，专门对《眉园日课》做了较为详细的介绍。邓先生的这篇文章，也就成为我们了解这套书唯一的资料来源了。

邓云乡先生出生于上个世纪初，他启蒙读书时，老师中有不少是前清的秀才。他扎实的旧学知识和惊人的记忆力，都得益于当初那些老秀才们严苛的老式教学方法。所以，邓云乡先生在评价八股文时，就有着自己独特的理解：

> 对待明、清两代的八股文，较普遍存在着片面的看法，如果仔细思索一下近五百年的历史，对传统的教育手段，考试制度，人才遴选，学术成就等等稍加回顾，多问几个为什么，便不难发现八股文在历史上所起的作用。

接着，邓先生又具体到《眉园日课》这套书，对作者所下的功夫，以及思绪的深广程度、精微细致的程度、灵敏变化的程度给予了充分的肯定。认为作者"付出了无数的青春年华和聪明才智"。最后，他高度评价了这套书的作用和意义：

> 如果再仔细看看这部《眉园日课》，便不难发现这种文体由完篇到深广、由初级到高级，是有多么清楚的轨迹可寻，又多么富于多角度、多层次的变化了。这些正充分表现了每位作者的学识功力和聪明才智，反过来写这些文章，读这些文章，揣摩这些

文章，也正锻炼了写者、读者、研究者的学养功夫，聪明才智。

写文有如此的思维，做其他事也可这样思维……

最值得一提的是《眉园日课》前面有两篇由当时十分著名的权威人士所作的序，第一篇就是朱珪的。

嘉庆四年（1799），当徐昆的《眉园日课》编写完成时，他的朋友朱珪也终于调回了京城。

我之所以用了"终于"二字，是因为朱珪的回京之路历经了千辛万苦。

乾隆五十九年（1794），六十四岁的朱珪遭和珅排挤，外放两广总督。第二年，嘉庆皇帝继位后，第一件事就是调自己的老师朱珪回京，拟升大学士。和珅感到朱珪回京会对自己造成威胁，于是，千方百计进行阻挠。嘉庆帝写诗向老师表示祝贺，和珅便迫不及待地拿着尚未写完的诗稿到乾隆皇帝面前告嘉庆帝的状，诬称嘉庆帝笼络人心。这一次乾隆帝生气了，问身旁军机大臣董诰："这该怎么办？"董诰急忙跪下劝谏说："圣主无过言。"乾隆这才作罢。虽然嘉庆皇帝躲过了这一劫，但朱珪回京一事就被搁置了。直到嘉庆四年，太上皇乾隆去世后，嘉庆皇帝扳倒了和珅，朱珪才得以顺利地回到京城。

朱珪这时官居一品，而徐昆只是个七品小官，但他们之间的友谊却仍如当年在"椒花吟舫"一样亲密。朱珪非常仔细地阅读了徐昆的《眉园日课》后非常高兴，欣然为其作序：

后山为先兄竹君高弟子。余尝谓制义之精微，至于有以观微，无以观妙，无不通之。惜世之讲业，无能与此。忆四十年前，曾在"椒花吟舫"与徐君后山言之。尔时后山方以驱涛涌云之笔，为揣摩应试之文，未之信也。十五年前，后山邀余同范叔度剧谈于二闸舟上，尔时有空山无人，水流花落景象，后山颇有心解……今后山以所选《眉园日课》来质，虽不能空文字障，已庶几观天下之微，观天下之妙，进于道矣。是亦文字中之升堂入奥者，当领之，如在"椒花吟舫"。

朱珪文后署款"通家生④朱珪石君题"，亦见他与徐昆的密切关系。

第二篇是沈初写的。徐昆与沈初相识于竹君先生的"椒花吟舫"，辛丑科会试时沈初又是徐昆的考官。论起来，他们是师生关系。所以，他的序开头便说："徐子后山乃吾友竹君先生弟子，余典试南宫，辛丑所取士也。"接着，对《眉园日课》一书作了高度的评价：

  循循善诱，法无不备，式无不新，金针所度，津逮无穷，其论题论文，则上下千古，腾跃八极。随笔所之，实非撮精要而予之以准绳。盖从来无此选法，其一片婆心，具于学规十六条中，是真能得竹君先生嫡派而不负时庵、文达诸先生之赏鉴者。

沈初为户部、吏部尚书，而朱珪这时更是贵为帝师，官授太子太傅。两位都是官居一品。有这样身份的人为其作序，可见这套书的分量了。

曾一统中国文化教育五百年的八股文，如今已成绝唱；《眉园日课》一书亦成绝版。读着邓云乡先生为我们保留下来的《眉园日课》的部分内容，不由得发思古之幽情：累我神游二百年！

致仕归故里　　恩泽及后人

嘉庆六年（1801），徐昆改任礼部祠祭司员外郎，从六品。徐昆又升了半级。同样得到升迁的还有同在内阁的同事、藏书家赵怀玉，擢升为青州府海防同知。

这的确是件值得庆贺的喜事,该怎样庆贺一番呢?他记得赵怀玉曾无意间说过,他少时游京师时就听说过京城东有一个著名的"万柳堂",可惜,蹉跎三十载,也一直未得一游。如今,赵怀玉马上就要外放山东了,这一去还不知道什么时候再回京城。于是,徐昆决定邀请赵怀玉去城东的"万柳堂"一游。

四月十日这天,春和日丽,绿茵遍野。徐昆、赵怀玉一行人来到位于京城广渠门内的"万柳堂"。

这"万柳堂"是康熙朝相国冯公所建,园的面积有三十亩,园中没有一棵杂树,随着地势的高低,全部种的是柳树,因而题名为"万柳堂"。

不过此时他们所看到的"万柳堂"已经没有了往日的胜景,眼前已是"燕泥尽落人烟冷"。这次的游历被赵怀玉记录在《四月十日徐祠部昆招游万柳堂》一诗中:

今别春明行作吏,城北徐公真解事。谓子此去赴益都,平泉旧迹宜先至。驱车同过广渠门,一奴长须携榼樽。垂杨几树老未化,杰间数橼岿独存。当时群展俱超卓,禊访兰亭饮河朔。园林已继廉野云,书画共同米海岳。金谷无端属季伦,岂知金谷更荒榛……

从诗中"城北徐公真解事"句中我们知道,这时的徐昆已经搬到了城北居住。显然,这个时期他的经济状况有了明显改善,还打算将老母亲接到北京来。嘉庆八年(1803)腊月,徐昆在他的《眉园日课》书后的《眉园说》中写道:

(母亲)归里数载,弟尚奉侍涝水姑山,桃花十里,料可养志。今年八十有九，耳目聪明，饮食健壮，灯光之下，尚可纫针，接家信，明秋将就养来都，虽陋巷寒室，到处竟当眉园，看斯言是否？

不过，从后来的情形来看，徐昆接老母来京的计划并没有实现。在那个交通很落后的时代，从山西临汾到北京，一千六百多华里的路程，对年近九十岁的老人来说绝对是件极具风险的事。接老母来京，显然只是徐昆的愿望而已。

从嘉庆十一年（1806）起《大清缙绅全书》就再也没有了徐昆的官职记载。这一年，徐昆官龄六十岁，实龄七十虚岁。按清朝的官员退休制度，四品以下的官员致仕年龄为六十岁。

据大清《钦定中枢政考》规定，到了退休年龄的官员需"自奏乞休，又恩准以原品致仕者，可食全禄"，同时还享有"获封赠"的待遇，其子孙同样可以获得封赠。如果是被查出来后"着令休致"的，不但只能"食半俸"，而且"封赠"的待遇也被取消。由此看来，徐昆应该是在这一年退休回乡的。

从这一年起，我们再也没有找到有关徐昆的任何文字记录了。他晚年的生活行状，只能通过一个个在乡间广为流传的传说故事来记录。

徐昆回乡的时间应该是在嘉庆十一年十二月之前。这个时间的推断来自一个在上村广为流传的故事[5]：

传说徐昆在从京城致仕回乡的途中，夜宿在一个客栈里。这天的半夜时分，突然遇到一伙强人抢劫，旅馆所有的客人都被赶到院子中间，包括老板在内的所有人都吓得战战兢兢。这时，只见徐昆手里提着一盏灯笼从自己的房间里走了出来。当他走到院子中间时，这伙强人便吓得忙跪地求饶，迅速作鸟兽散。院中的人一看那灯笼也都毕恭毕敬地跪下了。原来，他手中的灯笼上写有"帝师"二字。人们才知道，山野小店中的这位老者，是嘉庆皇帝的老师。

这个故事通过二百多年的口耳相传，其中想象和虚妄的成分很明显了。

徐昆虽然家道中落，但一个从六品京官致仕回乡，是享有"公车相送，沿途接待"待遇的。他途中应该居住在驿站或官方专门安排的官廨内，不会住在强人出没的山村野店内。其次，这种照明用的灯笼上是只写府第主人的姓氏，是不可能写身份的。

在徐昆的家乡，至今人们还流传着徐昆是嘉庆帝的老师的说法。这显然是把朱珪的身份嫁接在他的身上了。这样的传说虽然荒唐，但也不完全是空穴来风。

我想，徐昆告老还乡时，临行前一定会向朱珪辞行的。正如朱珪所说的，他们之间的情谊始于四十多年前的椒花吟舫，牢固于十几年前的落寞岁月。朱竹君先生去世后，他们的友谊并没有因此而淡漠，而是愈久弥坚。这一年，徐昆七十岁，朱珪已经七十七岁了，而且衰老多病。他们心中都明白，此去关山万里，这一别，就意味着再难相见了。彼此间应该会留下点东西作为念想的。朱珪一生清寒，送给徐昆的不会是金银财宝，大概是一件能代表他帝师身份的随身之物。徐昆在路上遇强人的传说不可信，但遇麻烦的可能是有的，大概还是一个不小的麻烦，使得这位从六品京官不得不搬出这位"帝师"来才得以解决。

徐昆的这段经历在一代一代的口耳相传中，有意无意地都会加上传播者自己的主观想象，最后就演绎成了今天的这个版本。

朱珪于嘉庆十一年（1806）的十二月五日去世。由此推断，徐昆回乡的时间应该在这之前。

徐昆进士出身，又以从六品致仕，回到家乡后仍拥有着相应的社会地位，享受着相应的荣誉。

徐昆家门前有一条坡，被称为"禁坡"。县衙明令禁止远近村民擅自入内，更禁止放牧牛羊。这既是表示对这位退休京官的尊重，也显示出为官者的威严。徐昆便命人在禁坡广植花草树木，还派专人管理。这道"禁坡"实际上成了一个开放式的花园。

徐昆在享受着"官"的特权的同时也行使着"官"的义务。

和所有的传统文人一样，徐昆内心一直渴望着"承担"的机会，这种承担既是一种社会责任，也是一种自我价值的证实。他虽为官多年，但所任都是闲职。少年时就满怀一腔"济世惠民"之志的徐昆，直到晚年致仕回乡后，才完成了他"造福一方，化育百姓"的政治理想。他回到家乡后的第一件事就是修筑了排洪渠。

上村坐落在一个丘陵之上，东西街和南北街交叉成十字，东西南北有四个门楼，整个村子的地势东高西低，每到雨季，街道上的积水全部顺西而下，西街泥泞难行。徐昆看到这种情况后，经多方筹款，又找专人设计，在村南修筑了一道排洪渠，渠长约50米，高约1米，宽约0.8米，全用青砖石头圈顶铺底，中间向南开排洪洞，长约20米，高约2米，宽约1米。有石槽伸向沟边，石槽下用大块石条直铺到沟底，形成一道牢固的接洪台，将水沿着山沟向南排入涝河。这个排洪渠为上村人民服务了二百年。直到2000年时，因为村子改造，整个村庄迁移，这个排洪渠才弃而不用。

虽村移景迁，这个被誉为"上村八景"[⑥]之一的排洪洞和接洪台至今仍保存完整。

徐家大院的北楼上有一阁楼，少时的徐昆最喜欢站在窗前向西眺望：村子的西南方向有一道山梁，闭门读书的日子里这道山梁就是他观四季时序的窗口。当院中的草木还在若隐若现绽出点点嫩芽时，远处的山梁已经细细绒绒缀成一片绿茵了，然后看着它莺飞草长、青葱苍翠，看着它落叶萧萧、树枯草衰，看着它白雪覆盖、四望如一。这道山梁有个非常响亮的名字：圣人梁。大约是因为它向北直达文庙的缘故吧。

这一天，徐昆又一次站在窗前眺望，突然萌发出一个想法：在圣人梁南盖一座魁星楼！

"圣人梁"北有文庙，南有魁星楼。让这二位神灵护佑着上村的孔圣门徒，这"圣人梁"也算是名副其实了。

原来村南有一座魁星楼，徐昆年轻时每逢科试，都会和同窗友人来这里祷告，以求保佑。后因年久失修坍塌了。村民们由此而议论说，因为失去了魁星爷的护佑，所以上村自徐后山后这么多年来再也没出过举人。有的甚至说，徐后山是文曲星转世，魁星爷护佑完徐后山，使命也就完成了。

徐昆听后拈须一笑。对于神道之事，他一向是敬而不崇的。孔子说："敬神如神在。"修庙塑神，不过是让民众得到精神慰藉，得到一种寄托的途径而已。

徐昆修魁星楼的倡议得到了村民们的积极响应。大家纷纷捐钱捐物，徐昆还专门托人在北京找专人设计，招聘能工巧匠。很快，一座新颖别致的"魁星楼"就建成了。

说它"新颖别致"，绝不是文字上的修饰。如今年逾八十的原大阳中学副校长刘张管先生，对这座被称为"上村八景"之一的"魁星楼"记忆犹新：

> "魁星楼"高约30米，三层，四面，每层四角挂着吊钟，风吹钟声悠然。走进楼内，正面是魁星爷的塑像，四周有壁画，人物栩栩如生。最神奇的是塑像旁塑有一匹白马，四个马蹄下安装有弹簧，马肚子上设有卡夹。人一骑上去，马就下沉，卡夹就把人腿夹住了，人就下不了马，必须有另一个人把马上的人抱起来，马上升，人才能下来。

这一奇景，引得方圆数里的人都来看稀奇。"魁星楼"的白马也就成了"上村八景"之一。

魁星楼上四角的风铃，在夜深人静之时，不断发出"叮叮当当"的脆响，犹如一曲美妙的小夜曲，成为"上村八景"之一的"夜潇风铃"。

在"魁星楼"的旁边还有石碑，记叙了修建魁星楼的时间、经过、捐资人的名字和银钱数，下款署主持人：徐昆。

据刘张管先生讲，"魁星楼"直到解放初期才拆除，他小的时候登过楼、骑过白马，所以印象深刻。

刘老先生所描写的这匹白马，很显然是徐昆从北京请来的技师造的。

乾隆时期，随着西洋的钟表、自动玩具流入京城，玩西洋玩意就成了一种时尚。毕竟西洋的东西不是随便能得到的。于是，京城的匠人就开始模仿生产这些玩意，也无形中培养了一批本土技师。从徐昆造这匹马来看，显然他也是个时尚玩家。

古人把这些过于奇巧、让人着迷却又无益的技艺与制品批评为"奇淫巧技"，康熙帝更是认为此等是"污浊之术"而下令禁止。有趣的是，徐昆居然将这类"奇淫巧技"的东西安放在"魁星楼"里，连神仙他也敢游戏，真是个大胆而有趣的老头儿！

作传奇、写志怪、玩西洋玩意，徐昆一生都在追求新、奇、怪、异，到老也乐此不疲！

"上村八景"中徐昆主持的工程就占了三景，可谓"政绩斐然"。不过，这些工程再宏大也是有时限的。徐昆晚年回到家乡做得最大的最长久的工程还是课业子弟、奖掖后学。

徐昆回乡后，大量地刊刻他的《眉园日课》。作为八股文选本，《眉园日课》一出版就得到了众多学子的青睐，上门求教者络绎不绝。

在离徐昆家不远处，有个"社堂庙"，徐昆经常和一些文人墨客在此聚会，谈诗论道、写字作画。这里也是徐昆和前来求教的学子们讲学的地方。他不但给这些后学们讲破题、起讲、转承等八股文的做法，还给他们讲立身处世之道，教他们"先器识而后文艺"的治学之道。《临汾县志》称"被其泽者望之如泰山北斗"。

明清两朝，八股文是科举取士的标准文体，关乎士子们的前途和命运，不可谓不重要。但又有一奇怪的矛盾现象，即从朝廷到一般士人，都看不起八股文。一部《四库全书》据说是收录了中国古代所有的书籍，却没有收录一本八股文文集或选集。在学术上有经学家、宋学家、汉学家、史学家、诗家、词家等等，却从来没有人被尊为"八股文家"或"制艺家"。如果有的话，徐昆也真称得上"八股文家"了。

在徐昆的家乡，有关他的传说很多，有的纯粹是戏说，有的荒诞不经，但多数还是很有价值的。

乡间的传说开场白都是："嘉庆年间，徐昆回乡侍母时……"这就等于纠正了关于徐昆出生于1715年的错误说法。如果徐昆是1715年生人，嘉庆十一年（1806）他回乡时都九十多岁了，哪还有侍母之说？

还有帝师之说。在以往所有研究徐昆的文章中，从来没有人提到过徐昆和朱珪的关系。乡民们就更不知道朱珪其人了，传说里的"帝师"之说虽然是张冠李戴了，但至少说明徐昆回乡后一定给后辈们讲述过他与朱珪的故事。

这倒让我想起了临汾一位民间艺人的话："印在书上的未必是真，流于口头的绝然不假。"此言不差！

另外，还有一些有趣的传说——

相传徐家在临汾城内开着一家粮店。有一年，年景很好，快到收割时节了，徐昆的粮店开始预收粮食，很多农民都和徐昆签了合同，领了定金。谁知，突然一场洪水，将这眼看到手的粮食冲毁殆尽，农民们哭嚎震天，这意味着不但今年的收成没有了，还得给东家赔偿。徐昆知道后，当众烧了合同，定金也不要了。

又传说嘉庆年间平阳城里有一家字号叫"添诚"的粮店,这位老板太精于算计,口碑不好,生意也不太好。看到徐昆家的粮店生意很红火,就有心讨教。有一天,徐昆路过这家粮店,被老板叫住,向他请教经营之道。徐昆吩咐伙计备好纸墨笔砚,提笔写了一副对联:"天主公道,无须疑心掺水;成能大小,不必出言计价。"老板大悟,将粮店的字号改为"天成"⑨。

没有人记得徐昆去世的准确时间,墓碑也在"文革"时被毁。据徐昆的后人回忆说,徐昆去世时八十岁左右,这在当时来说已是高寿了。

毁于四十多年前时那块墓碑上的文字没人记得,但二百多年前那场"十里白布搭长亭"的盛大丧礼,今天上村的老人们仍能如数家珍:

徐昆去世后,前来吊唁的人络绎不绝。从临汾城到上村的官道上,挤满了前来吊唁的车马。有府衙、县衙的官员,有徐昆的同窗、同年和朋友,他们有很多都是从北京、济南、太原赶来的。这场丧事长达十二天,这已经大大超出了当地丧事五至七天的风俗。全村人都自觉自愿地为这场丧礼而忙碌着。从徐家大院到徐昆的墓地,村民们用白布搭成了长亭,连绵长达十里!⑦

徐昆是上村人民的骄傲,上村人用这种方式表达了对这位长者的尊敬。

虽然我们至今连徐昆去世的具体时间都不知道,但我相信,"求仁者得仁",他一定是带着无怨无悔的满足,含笑而去的!

徐昆官微位卑,史书上乏有记载,他虽著作等身,但身后寥落。没有史料,没有著作,也就没有了记忆。渐渐的,徐昆淡出了人们的视野。

然而,徐昆在文学和戏剧上的卓著成就终究是不能抹去的——

二十世纪六十年代末,台湾台北广文书局重印《柳崖外编》;二十世纪九十年代,由山西师范大学李晋林、张国宁主编的《〈柳崖外编〉点注》一书由北岳文艺出版社出版。

他开创的蒲戏"南路",和"西路"一起作为晋南蒲剧的两个源流,影响了蒲剧艺术一百多年，至今还在影响着蒲剧表演艺术。

　　值得欣慰的是，近些年来，随着学术探索的深入和接受视野的拓宽，徐昆和他的《柳崖外编》《雨花台》《碧天霞》又重新被发掘、被重视。有很多的学者开始研究他的传奇剧本，研究他的志怪小说。

　　在他的家乡临汾尧都，徐昆的名字和他敬仰的历史前辈：尧王、卫青、霍去病等一起被刻进了古城公园内的"名人墙"。

　　在他任职三年的山西阳城，他的"学规八条"和"禁约八事"至今仍是年轻的教育工作者们的治学标准。

　　在山西陵川，他曾游历过的陵川巨石前，他写的《孤石记》被刻写成碑，他的画像和生平也被刻立在巨石前。

　　在他的家乡上村，北山脚下的那丘土坟，每年清明都在召唤着他的子孙们回乡祭拜……

　　就在我的这部传记即将完稿之际，上村的《村志》也编写完了，徐昆和他设计建造的排洪渠、魁星楼等都写进了村史。

　　徐昆是上村人的骄傲，是临汾人的骄傲，也是山西人的骄傲！他对家乡所做出的贡献将永远牢记在家乡人民的心中！

　　人以文名，名以文显。徐昆终因文字的不朽而不朽！

2017 年 7 月 22 日完稿于临汾尧都

注释：

①见《容斋随笔》。

②见《大清缙绅全书》。

③见邓云乡先生的《云乡丛稿》一书中《眉园日课·书后》。作者注：本章中所引用文字，除作特别注释外，均摘自《眉园日课·书后》。

④通家生——清代，老师与门生称为通家生。徐昆因是朱筠的门生，

所以朱珪才有此称呼。

⑤根据上村老人李培田口述整理。

⑥上村八景——柳塘映月、文昌阁、魁星楼、社堂庙、接洪台、双塔、二龙戏珠、夜潇风铃。

⑦根据上村人刘张管先生提供的资料整理。

主要参考文献

降新宽《吴雯〈莲洋集〉版本考述》福州：《福建论坛·人文社会科学版》2009年专刊

王家胜著《烟树楼台出雉堞——清末民初古城述略》太原：山西人民出版社2016年版

清 徐昆著《古诗十九首说》贮书楼刻本

《尧都蒲剧资料新编》临汾：尧都三晋文化研究会2005年

廖奔 刘彦君著《中国戏曲发展史》太原：山西教育出版社，2012

杨焕育著《蒲剧史话》北京：社会科学文献出版社，2016年1

袁世硕 徐仲伟著《蒲松龄评传》南京：南京大学出版社，2011

于天池著《蒲松龄与〈聊斋志异〉》北京：北京师范大学出版社1993

鲁迅著《中国小说史略》北京：人民文学出版社，1973

清 吴趼人《二十年目睹之怪状》北京：北方文艺出版社，2013

《山西通史》太原：山西人民出版社，2001

清　张廷玉著《清朝文献通考》杭州：浙江古籍出版社，2000

赵大勇、赵随意著《尧都平阳与尧舜禹》太原：山西古籍出版社，1999

邓云乡著《云乡丛稿》石家庄：河北教育出版社，2004

清　徐昆著《雨花台传奇》嘉庆刻本（存国家图书馆古籍部）

清　徐昆著《碧天霞传奇》嘉庆刻本（存国家图书馆古籍部）

清　徐昆著《春花秋月词》手稿本（存国家图书馆善本部）

李晋林　张国宁著《〈柳崖外编〉点注》太原：北岳文艺出版社，1993

刘玉玑等撰《临汾县志》点校本方志出版社，2016

《临汾市志》北京：中华书局，2014

《地方志人物传记资料丛书华北卷》北京：北京图书馆出版社，2002

占骁勇著《〈柳崖外编〉作者徐昆生平考》《明清小说研究》2001年第2期

康建鑫著《清传奇作家徐昆生平行事考略》太原：（山西大学2012年硕士论文）

许隽超著《新发现的徐昆生平家世资料》南京：《江海学刊》2013年第2期

刘文峰著《山陕商人与梆子戏考论》北京：文化艺术出版社，2011

王文君著《徐昆戏曲创作研究》临汾：（山西师范大学2015年硕士论文）

赵景瑜著《山左山右两名士——徐昆与蒲松龄比较》太原：《山西大学学报》1981年

卫新国著《论徐昆〈雨花台〉的思想艺术特征》焦作：《焦作大学学报》2013年6月第2期

乔林晓著《盛世悲歌——〈柳崖外编〉析论》太原：《晋阳学刊》

2004年第6期

《商丘市睢阳区志》商丘：中州古籍出版社，2005

［清］古吴素庵主人著《锦香亭》西安：太白文艺出版社，2006

［宋］司马光著《资治通鉴》北京：北京燕山出版社，2006

后 记

当这部历时三年半才完稿的《徐昆传》画上最后一个句号的时候,我忽然发现,此时的我没有了那种期待已久的轻松,取而代之的是一种莫名的失落:如同每年一次的毕业照,当学生们起身离去时,只留下一排排空空的座椅!

这三年多来,我经历着徐昆的经历,感受着徐昆的喜悦和痛苦。我感觉,我不是这部传记的写作者,而是一个陪伴徐昆一路走来的记录者。我知道,在书稿完成之时,徐昆就该走了!从此,他属于能看到这部书的所有读者,而不再是我个人的了。

2014年4月,我应北岳文艺出版社之约撰写《徐昆传》。当时我能找到的资料只有一部《柳崖外编》和《临汾县志》中对徐昆的寥寥数笔。关于徐昆的生平行状几乎一无所知。

于是,我开始四处搜索资料。第一站,便来到了徐昆的家乡——临汾市尧都区大阳镇上村。

当我来到徐昆的故居时，眼前的景象让我大吃一惊：那座被清代著名学者钱大昕赞誉为"家园似辋川"的"徐家楼院"仅存的"贮书楼"成了一片废墟！只留下一堆当烧柴的零散木头和几只残破的瓦当。当我一头扎进那堆乱木头里翻找时，非常幸运——我找到了一块当年盖"贮书楼"时的上梁板，上面详细地记载了房子的建筑时间和房主的名字。这也是至今为止，唯一的一件与徐昆有关的实物资料，也成为揭开徐昆生年之谜的重要证据。

以后，我又几次来到上村，和村中很多老人进行了多次座谈。从他们的谈话中我才发现，这位被历史淡忘了二百多年的徐昆，在他的家乡竟有这么多的传说和故事。原来，他一直活在家乡人民的记忆里！

这样的收获让我喜悦，也让我担忧。关于徐昆的故事、关于"徐家楼院"的故事，在不久的将来便会随着这些老人一同老去……对徐昆资料的搜集和整理必须是抢救性的。

随着对徐昆了解的深入，原来的任务变成了一种强烈的使命感和责任感——

近年来，对徐昆的研究文章逐渐多了起来，这本来是件可喜的事，但因为从没有人对徐昆作过系统的研究，很多研究徐昆的文章在涉及徐昆的生平、生活经历、学术成果等方面都是采取猜测、臆想、估摸的方式，因而错误频出，有的甚至是原则性的错误。而发达的网络，又让这些错误的信息迅速地扩散。如果不及时地予以纠正、勘误，过不了多久，这样的错误信息就会以真理的面貌出现！那么，以后想要再还原一个真实的徐昆就难了！

纠错、勘误，向世人展示一个真实的徐昆、为子孙后世提供真实的史料，这是我对《徐昆传》的定位。

在《徐昆传》的写作过程中，我经常遇到因资料缺失而带来的困惑，不得已，也留下了很多的遗憾。

徐昆官阶不高、声名不显，官方史料很少。虽著作等身，但在历次动乱中被销毁殆尽。流传的只有一部《柳崖外编》，两部传奇剧本也只保存在图书馆的古籍库里。他在北京的后人，也久寻无果。要完整地还原他的生活经历，全面研究他的文化思想的确有些困难。所以，书中很多地方我只得采取模糊、迂回的方式来处理。在此，我衷心希望将来能有研究徐昆的学者来填补这些空白，也希望这本传记能起到抛砖引玉的作用。

这几年，我上北京，赴阳城，到省图书馆、国家图书馆、各市县史志办查阅资料，其中的苦辣酸甜，真是一言难尽！

《徐昆传》终于要出版了。作为本书的作者，我喜忧参半。喜的是三年多的辛苦，终于有了结果；忧的是由于本人的能力有限，只能呈现给读者这样一部并不完美的作品，实在有愧读者的期待。

在这里，我向为这部书提供了珍贵资料的原大阳中学副校长刘张管先生、山西阳城县志办王家胜主任、运城市蒲剧院杨焕育先生和康希圣先生、临汾市尧都区宣传部原副部长乔忠延先生、尧都区旅游局副局长高树德先生、山西师范大学图书馆馆长李晋林先生，表示最衷心的感谢！

对为本书提供过帮助的山西师范大学教授柴建国先生、著名蒲剧表演艺术家王秀兰女士、临汾市住建局原局长宿青平先生、上村村支书徐飞先生、徐昆后人徐兰英女士、以及三年多来为我采访和写作提供各种方便和帮助的朋友、家人表示最诚挚的谢意！

朱忆湘
草于丁酉夏